U0115734

重 启 世 界

ChatGPT之父
山姆·奥特曼传

苏自由 著

译林出版社

图书在版编目（CIP）数据

重启世界：ChatGPT之父山姆·奥特曼传 / 苏自由著. —南京：译林出版社，2024.3
ISBN 978-7-5447-9891-4

Ⅰ.①重…　Ⅱ.①苏…　Ⅲ.①山姆·奥特曼－传记
Ⅳ.①K837.125.38

中国国家版本馆CIP数据核字（2023）第167767号

重启世界：ChatGPT之父山姆·奥特曼传　苏自由　著

责任编辑　竺文治
特约编辑　宗育忍　侯擎昊　蒋梦恬
特约策划　崔　帅
内容支持　朱雀门er
装帧设计　韦　枫
校　　对　王　敏　施雨嘉
责任印制　闻媛媛

出版发行　译林出版社
地　　址　南京市湖南路1号A楼
邮　　箱　yilin@yilin.com
网　　址　www.yilin.com
市场热线　025-86633278
排　　版　南京展望文化发展有限公司
印　　刷　江苏凤凰新华印务集团有限公司
开　　本　652毫米 × 960毫米　1/16
印　　张　25
插　　页　2
版　　次　2024年3月第1版
印　　次　2024年3月第1次印刷
书　　号　ISBN 978-7-5447-9891-4
定　　价　68.00元

目 录

序章：爆红的ChatGPT和名叫奥特曼的地球人

第一章 天才之道

第二章 创业之路

第三章　未来之道

第四章　信仰之跃

序章：
爆红的ChatGPT和名叫奥特曼的地球人

爆红的ChatGPT

人类历史上第一次出现用户增长速度这么快的应用产品。

只花了5天时间，ChatGPT就捕获了100万用户，2个月后，ChatGPT在全球收获了第一亿位用户。如果你对这样的数据没有太多概念，我们可以做一个横向对比，参考一下近几年其他全球流行的顶尖应用的用户增长数据，它们达到月活过亿的神话，需要多长时间？

iTunes用了6年半，Twitter[1]用了5年，Facebook[2]用了4年半，WhatsApp用了3年半，Instagram用了2年半，TikTok用了9个月，而横空出世的ChatGPT在2022年11月30日上线后，仅花了60天，就创下了月活过亿的神话，成为历史上用户增长速度最快的互联网应用程序。更

1 现已更名为“X”。
2 现已更名为“Meta”。

可怕的是，这一纪录在短期内似乎难以打破。

如果你走上街头，在任意一个咖啡馆或者自习室，都能看到有人对着电脑桌面，正在与ChatGPT交谈；即使你一个月没出门，也能在各个社交平台看到人们对它的疯狂讨论，或者与ChatGPT的对话截图……来自各行各业的人与ChatGPT聊天，用ChatGPT写邮件、寻找文献、翻译文章，甚至是写代码和小说。

所以不难理解《财富》杂志对它给予的高度评价："每一代人的人生里，总会出现一种新的产品，它将从昏暗无光的地下室、杂乱无章的青少年卧室，以及孤独的学者洞穴中向外发射，短时间内风靡全球，变成了你的祖母都知道如何使用的东西。"

那么，ChatGPT到底是什么？

简单来说，它是一款聊天机器人模型，一个自然语言生成式AI，美国人工智能公司OpenAI基于GPT自然语言生成式模型的最新衍生品。

如果你一时间难以理解这些理科生喜欢挂在嘴边的生僻名词，可以简单将ChatGPT与我们常用的搜索引擎做个对比，它们在某些方面具备相同的功能：搜索引擎是通过匹配关键词，为我们展示搜索结果，而ChatGPT则是通过对自然语言提问的分析，直接给出一个答案或解决方案。相当于一个集合了搜索引擎功能的智能助手，它更能贴合用户的任何提问需求，并且快速组织出一个逻辑自洽的完整回答。

当然，ChatGPT远远不止于此。强大的学习功能，让它能够在与用户的交互之中持续进步，越来越理解你的问题和需求，并且不断修正，趋于完美，最终给出更能满足用户需求的答案。

因此，ChatGPT对普通人的影响很快显现。包括美国大学生、广大自由职业者在内的不少普通人，已经用自己的行动做出了投票。根据最新调查，ChatGPT流行后，美国大学生成了最忠实的第一批用户，超过九成的大学生正在使用ChatGPT完成作业，这一行为逼迫不少大学将使用ChatGPT列为作弊行为。而在职场领域，ChatGPT通过了L3级别谷歌编码岗位的面试，要知道，这个岗位的平均年薪是18.3万美元。

随着科技进步，人工智能技术在不知不觉中一次又一次地超越了人们所判定的无法达到的极限，从1997年IBM"深蓝"计算机首次在国际象棋中击败人类，到IBM人工智能机器人"沃森"在智力竞赛《危险边缘》中战胜了人类"常胜将军"，再到2016年谷歌旗下的AlphaGo在围棋大战中战胜所有人类天才棋手，2019年号称"AI赌神"的Pluribus在德州扑克中碾压人类玩家……AI的进化之路远远超过人类的想象。

现在，ChatGPT正在以惊人的速度冲击着人类的各行各业，改变人们原有的参与社会生产生活的习惯模式，并且继续一路狂飙，仍在超越人类的赛道上不断进化。"ChatGPT可能马上取代你，这是它能做的10个工作""未来20种职业或被AI取代"等话题频上热搜。在被点名的这些行业或者职业中，尤其以技术、媒体、文案、服务、金融、法律、医疗、教育行业的从业人员为主，他们在兴奋的同时，也立即感受到了威胁——因为ChatGPT能很好地完成包括写代码、代码改错、写短篇小说、翻译文献、写商业文案、做作业、出广告创意等一系列基础文字输出型任务。

所有人都在关心一个问题：人工智能真的会在未来某个时刻跟人类抢饭碗，甚至取代人类吗？一份针对6个不同国家、500名ChatGPT用户进行的调查显示，大部分打工人已经在考虑ChatGPT以及其他人工智能产品对自己所在行业的影响，并且开始主动适应AI

对工作的影响。这份研究称，大约有23%在软件和技术领域工作的员工担心会因为它而失去工作，超过40%的雇主则表示有兴趣“聘用”营销文案花样繁多的ChatGPT。

但是，也有观点认为，在突飞猛进的技术发展下，ChatGPT和其他人工智能产品有可能在未来进一步改变工作的性质，但它们不会彻底取代对人类的需求。人类和人工智能产品将协作处理大多数工作内容，人工智能产品将成为我们的助理，而不是主导者。ChatGPT的答案也是如此。当你把“是否会代替人类工作”的问题抛给ChatGPT时，它表示，它旨在协助和增强人工任务，而不是取代人类。它们将作为人力资源的补充，提高人类解决问题的能力，提升效率和效果，最终推动技术和社会进步。

人工智能首先将提高社会整体运作效率，帮助很多行业做得更好，节省更多时间。但在不久的将来，或许一部分职位会渐渐被AI替代，我们在科幻小说或者科幻电影里看到的场景，正在大步迈向现实。我们需要与时俱进，熟悉并掌控这项新技术，就像计算机、手机、互联网等技术或者产品出现时，也慢慢改变了我们的生活一样。我们应该熟悉适应它们，并且相信，新技术一定会产生新的就业机会。

在大多数科幻故事里，我们已经见到了太多AI最终毁灭人类的时刻，现实是，当ChatGPT不断满足我们当下的需求时，人类还在对它寄予更多期待——我们发现，AI确实在某种程度上满足了我们的大部分需求，它是一个很好的工作帮手，是一个善解人意的无聊玩伴，甚至ChatGPT未来可能发展成电影《她》[1]里，由斯嘉丽·约翰逊所扮演的AI伴侣，同时陪伴全球无数位单身男女，满足当代都市人际关系里

1　斯派克·琼斯编剧并执导的一部科幻爱情片。影片中，作家西奥多爱上了具有人工智能的虚拟助手。

最细微、最难以填补的孤独时刻。拥抱变化，或许是人类本来就应有的宿命。

世界的不同声音

ChatGPT的出现，波及了无数普通人的生活，也在硅谷以及全世界的科技圈引发了巨大的震动。ChatGPT出现的时机非常特殊，因为多年没有推出突破性产品，全球科技巨头们的大量产品和技术的研发陷入停滞状态，在疫情与全球经济放缓的双重影响下，它们不得不开启多轮裁员计划，包括Facebook在内的大公司也辞退了成千上万名员工，试图“降本增效”，度过寒冬。就在此时，ChatGPT以黑马的姿态杀出，告诉所有人：技术突破来了，只是你们都没有发现。

随着人工智能AI聊天机器人ChatGPT以惊人的速度走红，它的开发者、人工智能研究机构OpenAI也闯入了大众视野。从2022年11月30日OpenAI悄悄发布GPT-3.5，ChatGPT首次向公众推出以来，OpenAI动作不断，ChatGPT在几个月的时间内已经快速进化。

让我们一起看看这些充满着新机遇的迭代过程：

2022年12月8日，在ChatGPT发布一周后，两位开发人员制作了一个名为ShareGPT的Chrome扩展程序，让人们可以更便捷轻松地捕捉AI的答案并与世界分享。

2023年2月1日，OpenAI推出了更强大的付费服务版本AI——ChatGPT Plus。

2023年2月7日，微软宣布将OpenAI的GPT-4模型集成到自己的搜索引擎Bing中，在搜索引擎中提供包含ChatGPT服务的体验。

2023年3月14日，OpenAI推出GPT-4，GPT-4拥有更加强大的图像和文本理解能力。

2023年3月23日，OpenAI将ChatGPT连接到互联网，通过授予其访问包括网络在内的第三方知识源和数据库的权限，扩展AI的机器人功能，这一举动也引发了全球众多大佬们的担忧，害怕ChatGPT无限进化为天网系统，最终发展到人类完全不可控的程度。

ChatGPT的出现，让人工智能成为Web3之后的又一个热点，也让硅谷的科技公司巨头们感到了前所未有的压力。在ChatGPT发布后，谷歌立马推出智能聊天机器人Bard，但Bard频繁出现各种问题，导致谷歌母公司Alphabet的市值一夜蒸发约7172亿元；苹果举行“内部AI峰会”，专门讨论ChatGPT；国内包括百度、阿里、京东在内的互联网大厂也开始布局自己的AI项目。

国内外的大佬们在试用ChatGPT后，纷纷发表自己的观点。曾经坚定宣扬“AI威胁论”的埃隆·马斯克和比尔·盖茨，在刚刚试用时纷纷为ChatGPT以及AI领域的进展感到激动。

比尔·盖茨直呼AI将是“2023年最热门的风口”，认为ChatGPT将改变世界，其重要性不亚于互联网和个人电脑的问世。他甚至认为其超越了这两年曾被认为代表了未来发展的技术，在美国社交新闻站点Reddit的一个问题下面回复网友时表示：“AI最具革命性，远超Web3和元宇宙。”

搜狐创始人张朝阳认为ChatGPT的出现是“量变到质变”，是算法、算力、数据积累了很多年的结果。奇虎360的创始人周鸿祎高度评价ChatGPT带来的无限可能，他说：“我觉得ChatGPT人工智能有可能是个潘多拉盒子，这肯定是未来的趋势。我觉得比尔·盖茨都低估了ChatGPT的影响，未来各行各业如果不能搭上这班车，就有可能被淘汰。”中国工程院院士、阿里云创始人王坚说："ChatGPT带来的方法论天翻地覆，算力不再是开发瓶颈，人工智能将迎来最好的时代。”

有分析师认为，到2030年，生成式人工智能的市场估计将达到1090亿美元以上，关于这项技术的讨论迅速转向更广泛的商业应用领域。与此同时，很多一开始认为ChatGPT是伟大发明的人，也开始改口，公开宣称他们对人工智能失控发展的担忧，这些不同声音的代表人物就包括这几年异常活跃的、拥有数不清的头衔的SpaceX公司创始人兼CEO，特斯拉投资人兼CEO，Twitter的CEO、董事会唯一成员，OpenAI曾经的联合创始人，2022年以2190亿美元财富成为世界首富的埃隆·马斯克。

埃隆·马斯克在最初表达了自己对ChatGPT的激动之后，很快在各个公开场合提出了自己的担忧，认为ChatGPT离强大到危险的AI不远了，尤其当这个技术被少部分人或者公司掌握时，将比核弹更加危险。之后，他更是联合1100多位专家和企业家，通过著名安全机构“生命未来研究所[1]”发布了一封公开信，呼吁全球所有机构在6个月内暂停训练比GPT-4更强大的AI，并利用这6个月时间制定AI安全协议。

这份公开信的言辞十分激烈，其中写道：AI系统在完成一般任务上已经具备了与人类竞争的能力，我们必须自问，是否该让我们的信息渠道充斥着机器写出的谎言？是否应该把所有工作都自动化，包括那些有成就感的工作？是否该继续开发机器大脑，让它们比人脑还多，

1　位于美国波士顿地区的一家研究与推广机构，其致力于降低人类所面临的风险，尤其是人工智能技术开发过程中的可能风险。

比人脑还聪明，最终淘汰我们、取代我们？是否应该冒着让人类文明失控的风险？这样的决定绝不能委托给未经选举的技术领袖来做。只有当我们确信强大的AI系统是积极的，风险是可控的，才应该继续这种开发。而且AI的潜在影响越大，我们就越需要充分的理由来证明其可靠性。

此外，很多业内人士认为ChatGPT仍存在数据训练集不够新、不够全等问题，但无论是称赞还是担忧，在人类制造人工智能的方向上，因为机器不受限的计算与学习能力，我们永远看不到终点。就像比尔·盖茨说的那样："你可以想象出来它5年之后的样子，但是，你绝对想象不出来它10年后的样子。"

名叫奥特曼的地球人

ChatGPT刚发布时，在一众吹捧声中，有一个声音显得十分突兀。"ChatGPT是一个糟糕的产品，它真的不是为使用而设计的"，"现在确实是一个激动人心的时刻，但我认为距离拐点还为时尚早"，这个声音与众不同，却没有人可以反驳，因为说出这些话的人正是ChatGPT的缔造者本人。

ChatGPT的出现让AI成为强大的风口。而这个奇迹的创造者，也在一夜之间成为全球最火爆的"顶流"，他有着一个我们再熟悉不过的名字——奥特曼，他的全名叫山姆·奥特曼，中国某些媒体也把他的名字翻译为山姆·阿尔特曼，但在本书中，我们将选用这个更特别一点的翻译版本——奥特曼。

奥特曼是谁？

在日本特摄电视剧里，奥特曼是来自M78星云的光之巨人，为了追捕逃亡的宇宙怪兽来到地球，为保卫地球，与众多来自地球外的残暴怪兽和邪恶外星人展开激烈战斗。

出生于1985年的山姆·奥特曼，既不来自M78星云，也不来自超人的故乡氪星[1]，而是一个土生土长的地球天才。他降生在一个普通的犹太家庭，在美国密苏里州的圣路易斯长大。

8岁时，山姆·奥特曼拥有了他的第一台计算机，学会了编程和拆解苹果电脑，之后他的人生轨迹与扎克伯格、拉里·佩奇等众多美国科技界大佬一样，遵循了一种“另类的传统”。在考进斯坦福大学计算机系后的第二年，山姆·奥特曼选择了辍学，他与两名同学一起开始了首次创业，并开发了一款社交网络移动应用Loopt，这个与朋友分享位置的程序，帮助山姆·奥特曼打开了硅谷的大门。

在ChatGPT爆红后，全球媒体开始报道与之相关的新闻，同时也将视线聚焦在ChatGPT背后的公司OpenAI及其掌舵人山姆·奥特曼，这位当时刚刚年满37岁的天才身上。短短几个月，他替代了活跃在互联网上的埃隆·马斯克，成为各个社交平台的新晋话题宠儿。由此，山姆·奥特曼身上的诸多标签逐渐被人挖出，为媒体提供了绝佳的背景故事与标题：同性恋，斯坦福辍学，疑似“自闭症”患者，硅谷最年轻总裁，美国投资狂魔，末日生存狂，下一个马斯克……

在各种媒体报道的描述中，山姆·奥特曼最令人印象深刻的一个特征是他对通用人工智能（Artificial General Intelligence，AGI）的执着追求。

通用人工智能的标准解释是“具有一般人类智慧，可以执行人类能够执行的任何智力任务的机器智能”。奥特曼曾说：“通用人工智能是驱动我所有行动的推力。”早在2015年，奥特曼与时任特斯拉

1 美国DC漫画中的虚拟星球。

和SpaceX首席执行官的埃隆·马斯克等人宣布出资10亿美元创立了OpenAI，并且很快明确了这家非营利研究机构的愿景：迈向通用人工智能，确保其造福人类。

ChatGPT全球爆红后，山姆·奥特曼接受过的采访被媒体频频引用，其经历组成了又一个天才式科技人物的传奇故事。在一次采访中，谈及ChatGPT时，奥特曼是这样表述的："我们需要社会对此有所感受，看到它的好处，了解它的坏处。因此，我认为我们所做的最重要的事情是把这些东西展示出来，以便世界能够开始了解即将发生的事情。"奥特曼认为，ChatGPT不会取代搜索引擎，但有一天某个人工智能系统可以。"如果通用人工智能真正得以完全实现，我认为它可以打破资本主义的某些固有方式。"

在科技发展日新月异的当下，山姆·奥特曼和ChatGPT，真的能给我们、给这个世界带来一个前所未有的未来吗？

天才不是一朝一夕诞生的，我们越深入了解山姆·奥特曼，探索这位天才身上发生的一切，就越想了解更多的幕后故事——他是如何开始自己的事业的，如何一步步在科技领域实现大脑里的奇思妙想，又是如何获得投资人的信任，在默默无闻多年后，凭借ChatGPT一鸣惊人，让统治搜索引擎多年，并且早就开发出AlphaGo的谷歌感受到危机并出手应对的。在工作与他所构建的未来版图之外，山姆·奥特曼在生活里会是什么模样？有什么兴趣爱好？他对政治、环保、未来有什么构想与观点？

在这本书里，我们将试图探究奥特曼身上的闪光点，扫描他的人生，描摹出这位天才的传奇，包括他的天才之道、创业之路、未来之道以及信仰之跃。人类的未来将走向何方？兴许我们能从奥特曼身上窥见一些端倪。

第一章

天才之道

8岁学会编程的普通天才

经常接触新事物，这真的很重要。接触新鲜事物不仅可以减慢你对时间的感知，增加幸福感，让生活变得有趣，而且还可以防止思维方式的僵化。如果你在计划每年的目标，可以选择做一些新鲜、冒险的事情。

——山姆·奥特曼

山姆·奥特曼的全名是塞缪尔·H.奥特曼。

1985年4月22日，在美国密歇根湖畔、伊利诺伊州芝加哥市的一所公寓里，山姆·奥特曼出生了。奥特曼的出生，为这个生活条件优渥的犹太家庭注入了新的活力。在当时，山姆·奥特曼的母亲是当地一家医院的皮肤科医生，父亲则是一名律师，两人都从事着稳定的白领工作，能够为孩子提供良好的成长环境。

此时，这个世界还不知道一个天才已经悄悄诞生，37年后，这个天才将引发一场新的科技革命，掀起时代前进的高潮。山姆·奥特曼出生的这一年并不平凡，在当时，全世界都正在发生着影响未来进程的大事件，其中许多都与我们每个人息息相关。

这一年——法国总统密特朗开始暗中策划让欧洲尖端技术全面赶超美国的“尤里卡计划”。

这一年——日本航空123号班机空难，仅4人生还，其余520人悉数罹难，成为航空史上第二大严重空难。

这一年——美国总统罗纳德·里根发表连任演说。上一年，他获得了美国总统选举史上最多的525张选举人票。1981年，里根以69岁349天的年纪，成为美国最高龄的总统，这一纪录一直保持到2017年，被特朗普和其继任者拜登陆续打破。

同样在这一年——微软公司为了与苹果公司的操作系统竞争，发布了Windows 1.0系统，但在发布后，并未引起大众的关注，影响力远远不如1年前苹果公司发布的第一代Macintosh。

Macintosh是第一台不需要用户熟记命令行语法的电脑，它的首次亮相以“1984”为标志，这是一支价值150万美元的电视广告，由雷德利·斯科特执导，在第十八届超级碗上播出。这支电视广告后来被视作最伟大的电视广告之一，也帮助苹果Mac个人电脑打开了美国中产家庭的市场，成为部分孩子的玩伴。许多当时尚在孩童阶段的科技大佬们，就此接触到了开启互联网时代的机器，山姆·奥特曼就是其中之一。

当时，奥特曼一家已经离开了“犯罪之城”芝加哥，搬到美国中西部密苏里州的圣路易斯。在那里，奥特曼不仅多了两个弟弟，而且作为家里老大进入当地小学读书。奥特曼父母稳定的工作，为山姆·奥特曼创造了优渥的家庭条件和相对自由的成长空间，奥特曼有机会接触到科技前沿的最新成果。

8岁生日那天，山姆·奥特曼收到了一份礼物：苹果公司最新发布的Mac LC2个人电脑。这是一款在1992年上市的电脑，发售价为1699美元，约相当于现在的2.3万元人民币。即便对于当时的美国中产家庭来说，这台电脑也相当于一件奢侈品。

与它高昂的价格相比，苹果Mac LC2个人电脑的性能并不算优秀，这台电脑的内存只有4 MB，硬盘只有40 MB，放到20多年后完全不值一提，但在当时，它已经足够满足一个8岁孩子的好奇心和探索欲，正是这台电脑影响了山姆·奥特曼的未来人生走向。

拥有个人电脑后，山姆·奥特曼将其视若珍宝，他把电脑藏在自己的卧室，避免被两个不懂事的弟弟玩坏。每天放学后，原本乐于参加学校活动的山姆·奥特曼，几乎完全放弃了玩耍时间，而是直接赶回家里，查看卧室里的电脑是否"安全"，电脑也成为他最好的玩伴。

2014年，山姆·奥特曼在接受《纽约客》的采访时表示，他的人生可以分成两部分：拥有电脑之前和拥有电脑之后。尤其在接触了编程后，他展现出惊人的天赋。而在当时，这个世界的很多地方，大部分8岁的孩子根本还没有听说过电脑，更不用说编程或者代码这些词汇了。而山姆·奥特曼通过自学学会了使用代码编写简单的程序，并且能够拆解和重新组装自己的苹果电脑。

就这个时期而言，山姆·奥特曼展现了自己的部分天赋，却仍然只是一个普通天才。为什么这么说？因为在当时的美国科技界，编程天赋太常见了，这个技能历来都和无数创业天才相挂钩，那些我们耳熟能详的名字，从创建微软的比尔·盖茨，到创建苹果的史蒂夫·乔布斯，再到谷歌两位创始人拉里·佩奇和谢尔盖·布林，还有创办特斯拉与SpaceX的埃隆·马斯克，如果我们翻阅他们的人生履历，研究他们的成长经历，都会发现他们有一个共同特点：10岁之前就开始学习编程。此时，山姆·奥特曼的未来无人知晓，只是一众普通天才里的一员。

如果说编程与个人电脑让山姆·奥特曼成了普通天才，那么他在青少年时期才真正展示出自己的个性，他的某些怪异行为背后有着天才的逻辑。

2001年，15岁的山姆·奥特曼前往圣路易斯的约翰·巴勒斯中学就读。在这所学校，山姆·奥特曼做出了一件惊人之举，这件事也使其逐渐进化成更成熟的自己，成为日后举世皆知的OpenAI创始人——那位拥有自己名字的天才奥特曼。

02

16岁的不羁少年

经常告诉你的父母，你爱他们，并且尽可能经常回家探望。

——山姆·奥特曼

与美国的其他地方相比，奥特曼一家所在的密苏里州教育条件较差，在教育系统发达的美国，这个州的高中毕业率不足90%，名校录取率在美国基本是垫底水平。

但幸运的是，圣路易斯的约翰·巴勒斯中学不仅仅是当地最好的预科学校，也是整个密苏里州最好的学校之一，美国的《华尔街日报》曾将这所学校列入一个TOP50榜单，认为它是向常春藤大学输送学生最多的全美高中之一。

令人惊讶的是，山姆·奥特曼并没有像电影里的男主角一样，在刚刚进入这所师资优良的高中时，就展现出超越其他同学的特别天赋，从而成为明星人物。尽管他的成绩在同年级里位列前茅，但这只是普通好学生的标配。在美国的高中校园，受到最多关注的校园明星，永远是擅长一项甚至几项体育运动的阳光帅气大男孩，而不是只会读书和做作业的优等生。因此，在大部分时候，奥特曼就是一个普通的高中生，像所有人一样上课下课、参加学校活动，唯一不同的是，这个高瘦苍白的高中生喜欢和朋友们讨论最新的科技趋势，并且能够熟悉使用自己的个人电脑，快速用代码编程，写出有趣的游戏或者用得上的社区系统，为枯燥无聊的高中生活增添一些趣味。

此时正值21世纪初，互联网浪潮席卷而来，山姆·奥特曼在课业之余，始终关注着两个人及两家公司：比尔·盖茨与史蒂夫·乔布斯，微软与苹果。此时他还不知道，自己在未来几年将陆续与这两位科技大佬接触，并且在其中一位大佬的帮助下，做出改变世界进程的产品。

即便在当时，山姆·奥特曼的生活也被这两家公司深深地影响。2000年，比尔·盖茨移交了CEO职位，成为微软的首席软件架构师，2001年，微软发布了Windows XP，在NT代码库下统一了操作系统，并且在2001年发布了Xbox，进军由索尼和任天堂主导的视频游戏机市场；而苹果在经历1990年至1997年的公司内斗后，主要产品接连失败，市场份额快速流失，被微软Windows系统击败。随后史蒂夫·乔布斯强势回归，重新执掌这家公司。很快，苹果推出了全新一体机iMac和笔记本电脑iBook，并在2001年发布了全新操作系统Mac OS X，开设线下零售店，推出了便携式数字音频播放器iPod。

15岁的山姆·奥特曼很快成为这些产品的忠实粉丝，他对科技改变生活这一理念有着比同龄人更深刻的认知。电脑与互联网，不仅成为他与世界的重要连接，也在许多方面给了他更宽广的选择与想象的空间，比如性取向。

多年后，山姆·奥特曼在接受一次采访时承认了拥有一台电脑让他对性取向产生了新的认知，因为在21世纪头10年的美国中西部地区，作为一名同性恋，生活并不是一件容易的事情。当他只有十一二岁的时候，他只能选择保守秘密；但他在互联网上发现更多同类之后，这个性取向的秘密不再成为他的负担。

高二时，山姆·奥特曼向家人坦承了自己的同性恋身份。约翰·巴勒斯中学鼓励学生积极沟通，这也给了奥特曼有话直说的勇气。奥特曼母亲在得知儿子是同性恋后非常震惊，但很快，家人对他展示出了更多的接纳与包容。多年后，当奥特曼母亲回忆起奥特曼“出柜”那天，仍然止不住地惊叹：“我一直都觉得自己的儿子与众不同，但一直说不出具体哪儿不同，直到那时才知道，他身上有一种去除了性别元素后的迷人气质。”

约翰·巴勒斯，这所成立于1923年的私立高中，为奥特曼挡下了不少风浪，也真正遵循了它自己一直以来秉承的多样化价值观与开放友好的氛围。山姆·奥特曼的老师后来在回忆这件事时提到：“山姆的开诚布公给整个学校带来了新的改变，他给所有师生做了一个自我突破的示范，这种感觉就像有人打开了一个很棒的装着不同孩子的大盒子，然后让他们走入了这个世界。”

山姆·奥特曼向整个社区和学校发出了自己的声音，公开“出柜”这一行为，也让这位天才人物开始展现自己与众不同的个性。一年后，山姆·奥特曼考上了斯坦福大学，进入了他仰慕的众多科技大佬、创业公司前辈的大学圣地。

值得一提的是，奥特曼的两个弟弟并未在他的光环下黯然失色，一个考上了杜克大学，另一个考上了普林斯顿大学。奥特曼一家成为社区里每个家庭羡慕的对象，但此时仍然没有人知道，奥特曼在未来会获得超乎寻常的成功，他在斯坦福大学的另一个重要决定即将改变他的人生，将他引向另一条光明而曲折的道路。

03

进入斯坦福大学，追随前辈的脚步

青春真是一件了不起的事情，不要浪费它。世界上所有的金钱都无法挽回你逝去的时光。

——山姆·奥特曼

2004年，18岁的山姆·奥特曼从约翰·巴勒斯中学毕业，如愿考进了美国斯坦福大学，并且就读于计算机系，学习和网络安全与机器学习相关的知识。

斯坦福大学在美国的地位，相当于国内的清华北大，因为其学术声誉和创业氛围，被誉为世界上最知名的高等学府之一。在每年更新的世界大学榜单排名中，斯坦福几乎都能进入前五，甚至前三。直到现在，斯坦福大学都是全世界最难进的学校，录取率低至2%，而山姆·奥特曼考入的计算机系，则是斯坦福最重要的院系之一，创立于1965年，和麻省理工学院、加州大学伯克利分校、卡内基梅隆大学三所大学的计算机系并称为美国计算机专业的“四大圣地”。

对于18岁的山姆·奥特曼而言，考入斯坦福大学还有另外一层重要意义——他距离众多科技界的前辈更近了。追随前辈们的脚步，奥特曼也来到了这儿。就在几年前的1998年，斯坦福大学两位计算机系的学生，谢尔盖·布林与拉里·佩奇，在学生宿舍里创建了谷歌，一举成为从斯坦福大学走出的最著名的科技人物。更有意思的是，布林和佩奇两位创始人经常聚会、研发出谷歌的地方，正是以微软创始人比尔·盖茨名字命名的计算机科学大楼。若干年后，谷歌发展成微软最强大的对手之一。

如果说哈佛大学与耶鲁大学代表着美国传统的人文精神，那么，斯坦福大学则是21世纪科学精神的象征。没有斯坦福，就不会有今天的硅谷。除了谢尔盖·布林与拉里·佩奇，斯坦福大学还走出了将近5000家公司的创始人，这些公司包括雅虎、惠普、思科、SUN、eBay、台积电、英伟达等。这是一所有着创业基因的学校，早在1959年，斯坦福大学就富有先见之明地将学校的1000英亩土地以非常低的价格长期租给私人企业和校友创办的公司，并且与这些公司合作，为学校科研和学生实习提供支持，多年后这片土地也成为硅谷的核心，全世界科技创新的聚焦点。

对于山姆·奥特曼而言，当他在8岁时第一次接触到苹果电脑，就注定了这辈子将与科技创新打交道。因此，斯坦福正是他的梦想之地，他在这里不仅能快速汲取世界前沿的学术与技术成果，而且能结识志同道合的伙伴，实现自己大胆的想法。

在众多青年才俊聚集的斯坦福，山姆·奥特曼开始展现自己的天赋。大一时，他帮助学校建立了一个自主直升机导航系统，并且顺利攻克了在斯坦福的第一个重要目标，进入了学校的人工智能实验室工作。

这是奥特曼认识AI的起点，他在这一时期接触、学习到了最前沿的人工智能的研究方法，不断通过合作项目，与正在研发AI应用领域的外部公司接触。奥特曼对AI以及AGI未来发展的无限可能产生极大兴趣，为日后和埃隆·马斯克创建OpenAI打下了基础。

然而，21世纪初并不属于人工智能，AI的发展在当时缓慢而枯燥，停留在实验室阶段；与之相对应的是，经历了21世纪初期的互联网泡沫后，随着家用电脑的普及和硬件设施的支持，互联网用户数量急速增加，互联网一跃进入了Web2.0时代，席卷了全美国甚至全世界的每个角落。

很快，互联网靠着便捷、即时与互动性，催生了一批应用产品，MySpace、Facebook、Youtube等虚拟社区收获了庞大的用户群，发展出相应的网络文化；Google Map、Google Earth等提供全球地图、城市街景的便捷服务应用，越来越多地参与到年轻人生活的方方面面；博客与社交媒体的兴起，更是代替了浏览器和门户网站，让年轻人成为内容的生产主体，吸引了无数天才拥进这个行业，发挥着自己的创造力。

互联网改变了时代，也改变了山姆·奥特曼的人生。面对校园里一波又一波的创业热潮，奥特曼无法忍受互联网时代已经到来，自己却置身事外，干坐在计算机系教学楼里埋头读书，等待四年后拿到毕业证书。摆在他面前的有两条路：是中规中矩，作为一位优秀毕业生，拿到大公司的邀约函，挑出其中一家成为普通的程序员，为别人打工做嫁衣；还是释放内心的猛兽，搞一些更酷的项目，实现心里千奇百怪的想法？与当下许多年轻人一样，在稳定的大厂工作和高风险的自由职业创业之间，刚刚进入大学的山姆·奥特曼有些难以选择。但奥特曼很快意识到，他的野心与强势的个性，根本不允许自己成为普通程序员。

2005年春天，正在斯坦福大学计算机专业就读大二的山姆·奥特曼终于发现了一个机会。一次聚会中，奥特曼发现他的许多朋友都开始使用带有GPS功能的智能手机。当时，苹果的iPhone系列还未问世，手机市场仍是三星、诺基亚、黑莓等的天下，这些智能手机搭载黑莓、塞班、Windows Mobile系统，已经能通过Wi-Fi和移动宽带，实现随时随地的便捷互联网访问。移动互联网的时代正在悄然到来，改变着人与人之间的交际与生活方式。

山姆·奥特曼琢磨着这件事，始终觉得自己能在这个方向上做点什么。很快，在一次下课后，他在走出教室的瞬间顿悟，正如世界总是在某个机关处突然打开。奥特曼转头看向自己当时最好的朋友兼伴侣尼克·西沃，问了尼克一个问题："如果我现在打开手机，可以立即知道我所有朋友的位置，那不就太方便了？"

看着尼克的表情从疑惑到兴奋，再到追问是否真的有这种功能的应用，奥特曼知道自己的机会来了。他立即着手考虑实现这一想法的可能性。在观察了一段时间后，山姆·奥特曼得到了更多的反馈支持，他愈发坚信移动定位功能可以帮助促成偶然事件的发生，从而完全改变人们在移动设备上的交流方式。山姆·奥特曼决定创建一个应用程序，让用户之间可以根据各自的位置相互连接，更高效地进行线下社交活动。而这也是山姆·奥特曼成为科技大佬的起点。

04

Loopt的诞生

如果你认为你会后悔没有做某件事，那么你就应该去做。后悔才是最糟糕的，大多数人对他们没有做的事情感到后悔的次数远多于他们做过的事情。

——山姆·奥特曼

山姆·奥特曼决定创业，开发一个能改变时代的应用程序。然而，当时的他只是斯坦福大学的大二学生，年仅19岁，既没有任何创业经验，也没有足够的资金与人脉，唯一能够依靠的只有他的天才头脑，以及身边同样激情满满、想要干出一番大事业的朋友们。

山姆·奥特曼在盘算自己的优势和劣势后，很快有了动作。他决定先寻找合适的帮手，尤其是在产品和技术这两方面能够帮上忙的人。奥特曼第一个找到的人，就是此前提到的尼克·西沃。尼克·西沃是奥特曼的同班同学，典型的理工技术男，从长相就能看出他内核稳定，是个非常靠谱的朋友，两人在斯坦福大学新生入学仪式上相识后，很快熟络起来。他们不仅性格互补，而且有着一致的价值观与相近的想法，尽管彼此性格不同，两人还是很快坠入爱河，成了伴侣。当山姆·奥特曼向尼克提出自己的创业想法时，尼克毫不犹豫地站出来支持他。

尼克·西沃擅长技术，无论奥特曼准备做什么，他都是非常好的帮手，让奥特曼能够腾出手来，花费更多时间思考商业、运营与管理部分的事情，但他们此时还缺一个帮手——一个拥有一些艺术细胞、紧跟潮流、能产生绝佳创意的产品经理。

山姆·奥特曼和尼克开始在各个社交场合中留意同样有创业想法并且审美一致的同学。很快，他们在一次创业思维领袖研讨会上，认识了同专业的阿洛克·德什潘德。阿洛克是个帅气的印度小伙子，他不仅聪明机敏，还是一个很好的倾听者，擅长在聊天过程中挖掘出别人的真实需求，而这也是产品经理工作素养中的第一要义。奥特曼和尼克单独找到阿洛克，并分享了他们关于移动定位产品的想法，阿洛克表示很感兴趣。三人开始频繁见面，探讨产品的方向，并在这一过程中逐渐摸索出分工，找到适合自己的角色：阿洛克负责产品开发和设计，尼克负责技术开发和实施，而山姆·奥特曼则担任类似于CEO的角色，主要负责战略规划和管理，在创业前期可以简单理解为两件事：募资与推广合作。

很快，Loopt诞生了，山姆·奥特曼将Loopt描述为一个基于GPS位置分享的移动应用程序。它的主界面调用了实时更新的在线地图，用户打开程序后，不仅能够即时看到自己和朋友们当下所在的位置，并且能够实时更新、分享位置变化，轻松地了解到他们的朋友在哪里，以及他们正在做什么。

Loopt的测试版本一经推出后便大受欢迎，不仅在斯坦福大学内部，还有学校周边的商户，甚至在硅谷内打工的很多程序员与工程师，全都下载并且使用了这款应用。这种能够实时分享用户位置信息的功能，在2005年时是一个巨大的创新。将近10年后，微信才上线了发送位置的功能。“微信之父”张小龙早年曾在国内第一家提供140字以内迷你博客服务的网站“饭否”发过一条内容，提起自己作为产品经理时，听到过一个热词“SoLoMo”，分别由Social、Local、Mobile三个单词的开头字母组成，代表“社交的”“本地的”“移动的”三个单词，组合成的意思就是“社交本地移动”。2005年的Loopt做的就是这个方向，奥特曼用这个简单的功能精准击中了当时年轻人热衷于社交的属性与需求，大获成功。

许多年后，山姆·奥特曼在接受采访时，曾经回顾自己在斯坦福上学时创立Loopt的经历，他说：“你也不想犯这样的错误，就像硅谷21、22岁的大学肄业生都会说，我要在3个月内解决世界上所有的问题，如果在3个月内没有解决任何问题，你也不要感到失望，放弃它，转去做下一件事。”幸运的是，奥特曼不需要在失败中不停尝试，他没有走太多弯路，就找到了自己想做的项目，加入星火燎原般的创业大军。奥特曼后来在接受媒体采访时说道：“在职业生涯早期，人们往往更愿意冒险，因为那时你没有什么可失去的，却可能得到很多。我们可以先下小的赌注，如果赌输了会输掉1倍，但如果成功了，则可以赚到100倍，之后我们再沿着这个方向下更大的赌注。”

之后一段时间，山姆·奥特曼与两位伙伴为Loopt添加了越来越多的功能：如果使用者与朋友的距离很近，可以直接通过应用发信息约他见面；如果使用者刚刚到达这个新区域生活，可以通过Loopt发现周围的新店铺或者其他值得一逛的地方；此外，位置周围的商户也可以通过Loopt向该区域的所有用户发布团购信息，或者是限时优惠活动，吸引用户上门。

此外，作为用户隐私安全的坚定拥护者，尼克还提前解决了Loopt发展之路上的一个隐患，他们提前洞察了用户在社交网络上对隐私和安全问题的担忧，在安全性上做了不少颇具创新性的产品设计。比如，用户可以控制是否展示自己的位置信息，并能自主选择与谁分享这些信息，这个简单的设计让用户能够享受位置共享的好处，却不用担心他们的位置信息被公开或滥用。

山姆·奥特曼和Loopt凭借创新和安全性，打开了潜在的用户市场，崭露头角，在硅谷打响了自己的名字，获得了不少投资人与投资机构的关注。但没有任何创业经验的他们，还是在推广Loopt与商业合作方面磕磕绊绊，他们急需一位有经验的导师，并且拿到一笔启动资金，让这款应用能够以完全体的形态真正地进入市场，与其他应用程序相厮杀，并且获得认可。这时，山姆·奥特曼人生里最重要的贵人出现了，那就是早期创业孵化机构Y Combinator（即YC孵化器，文中有时简称为YC）的创始人保罗·格雷厄姆。关于保罗的传奇故事，我们会在后文重点讲述。现在让我们把目光停留在YC和奥特曼的身上，看看这个孵化机构是怎样激发了山姆·奥特曼的硅谷野性。

在2005年的夏天即将到来时，山姆·奥特曼趁着学校放假，开始与YC接触。此时，YC孵化器同样是个成立不到4个月的新生儿，正在寻找第一批值得投资的初创项目或者初创团队。

山姆·奥特曼参与YC的创业咨询，通过了后来在YC内部非常有名的年轻创始人测试，这个测试旨在确认一件事：眼前这个刚成年不久的小孩，是否有可能领导成年人？奥特曼的测试结果让所有人大吃一惊，因为他是一个天生的管理者，深谙糖果加大棒的管理方法：

既能随时向他人示好，又保持着愤怒。保罗·格雷厄姆笑着形容山姆·奥特曼：如果你惹急了他，他会装作要把ice-nine（九号冰）[1]加进你的食物。

多年以后，保罗·格雷厄姆再次回忆起这次测试的结果时，认为山姆·奥特曼这个语速极快、精力旺盛的年轻人天生极度擅于掌控权力，所以他在创业早期就能获得成功。

当奥特曼带着Loopt的产品原型与保罗·格雷厄姆相遇时，两人一拍即合。格雷厄姆点名Loopt成为YC孵化器成立后首批资助的八家初创公司之一，山姆·奥特曼作为Loopt的创始人，不仅获得了6000美元的启动资金，并且受到邀请，在那个暑假搬到了位于马萨诸塞州剑桥的YC孵化器办公室，成为入驻YC的第一批学员。

1 美国小说家库尔特·冯古内特在《猫的摇篮》这本书里创造的可怕物质，这种物质可以毁灭所有的含水物体。

05

“人生贵人”保罗·格雷厄姆

我认为，对我来说一直有效的基本模式，是花时间探索很多事情，尝试很多事情，试着像初学者一样思考什么可行，什么不可行。你要相信自己的直觉，尽可能快速、低成本地追求或者接触更多的事物，然后非常诚实地告诉自己，什么是好的，什么是不好的。最后，最难的部分是砍掉所有对你没有价值的东西，把所有注意力一次又一次地集中在更有价值的地方和事物上。

——山姆·奥特曼

2005年的夏天，山姆·奥特曼在马萨诸塞州剑桥YC的办公室，尼克在德克萨斯州阿灵顿的家中，阿洛克回到了印度，但三人从未停止过沟通与工作，逐渐将Loopt产品打磨成形。

然而，相比Loopt项目的快速落地，山姆·奥特曼在这个阶段获得了更加宝贵的人生经历：他结识了一位精神与实操兼备的导师——

保罗·格雷厄姆。虽然YC孵化器与Loopt项目几乎在同一时间开始推进，但YC的创始人保罗·格雷厄姆，相比斯坦福在读学生奥特曼，早已是纵横美国科技界的大佬。

早在1995年，时年31岁的保罗·格雷厄姆就与罗伯特·莫里斯联合创立了Viaweb，这是个基于Web的应用程序，允许用户使用Web浏览器，建立并且托管他们的在线商店。在这个过程中，用户几乎不需要掌握任何专业的技术知识，相当于人人都可以通过Viaweb的服务获得技术支持，开设个人网店。在那个年代，Viaweb被认为是第一个应用程序服务提供商，1998年夏天，当时雅虎公司的创始人兼CEO、华裔企业家杨致远看中Viaweb的潜力，完成收购，格雷厄姆在挖到人生的第一桶金后，开始潜心钻研新的编程语言。

如果你以此判断保罗·格雷厄姆，认为他只是一个出色的程序员，那将会大错特错。如果进一步翻开保罗·格雷厄姆的履历，你会有更多有趣的发现，并且能从中找到他如此喜欢并且支持山姆·奥特曼的原因：

格雷厄姆祖籍在英国，他的父亲是一位设计核反应堆的物理学家，在父亲那儿，格雷厄姆开启了对科学和数学的兴趣，与山姆·奥特曼一样，格雷厄姆从小就对电脑十分着迷。在初中时，他参加学校的天才项目，第一次接触到IBM的大型机后，很快就学会了编程。

格雷厄姆被媒体记者称为“黑客哲学家”，因为他不仅仅擅长计算机技术，还获得了哲学文学专业的本科学位，并且在就读哈佛大学后，格雷厄姆陆续获得计算机科学理学硕士和哲学博士学位。但因为不喜欢埋头写论文，格雷厄姆断定自己不适合学术界，骨子里的黑客精神，驱动他开始研究新的编程语言LISP，似乎就此要走上高级黑客的道路。然而，在做毕业设计的过程中，格雷厄姆意外地发现自己被绘画这一艺术所吸引，他决定遵从自己内心的声音，于是进入罗德岛的设计学院学习，并在之后远赴意大利佛罗伦萨参加那里的绘画课程。当他结束自己的意大利艺术之旅，回到美国的时候，格雷厄姆发现自己破产了，为了继续尝试成为一个画家，他间歇性地通过编程咨询的兼职工作，负担自己的生活费用。

保罗·格雷厄姆的个人简历可以被视作远古时期“斜杠青年”的典范。后来，他的多篇博客内容集结成一本书，书名叫作《黑客与画家》。在书里，格雷厄姆将黑客形容成一位创造者，和画家、建筑师、作家这些职业一样，都是艺术家的一员，而且格雷厄姆认为，黑客是程序员的最高境界，因为他们的核心价值都在于创造，而不只是简单写代码。格雷厄姆提出，事实上对于很多成功攻破政府和银行等最高安全级别系统的黑客而言，他们成功的关键在于通过创造性思维找到漏洞的线索，而非纯粹在技术方面的突破。

保罗·格雷厄姆将黑客与医生相比，于是有了这样的描述：“黑客改造语言获得的乐趣，就好比外科医生摆弄病人的内部器官。真正的黑客语言总是带着独属于黑客自己放纵不羁、不服管教的个性。”

因此，在2005年，保罗·格雷厄姆在山姆·奥特曼这名年轻人身上，看到了与自己相似的、如杰出黑客般的潜质：他们都喜欢侵入和破坏，同时具备创新精神；他们喜欢做外人看起来不应该做的事，不喜欢别人告诉他该做什么；他们的聪明才智使他们有能力驾驭他们心里的想法，并且得以实现。格雷厄姆在奥特曼身上看到了更年轻时的自己，他将奥特曼身上的创造性思维归结于一种出众的特质：“杰出、优秀、正直、有底线的优秀人才，他们不服从管教，不愿意委身于社会大环境的潮水之中而无法辨别方向。然而，很自负的人必须培养出敏锐的感觉，及时发现周围形势的变化，知道如何脱身。”

而山姆·奥特曼也没有让自己的这位导师失望，在YC和格雷厄姆的帮助下，他几乎凭借着一己之力，为Loopt开拓市场，彻底激发了自己的社交属性。只要和移动运营商们开会，他都能找到突破口说服对方合作，从而让Loopt应用程序在投入市场初期就获得了足够的展示机会，也将Loopt的估值推升至了1.75亿美元，成为YC首批投资的8个机构里的佼佼者，仅次于YC孵化的最成功公司之一、如今估值超过100亿美元的Reddit。奥特曼在那个夏天也付出了代价，因为多天疯狂工作超过20小时，他一度得了坏血病，被送进医院治疗。

那个夏天即将结束时，首轮8家公司的15位创始人依次走上讲台，进行15分钟的演讲，保罗·格雷厄姆毫不掩饰对山姆·奥特曼的欣赏。后来，他在《写给学生们的创业指南》中提到："奥特曼是一个很特立独行的人，我还记得当我第一次见到他时，在短短的3分钟内，我的脑子里冒出了一个想法——啊，19岁的比尔·盖茨估计也就这样了吧。"

史上最成功创业孵化器的诞生

想要开启创业之路，你并不需要拥有一个绝妙的点子。创业公司赚钱的方式是为人们提供比他们现在拥有的更好的技术。但是人们现在拥有的东西往往很糟糕，你甚至不需要聪明才智就可以做得更好。

——保罗·格雷厄姆

2005年6月，山姆·奥特曼成为YC孵化器的第一批学员，遇到自己的人生贵人保罗·格雷厄姆，一段互相成就的故事正式开启。然而，在这之前，YC孵化器的诞生背后也有一段同样传奇的故事，最终它能成为史上最成功的创业孵化器，离不开创始人保罗·格雷厄姆在YC诞生之初的天才想法。

2005年3月，保罗·格雷厄姆回到自己的母校哈佛大学，发表了名为《如何创业》的演讲。格雷厄姆讲述了自己创办Viaweb的经历，台下的学生受到鼓舞，在提问环节询问格雷厄姆是否考虑创办一家咨询类的公司。当时，他正巧厌倦了写博客和研究编程的生活，决心出来走一走，哈佛的这场演讲让他重新反思自己的人生经历：尽管此前他一直打算进行天使投资，但距离他卖掉Viaweb变得足够有钱已经过去了7年，他仍然没有一个具体的计划。

几天后，格雷厄姆与当时的女友杰西卡·利文斯顿一起吃晚餐。饭桌上，杰西卡聊起自己在一家投资银行的工作。她并不喜欢它，正在面试波士顿一家风险投资公司的营销总监职位。格雷厄姆认为风险投资公司正在做的事情非常可笑：它们花费很长时间来做决定，以至于频繁错过机会。同时，格雷厄姆提出了自己思考多日的想法，关于风险投资这件事，他认为投资者应该进行更多、更小的投资，应该资助年轻的黑客创始人，而不是用大笔钱去供养那些西装革履的家伙。这即是Y Combinator——YC孵化器的设想雏形。

在回家的路上，保罗·格雷厄姆逐渐明确了自己的决心，他决定拿出10万美元开一家自己的投资公司。杰西卡也同意辞去工作，参与这家投资公司的运作。在接下来的几天里，格雷厄姆还找到了另外两位好友，也就是他早在Viaweb时期就合作过的罗伯特·莫里斯和特雷弗·布莱克威尔，两人很快答应加入，并且每人加投了5万美元。就此，一个在未来影响硅谷投资生态的种子基金成立，并且以20万美元的资本开始正式运作。

成立之初，保罗·格雷厄姆和伙伴们还没有想好投资公司的名字。起初内部讨论时，他们称之为“剑桥种子公司”。但这个名字从未面世，因为几天后当格雷厄姆等人对外公开宣布它时，已经把名字改成了Y Combinator，理由是他们正在做的事情很可能是全国性的，不应该被束缚在一个地名上，哪怕“剑桥”是高精尖的象征。

那么，Y Combinator又是什么？这个名字来自一个计算机术语，意思是启动其他程序的程序。在格雷厄姆眼里，YC不仅仅是一个创业孵化器，更是一位创业导师。

初创时期，YC的筹备工作也十分仓促，他们将公司选址在剑桥，因为格雷厄姆的朋友恰好可以提供一个免费的住所。当时，一切都是未知，所有人都兴奋不已，虽然没人知道YC能否成功，未来的路是否好走。很快，格雷厄姆等人明确提出YC不要成为什么样的机构，比如当时硅谷和其他各地存在的那些"孵化器"，都不是YC的榜样，而是反面教材。

为什么这样说？传统的孵化器会为创业者提供从头到尾的全套服务，这是从20世纪90年代继承下来的玩法，投资公司为创业者提供大笔资金，并且要求拿到超过50%，甚至更高的控股权。初创公司在一夜之间改旗易帜，创始人沦为了投资者的打工仔。

在YC之前，创业者种子资金的来源非常随意。很多人会从自己亲戚家或者某位朋友的富有叔叔那里得到第一笔钱，可能是1万美元，来开启创业生涯。这时候，双方的交易条款往往是一场灾难。通常投资者、创始人或者律师都不知道这种投资的标准化条款文件应该是什么样子。所以格雷厄姆认为他们颠覆传统的第一步，就是需要去定义并且成为种子资金的标准来源。

保罗·格雷厄姆以早先创业Viaweb时所获得的种子资金为模板来模拟YC的投资模式。当时，他们从一位朋友朱利安那里得到了1万美元，创建了Viaweb并且开始运营工作。幸运的是，朱利安曾经是一家媒体公司的总裁，同时也是一名律师，她很快为格雷厄姆撰写了所有合同文件，并且教会了格雷厄姆等人一些商业知识，比如在危机中如何保持冷静并解决问题。作为回报，朱利安获得了Viaweb 10%的股份。格雷厄姆曾经认为朱利安在这笔投资中大赚特赚，但一秒钟后他便意识到，如果没有朱利安，Viaweb永远不会成功。因此，这对于两方来说都是一笔成功的交易。由此，格雷厄姆认为YC只要延续这个投资模式，一定会找到能够长久发展、合作共赢的空间。

3月底，YC创始人开始收到初创者们发来的项目申请邮件，之后便打印出所有电子邮件，开始手动给它们评分，就像老师在批改学生的考试卷。第一批申请比预期的要多，其中很多的项目申请者还是大学生。格雷厄姆知道学生们已经在为自己的暑假制订计划，所以YC创始人做了一件后来他们不断告诉每个初创公司的年轻人，他们最需要做的事情：快速启动。于是，他们决定在接下来的夏天，资助第一批创业公司。

这个时间节点对于大部分申请者来说，机会成本足够低，就算项目失败他们还可以回去上学或者找一份正式工作。同时，暑期项目的长度和结构非常适合格雷厄姆的设想，他们希望为早期初创公司提供"一个学期"的培训，以帮助他们驾驭公司身份，创业者必须搬到他们所在的地方——马萨诸塞州剑桥。接下来的3个月时间，YC将在创业的最早阶段与创业者合作。他们给的启动资金，刚好够初创业者在这段时间内全身心投入，实现他们对自己项目的所有想法。格雷厄姆认为，因为业务方面对年轻的创业者来说是陌生的挑战，他们能够减轻这些琐事带来的痛苦，引导他们完成他们需要做的一切，包括合并、发行股票、任命董事会成员等。他们还开发了一系列融资文件，创业者可以使用这些文件来节省他们的法律费用，并且弄清楚如何真正廉价地启动和运营初创公司。

6月，夏季创始人计划正式开始，YC在所有收到的400份夏季项目的申请中，接受了其中的8个。于是，在这个夏天，保罗·格雷厄姆和山姆·奥特曼相遇了，他们将在未来开启YC的新时代。

07

颠覆硅谷的YC“黑手党”

夏季创始人计划保留了传统暑期工作的许多特点——你必须在暑假搬到剑桥，我们会给你足够的钱，维持一个夏天的生活，你可以着手解决真正的问题——这些都像一份传统暑期工作。但是，请注意，你在这里是为了自己工作，你可以在你喜欢的时间和地点开始工作，你不会获得薪酬，但会拿到一笔种子资金开始你的项目。到了夏末会发生什么？这取决于你。你可以选择解散你的初创团队，或者继续前进。如果你前途无量，我们会帮助你获得更多资金。

——YC夏季创始人公告

在YC创立之初，没有人注意到这个有点新奇古怪的初创公司孵化器，甚至就连保罗·格雷厄姆自己也不知道YC最后能够大获成功。因此，在开启第一次夏季项目时，保罗·格雷厄姆和他的伙伴们甚至都没想过能从这些项目中赚到钱。他们开玩笑说，自己投资的钱是教育费用和慈善捐赠的结合。因此，当时YC的宣传口号是：与其在大公司无聊地实习，不如赢得5000美元，在保罗·格雷厄姆，还有他的朋友、麻省理工大学莫里斯教授的指导下，开展自己的创业项目——这两个家伙开发出在线商店软件Viaweb，在1998年将其以约5000万美元的价格卖给了雅虎。

令格雷厄姆意外的是，他们遇到的第一批项目竟然出奇地好。其中4个初创项目在2005年的夏天结束时，发展成了正规的公司，包括社交地图服务Loopt、社交新闻站点Reddit、移动支付服务TextPayMe，以及在线日历Kiko。

这些项目背后的年轻创业者第一次向全美国的科技圈展示了自己惊人的才华——山姆·奥特曼创立的Loopt因为移动互联网时代的到来，在短时间内收获400万用户，未来可期；Reddit在2006年被康泰纳仕收购，价格高达2000万美元，两位主要创始人之一的亚历克西斯·瓦尼安，在23岁的年纪成了千万富翁，后来他又陆续创立了几家初创公司和风险投资公司，并和美国网球巨星塞雷娜·威廉姆斯结婚；移动支付服务TextPayMe，在2006年被巨头亚马逊收购，他们在参加YC前，原本想做一个名为FireCrawl的在线安全服务公司。

而在线日历公司Kiko不仅证明了有天赋的人不会被埋没，而且很好地体现了格雷厄姆与创业者的关系，并不仅限于项目本身。虽然Kiko在推出后不久，就因为谷歌日历的出现黯然失色，退出了市场，在2006年以25.8万美元的价格在eBay上贱卖，但是当Kiko的两位创始人重新回到剑桥的YC办公室，格雷厄姆和杰西卡又为他们制订了新的计划，帮助他们创立了直播网站Justin.tv，获得了720万美元的风险投资，这个网站后来成了拥有4000多万注册用户的直播社区，发展成为价值超过150亿美元的企业。

格雷厄姆回忆起YC在2005年的尝试时，提到当时其他人很难意识到YC的作用，但他不怪那些不认真对待YC的人，因为他们自己一开始都没有认真对待第一个暑期课程。但随着那个夏天的进行，YC创始人对初创公司的表现越来越感到惊喜。杰西卡和格雷厄姆甚至发明了一个术语“YC效应”，来描述当某人意识到YC可能是一个重要机会的那一刻——当人们来到YC，在第一个夏天的晚宴上发言时，他们可能带着来向一群童子军发表演讲的态度；但当他们离开大楼时，他们都在说“哇，这些公司可能真的会成功”。

这并非夸大，因为YC的出现也彻底颠覆了硅谷的创投模式。

保罗·格雷厄姆本身就是从创业者的角度来进行思考的，通常来说，YC投资金额和占股比例为2%到10%之间，取决于创业公司具体情况，大部分时候占股比例为6%至7%，这远远低于传统孵化器的占股比例。此外，YC只为创业者提供第一年的资金，此后他们更愿意让创始人走出去，直接面对市场和行业，获取外界的资金和支持。

自那时以来，YC在硅谷的影响力不断增长。有些人把它日益扩大的毕业生网络称为YC“黑手党”。他们保护自己，合作无间，并且个个都把格雷厄姆视为自己的导师，而其中一些人在成功之后，也进入了投资人和导师的队伍，帮助更多人。

所以在2005年的9月，当格雷厄姆看到他们资助的第一批项目获得很好的效果时，他们决定继续做这件事，并扩大为每年资助两批创业公司。他们将第二批计划放在了冬日的硅谷，因为湾区的创业者密度远远大于波士顿或者剑桥，同时湾区的天气也更好，谁不喜欢阳光晒在身上的感觉呢？格雷厄姆不希望其他人复制YC的模式，而是希望YC成为专属于硅谷的YC。但是，由于没有足够的时间去做准备，YC冬季项目没能在伯克利进行，他们最终选择了旧金山湾区西南部的山景城，硅谷的重要组成部分。

一切都还是初创的样子，有一个经典的画面：在加利福尼亚州的第一次冬季创始人晚宴上，格雷厄姆和杰西卡在觥筹交错之外，不得不轮番警告在场的年轻创业者不要用手碰墙或者依靠墙壁聊天，因为墙壁上的油漆还没干透。

事实证明山景城是一个理想地点，格雷厄姆将YC搬到硅谷的决定也非常明智。2006年之后，类似YC的孵化器如雨后春笋般出现，帮助不同的创业公司从一行代码发展成一家真正的公司。

此时，保罗·格雷厄姆已经先行一步成了教父般的人物，他在2005年哈佛大学的那篇演讲《如何创业》，被人不断翻出重新阅读。商业评论家说，这篇演讲和史蒂夫·布兰克的《顿悟的四个步骤》，还有埃里克·莱斯的《精益创业》，塑造了现代企业家的精神：bootstrap[1]。很快，格雷厄姆等人的话语成为年轻创业者们口口相传的创业圣经，比如，从一个最小可行性产品开始，快速迭代，宁愿要十个狂热粉丝，也不要一万个觉得你还可以的客户……

后来格雷厄姆还在《黑客与画家》一书里提到：在一家创业公司，相同的时间内，聪明的黑客可以完成超过普通职员36倍的工作——这不仅颠覆了我们所知的传统的职场分工模式，也催生了创业这件事。因为黑客是不遵守规则的，这正是黑客攻击的本质。

此外，YC的成功还得益于保罗·格雷厄姆的妻子杰西卡·利文斯顿。两人配合无间，格雷厄姆判断申请者的技术能力，杰西卡擅于识人。他们非常看重20多岁的人，因为这个年纪的人有无数优势：超强的耐力、贫穷所激发出的斗志，以及无牵无挂、无知无畏的生活状态。

---

1 bootstrap在英语中指“鞋带”，因为英语中有一句谚语“pull oneself up by one's bootstraps”，即“拎着鞋带把自己提起来”，所以bootstrap被用来代表自力更生的精神。

这句话在某种意义上说的也是保罗·格雷厄姆自己，以及他的学生山姆·奥特曼。

2005年成为格雷厄姆与奥特曼友谊的起点，当山姆·奥特曼离开YC孵化器位于马萨诸塞州剑桥的办公室时，得到的不仅仅是每个创业者人均6000美元的资金、保罗·格雷厄姆的宝贵建议，以及一个相对成熟版本的Loopt应用，他还将在未来得到一件宝贵的礼物，一个他当时从未想到的、与YC有关的职位。

08

斯坦福辍学

我无法忍受互联网时代到来，自己却置身事外。

——山姆·奥特曼

2005年9月，Loopt的应用程序在推出市场后，获得了远超预期的强烈反响，因此山姆·奥特曼做出人生中第一个重要的决定：他选择与比尔·盖茨、史蒂夫·乔布斯、马克·扎克伯格、杰克·多西这些前辈一样的道路——从世界顶尖的高等学府辍学创业。

令人惊讶的是，这个决定做得很快，且并没有像想象中一样受到父母阻拦。当奥特曼获得父母的支持后，他离开YC剑桥办公室，第一时间回到斯坦福大学，找到了两位正准备新学期计划的联合创始人，奥特曼毫无保留地将自己在YC的见闻分享给了尼克和阿洛克，并且说出了自己计划辍学全职开发Loopt的决定。他坚定地告诉两位伙伴："生活不是彩排，时间非常有限，而且过得很快。我想做让我自己觉得快乐和满足的事——毕竟很少有人在死后数百年仍然被人们记住。现在，Loopt就是我想做的事。”这段发言仿佛一份闪着金光的召集令。

令奥特曼没有想到的是，几天后，尼克和阿洛克陆续找到他，决定加入他辍学创业的旅程。就此，包括山姆·奥特曼在内的Loopt三人创始团队，全都决定提前结束他们在斯坦福大学的学生生涯，全力以赴追逐梦想。很多年后，当山姆·奥特曼回到斯坦福大学教授一门创业课程时，他提到了自己曾经的辍学经历。当有人提问什么样的人会选择辍学时，奥特曼说："首先，你必须要有足够的胆识和勇气，此外，你得特别爱自己所要做的事情，你得爱自己的创业项目，愿意为此放弃一个本该更加顺遂的人生。"

这份胆识和热爱，令奥特曼获得了回馈。

好的想法成就了无数天才。不仅在斯坦福，在硅谷，也在全美各地，甚至在遥远的中国，这个道理都是通用的。有时一个小点子就是一粒火种，造就出一个盖世英雄。互联网催生了无数的天才想法，涌现了诸多英雄人物，在各自的领域改革创新，如星火般燎原，成就非凡的神话。山姆·奥特曼很快成为其中一个。但有趣的是，奥特曼与许多美国大佬们的选择都更加激进。与之相比，中国互联网界叱咤风云的人物则是清一色的学霸：清华大学与麻省理工毕业的搜狐创始人张朝阳，中国人民大学毕业的京东创始人刘强东，在北京大学读完本科后到美国布法罗纽约州立大学读硕士的百度创始人李彦宏，在西安交通大学读完四年本科被保送本校研究生的奇虎360创始人周鸿祎，武汉大学毕业的小米科技创始人雷军……这些熟悉的名字撑起了中国互联网的大半边天。不同的文化背景引发不同的选择，但最终中美顶流创业者们还是走上了殊途同归的道路。

Loopt的三位创始人辍学后，很快搭建起技术和产品团队，奥特曼邀请了童年时期的好友、也就是后来进入麻省理工学院的里克·佩尼科夫与他的兄弟汤姆·佩尼科夫加入团队。到了2005年10月，这支团队已经足够支撑大规模的运作。此时，山姆·奥特曼判断Loopt的产品服务与功能已经足够完整，他开始考虑筹集更多的资金来建立业务，保罗·格雷厄姆也支持他这么做，因为只有在自由市场获得融资，奥特曼的项目才算真正从YC毕业，才可以走得更远。此时，山姆·奥特曼在斯坦福大学的就学经历起到了关键作用，即便他中途辍学，也并不影响奥特曼能够利用斯坦福出色的校友网络，比如斯坦福创业平台就帮助他接触到了硅谷的许多顶级风险投资公司。

在考虑了多个不同的融资方案之后，山姆·奥特曼最终做出了最正确的决定：他接受了当时世界上最大的两家风险投资公司红杉资本和恩颐投资共500万美元的A轮融资。奥特曼相信，这两家投资过谷歌、雅虎、PayPal、Tivo以及其他众多知名科技公司的投资方，能够帮助Loopt走得更远。之后，山姆·奥特曼和他的团队搬进了红杉资本提供的孵化空间，在那里，他们短暂地与YouTube的创业团队共享一个空间，直到正式搬进属于Loopt自己的第一个真正的办公室。

到了2006年，Loopt不断扩张，迅速发展成拥有50多名员工的创业公司，并在澳大利亚、美国等国家的多家无线运营商和电信公司上推出了自己的服务，同时也支持大部分带有GPS功能的手机共享定位，包括当时最火的黑莓手机。此时，Loopt的功能也愈发完善，用户不仅能通过详细的交互式地图即时获取朋友的位置和活动信息，联系并开启当天的社交生活，他们还可以在社交网络、社区和博客上实时分享位置更新，标记照片或者互动评论。

山姆·奥特曼成功实现了自己最初的想法——他创造了一种革命性的社交地图服务，靠一己之力改变了互联网。在移动互联网时代到来前，奥特曼摸到了先机，预测了人们在移动环境中联系、分享和探索的方式。

2007年7月，山姆·奥特曼再次帮助Loopt获得了825万美元的B轮融资。回看同一时期的中国，互联网网民总人数也达到了1.62亿，以仅次于美国2.11亿的网民规模，位居世界第二。完美时空、金山、巨人网络、阿里巴巴等中国互联网公司陆续挂牌上市，股价总市值膨胀到近700亿美元。但是，中国并没有出现类似于Loopt的移动应用公司，主要互联网企业集中在网络游戏、B2B电子商务、门户传媒和软件应用四个领域，距离微信出现还有3年半的时间。

奥特曼和Loopt的成功与美国提前进入移动互联时代有关，但这不意味着一切都一帆风顺。历史经验表明往往一家公司最辉煌的时候，危机也同时在逼近。Loopt的成功背后也存在着不少隐患，对于年少成名的山姆·奥特曼而言，如何面对这些挫折才是真正的挑战。

2007年下半年，Loopt开始面临用户增长停滞的挑战，山姆·奥特曼不得不解雇多名员工，降低公司运营成本。奥特曼将这种经历描述为“心力交瘁的时刻”，他开始努力从所有失败的决策中学到一些经验，同时在性格上变得更加谦虚而坚定，并将这些经历作为成长和改进的垫脚石。后来在接受采访时，山姆·奥特曼说：“我认为失败是创业过程的一部分。你必须愿意冒险，并尝试新事物，做出新的决定，即使这增加了失败的风险。”就这样，山姆·奥特曼和Loopt在曲折的道路上继续前进，并仍然试图找到新方法打破瓶颈。

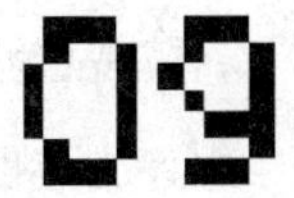

奥特曼与乔布斯

我的大脑好像缺了一条在乎别人看法的回路。

——山姆·奥特曼

2008年，山姆·奥特曼和Loopt还在持续前进，奥特曼搬到了硅谷附近的山景城，做他一生最擅长的事情：破解、构建和创造。

2月，Loopt和美国电视网络传统三巨头之一的CBS达成了一项合作，双方合作开发基于GPS位置信息的广告，这一合作帮助Loopt短暂解决了用户增长问题——CBS庞大的用户群，为Loopt的移动网站页面带来每月超过7500万次的浏览量。

对此，山姆·奥特曼和投资人都很乐观，假设Loopt可以持续获得新的用户增长，并且在移动互联网端口保持领先，他们就能拥有一个有利可图的商业模式，很多广告商都愿意为给用户定点推送广告而支付额外费用，而Loopt的商业模式具有非常大的优势，因为他们不仅拥有基于用户档案的人口统计信息，而且还知道用户在某个时间的精确位置及行动轨迹。

Loopt的成功也被媒体大肆宣扬，山姆·奥特曼被《商业周刊》杂志评为年度“技术领域最佳年轻企业家”。然而，与媒体的赞誉相比，2008年发生的另外一件事让山姆·奥特曼本人真正地感到兴奋。在后来每次接受采访时，山姆·奥特曼都会不断回忆：“作为科技企业家最美好的时刻之一，是我遇到史蒂夫·乔布斯的那一天。”

那是在2008年6月，22岁的山姆·奥特曼在苹果的全球开发者大会上，展示了适用于iPhone的Loopt应用程序，这引起了他的偶像史蒂夫·乔布斯的注意。奥特曼永远都记得乔布斯对Loopt的评价，他不无骄傲地说：“乔布斯说我的应用程序很酷。在那个黑暗的房间里，我的眼里只有乔布斯戴着的闪闪发光的眼镜，那两个圆圈永远留在我的脑海里。”

很快，Loopt入选为苹果应用商店里第一批应用程序，而山姆·奥特曼本人也受邀在2008年7月11日，在具有划时代意义的iPhone 3G正式发售时上台展示Loopt。山姆·奥特曼抓住这个机会，冲进了由乔布斯搭建的新世界的大门，分享了苹果销售奇迹带来的巨大市场蛋糕。

2007年1月9日，乔布斯揭开了第一代iPhone的神秘面纱，重新定义了手机。2008年对于乔布斯和苹果而言也意义非凡，新闻媒体后来将2008年描述为“也许是苹果全球开发者大会产品介绍的高峰年”，开发人员分成三个模块，分别介绍了iPhone、Mac和IT，各场主题演讲介绍了适用于iPhone和iPod Touch的App Store、稳定版iPhone SDK、面向全球市场的补贴3G版iPhone等等。更重要的是，苹果在这一年进入中国市场，北京、上海的苹果直营店先后开张，一年后的

2009年8月28日，中国联通宣布正式引入iPhone，并定于第四季度发售，售卖款正是iPhone 3GS和iPhone 3G，这标志着苹果手机正式进入中国内地市场。销售首日，年轻人连夜排队购买新iPhone的场景，开始在中国不同城市上演。

2008年7月11日，苹果正式发布了iPhone 3G，在22个国家和地区同步上市。山姆·奥特曼和Loopt由逆境直转，搭上了乔布斯的顺风车，然而当时乔布斯由于癌症复发，健康问题恶化，不得不花费很多时间处理私人健康引发的危机。

尤其在2008年8月28日，著名新闻媒体彭博社在乔布斯活着时发布了一份2500字的讣告，年龄和死因的位置空白。新闻媒体通常会储存最新的讣告，以便在知名人物去世时提供新闻。虽然这个错误被及时纠正，但许多新闻媒体和博客快速对此进行了转载报道，加剧了有关乔布斯健康状况谣言的传播。乔布斯不得不在9月苹果一场名为"Let's Rock"的活动中，穿上他标志性的黑色高领毛衣和牛仔裤出现在舞台上，效仿著名的美国作家马克·吐温当众宣布："关于我去世的报道被严重夸大了。"

但是到了2009年1月5日，乔布斯在苹果官网上发表的一份声明中承认了自己几个月来一直"激素失调"，2008年他的体重一直在原因不明地减轻。几周前他通过精密的血液测试，发现是激素失衡的问题，这种失衡一直在"掠夺"他身体所需的蛋白质。一周多之后，乔布斯在苹果公司内部的备忘录中写道："上周我了解到，我的健康相关问题比我原先想象的要更复杂。"这句话发表之后，他便宣布休假6个月，以便更好地关注自己的健康。

曾在乔布斯2004年缺席期间担任首席执行官的蒂姆·库克再次成为苹果公司的代理首席执行官，并公开表示乔布斯仍参与"重大战略决策"。后来，蒂姆·库克提出将自己的一部分肝脏献给乔布斯，因为他们拥有同一种罕见的血型，而捐献后的肝脏在手术后可以再生组织。对此，乔布斯大喊："我永远不会让你那样做。我永远不会那样做。"但在几个月后，他接受了肝脏移植手术。

史蒂夫·乔布斯当时的健康问题，可能最终成了他与山姆·奥特曼之间没能展开进一步接触与合作的原因之一。这可能也是山姆·奥特曼心中的遗憾之一，毕竟两人在很多方面都极其相似。比如，奥特曼和乔布斯一样，读大学的时候就辍学创业；比如，两人都是素食主义者；再比如，两人在作为老板这个身份角色时，都不太好相处。

乔布斯是众所周知的很难对付的老板，爱好争辩，假如不是每件事情都完美无缺，他就会大发雷霆，事实上他会把所有注意力集中在他想要的东西上，比如，设计出疯狂的伟大产品——直至生命最后一刻，他都在顽固地追求这一点。而山姆·奥特曼也不遑多让，在Loopt内部，奥特曼以特立独行著称，他从来都只做自己认为正确的表达和选择，他甚至这样形容自己："我的大脑好像缺了一条在乎别人看法的回路。"

奥特曼无论是对自己还是对他人，都极度严苛，要求很高。根据和他共事过的人回忆，他的性格偏执，对工作效率低的人极其缺乏耐心，情绪也似乎并不稳定。在日常生活中，他冷酷坚硬，酷爱加班，经常开启不要命的工作狂模式。美国临床心理学家和科普作家凯·贾米森曾在自己的《疯狂天才》中写道：许多杰出的小说家、诗人、画家和作曲家，都患有某种"良性的疯癫"。

天才在左，疯子在右，乔布斯和奥特曼就是这样的天才，如果说较高的智力和勤奋的工作只能让人到达某种程度的成功，那么要做到像乔布斯和奥特曼这样，似乎就需要某种未知因素起作用，这可能来自一点点疯狂。

10

Loopt的机遇与挑战

在现在这个热衷于追求热点的世界里，好的创意被严重低估了。一个好想法值得我们花更多时间思考。

——山姆·奥特曼

2009年，山姆·奥特曼和他的Loopt开始面对竞争更加激烈的市场环境。在2006年发布时，Loopt凭借对GPS位置功能的完美应用，领先于时代潮流。然而，3年后，随着像Twitter这样的社交网络服务平台推出了基于位置服务的功能，奥特曼和他的团队不得不重新审视他们的商业模式，并做出一些重大的战略决策调整，来试图继续保持领先地位。

2010年，山姆·奥特曼宣布Loopt推出了名为“Pulse”，也可以被翻译为“脉搏”的新功能。在此之前，Loopt所提供的服务都非常被动——如果你在某些设备上启动Loopt，它就会跟踪你的位置；如果其他用户也打开了Loopt的应用程序，你也可以看到他们所在的位置。但通常而言，这些功能并不能直接透露最关键的信息，如果你的朋友在街尾广场停留，你并不知道他在干什么，但Pulse功能提供了这个问题的答案：这个功能将显示位置周围的热门场所与活动，这样你就能够根据这些信息推测出他们可能在广场上参加试吃活动，或者正在参与一场露天聚会。

之后，山姆·奥特曼又和产品团队一起，逐渐将Loopt定位为一款"本地搜索引擎"应用程序，主要为用户提供三大功能：第一部分功能有点像一个团购网站，用户可以根据自己在Loopt上的位置，抢到附近餐厅的虚拟优惠券，到线下进行消费，这项业务能够帮Loopt同时获取流量并且将流量变现；另一部分付费功能则更像国内2011年8月上线的一款基于地理位置服务的社交应用程序"陌陌"，用来帮助用户找到附近潜在的约会对象；最后一部分功能类似于一个基于定位、功能简单版本的"大众点评"。奥特曼推出了在当时看来非常新颖独到的功能，用户可以查看朋友们在实际地图上签到的位置，并且通过笑脸或者皱眉等表情，知道他们对某个餐馆或者娱乐场所的评价。

同时，签到功能也帮助Loopt稳固了与苹果合作的成果，且避开了一个重要问题：iPhone暂不支持第三方应用程序在后台运行，只有在用户打开应用时，才会实时跟踪位置，而Loopt在推出后很长一段时间内，吸引用户的核心就是持续的位置更新。2010年，Loopt凭借着适用于100多种移动设备的优势，以及苹果公司的宠爱，在广告和App Store持续不断的推荐下，挡下了外部市场竞争带来的第一波冲击。随着iOS 4的推出，iPhone也终于开通第三方应用在后台运行的功能，Loopt再次从中受益。在接受采访时，奥特曼兴奋地告诉媒体："我们每日的使用量比iOS 4发布前增长了60%，每天活跃用户数已达数十万。”

此外，奥特曼还将Loopt的活跃用户激增归功于与MetroPCS的合作，MetroPCS类似于国内的移动和联通，是当时美国的第五大移动电信网络。通过谈判，Loopt被预装在几乎所有MetroPCS的手机上，这使得Loopt在安卓手机市场也被快速推广。

在这一基础上，奥特曼也没有放弃之前的签到功能，Loopt的最新版本将这两个想法结合在了一起，允许用户在某个地点签到，并将实时位置信息留存24小时，方便他的朋友在Loopt地图上看到完整的移动轨迹。对于一些担心隐私安全的人而言，这个功能令人毛骨悚然；然而对于当时的大多数人，“使用应用时始终保持用户位置信息”是大部分本地生活类应用未来的基础功能之一。

2010年7月，Loopt的总用户数达到了400万。

然而，很快奥特曼发现了Loopt面临的真正威胁——它虽然在运营商那里得到了许多支持，但其实一直未能获得消费者的青睐。奥特曼后来回忆：“我们当时很乐观地觉得，地理位置信息会变成非常重要的属性，然而真实情况是，人们只会躺在沙发上消费内容和消磨时间。我在运作Loopt时明白了一件事，你永远不能让人们去做他们不想做的事。”奥特曼发现，随着移动互联网时代的到来，人们对手机等电子产品的依赖逐渐加深，很多年轻人成了宅男宅女，他们热衷于在网上冲浪，和网友聊天游戏，不愿意走出家门一步，拥抱真实的世界。

在估值一度达到1.75亿美元的最高点之后，Loopt很快陷入了用户迅速流失的困境。山姆·奥特曼也陷入了焦虑。此时，YC孵化器再次成为山姆·奥特曼得以休息，并且重新审视周围一切，思考自己目前到底热爱什么、想要什么的最佳港湾。

实际上，在山姆·奥特曼忙于发展壮大Loopt公司时，他与保罗·格雷厄姆一直保持着紧密的联系。早在2008年，保罗·格雷厄姆和杰西卡·利文斯顿结婚时，就邀请了山姆·奥特曼在自己的婚礼上做伴郎。

在多次陷入困顿时，YC的开放氛围和格雷厄姆的无私帮助，一次次更新了山姆·奥特曼看待这个世界的视角，启发着他的想法，也提升了他的投资眼光。因此，在担任Loopt的首席执行官期间，山姆·奥特曼也主动扮演了YC首席创业讲师的角色，并且不拿工资，同时也以融资顾问身份，参与YC的更多创投项目。在YC办公室，奥特曼放下经营公司的琐事，收起焦虑，回归了真实的自己，释放他过人的投资潜能，这也为之后他正式加入YC，以及扩展个人投资版图打下了绝佳基础。

11

重返YC，帮助Airbnb

快速行动。和大公司相比，速度是所有创业者的主要优势之一。

——山姆·奥特曼

2005年，当山姆·奥特曼作为YC孵化器成立后的第一期毕业生，带着Loopt项目辍学创业，来到硅谷开启自己的新旅程时，保罗·格雷厄姆带领的YC也没有停下自己发展的脚步。

从2005年到2008年，YC孵化器每年运行两个时长为三个月的创始人项目，分别为每年1月到3月在加利福尼亚州山景城的冬季项目，以及每年6月到8月在马萨诸塞州剑桥的夏季项目。然而，伴随着YC的不断扩张，每年的投资项目超过了40个，总投资项目不断累积，同时在山景城和剑桥两个地方运作变得极为消耗资源。

在最初创立YC时，保罗·格雷厄姆曾有明确的个人计划：他并不打算让YC孵化器占用他全部的时间，而是打算同时做三件事：编程、写作、参与YC的运作。而行至后期，YC逐渐开始占据格雷厄姆远超过三分之一的注意力。格雷厄姆渐渐发现，YC与他此前所做过的任何工作都完全不同，最典型的一点就是，他无法决定自己的工作计划，因为很多时候都是问题找上门来。这和YC运行模式有关，每6个月就会有一批新的初创企业和创业者，这些创业者所面临的问题最终都会成为格雷厄姆的问题。

对于格雷厄姆来说，解决这些问题让他兴奋，因为他几乎不会遇到相同的问题，而且与优秀的创始人共事也非常有趣。格雷厄姆曾在博客上写道："如果有人想在最短的时间内尽可能多地了解初创企业，那么加入YC就是最好的方式。"这或许也是山姆·奥特曼毫不犹豫就回到YC，成为创业讲师和融资顾问的原因，因为在YC可以随时接触到全世界最新鲜的想法和创意，以及最先落地的技术应用。

当然，并不是所有的工作都那么让人开心。创业者之间的争端，以及判断某个人何时在为了争夺资源而说谎……这些琐事也会给格雷厄姆带来烦恼，不过，它们并不会成为格雷厄姆努力推动YC前进的障碍。格雷厄姆说："我希望YC能够越来越好，因此，如果我工作的努力程度，决定了其他人工作成效的上限，我会成为办公室里最努力的那个人。"

但到了2009年，保罗·格雷厄姆的想法有所转变。1月时，YC在自己的官网上宣布，他们将关闭剑桥项目，未来1月和6月两个周期的项目都将在山景城进行。原因非常私人：格雷厄姆与他的新婚妻子即将迎来他们的第一个孩子。夫妇俩必须在事业与家庭之间做出选择，而加利福尼亚州的湾区绝对比剑桥更适合养育孩子，因此他们选择将YC彻底搬到加州的硅谷。

对于YC资助的所有初创企业来说，硅谷确实也是更好的地方，这里拥有更适合初创企业的文化氛围、更优秀的科技人才，以及更完善的产业体系。对于山姆·奥特曼来说，YC搬家意味着他和保罗·格雷厄姆，或者说与YC之间的关系可以更加紧密，他甚至可以成天待在YC办公室，Loopt办公室离那里只有一小时以内的车程。

重返YC，山姆·奥特曼仿佛又回到了2005年的那个夏天。与当时不同的是，此时的Loopt已经非常成功，奥特曼也在经营Loopt的过程中变得更加成熟稳健，他开始对投资相关的事情感兴趣，并向保罗·格雷厄姆学习如何投资一家初创公司。也是在这个时候，山姆·奥特曼发现，预估一家创业公司的成功概率其实可以套用一个公式，那就是把想法、产品、执行、团队、运气五项要素相乘，其中运气是一个位于0到10000之间的随机数字。

对于初创公司来说，运气到底有多重要？现在价值超过700亿美元的Airbnb的兴起，给出了一个完美的答案。没错，这家现在举世闻名的公司也与山姆·奥特曼有关。

2009年1月，山姆·奥特曼和保罗·格雷厄姆一起遇到了当时初创的Airbnb。那时，Airbnb与它的三位创始人一样默默无闻，他们做的最大一笔生意，竟然是在2008年美国大选时，通过销售两位总统候选人奥巴马和麦凯恩的主题麦片赚到的3万美元，这个数字远远超过了主营业务——提供沙发床垫和早餐的短期住宿服务。

格雷厄姆邀请Airbnb的三位创始人加入YC在2009年1月的冬季项目计划，为他们提供培训和2万美元的资金，并换取了6%的股权。然而，在YC办公室里，格雷厄姆认为Airbnb最开始的项目想法完全没戏，仅仅为短途旅行的用户提供一张沙发或者客厅床垫，无法带来巨大的增值，不是一门好生意，格雷厄姆甚至想说服三位年轻创始人转做支付相关的生意。后来Airbnb的CEO布莱恩·切斯基将Airbnb

成功的部分原因归功于YC，他说："当我们进入YC时，我们并不清楚自己的项目能否继续运营。但等到了结束的时候，我们的想法变成了这样：我们能否成为下一个像eBay这样的大型公司？"

Airbnb创始人急速膨胀的野心和山姆·奥特曼有关。一次模拟路演，布莱恩·切斯基向YC的投资顾问展示了一组PPT，他希望通过PPT里演示的内容，拿到至少50万美元的种子资金。于是，布莱恩在预估项目的年营业上限时介绍道："我们认为这个项目的收入会在3000万美元的位置。"布莱恩刚刚说完这句话，山姆·奥特曼就打断了他，并且说："把那些M去掉，换成B吧。"[1]

山姆·奥特曼对布莱恩等人说："我看了PPT，认为应该是这个数字。如果不是，要么你对你所说的没有信心，要么就是我的高中数学不及格。"这次PPT演示后，保罗·格雷厄姆和山姆·奥特曼在3个月内，就帮助Airbnb的三位创始人找到了一个可持续盈利的商业模式。当三位创始人回到自己的办公室，原本AirBed and Breakfast的名称被缩短，Airbnb出现了，Airbnb开始融合各种本地住宿的新鲜选择，多样化短期住宿的可能性。2009年4月，Airbnb从红杉资本那里获得了60万美元的种子资金，开始向全球化巨头迈进。

1 M指的是million（百万），B指的是billion（十亿），奥特曼的意思是Airbnb的收入会达到300亿美元。

12

卖掉Loopt并结束9年恋情

虽然成长很关键，你应该专注于它，但偶尔也要考虑一下你要去哪里——你既需要成长，也需要朝着有价值的方向成长。

——山姆·奥特曼

Airbnb的成功案例让山姆·奥特曼在YC名声大噪，但对于奥特曼而言，最重要的是他向自己证明了他拥有越来越敏锐的投资嗅觉。2010年，奥特曼的银行卡上一共只有17000美元，但他大胆拿出15000美元投资了来到YC的金融支付类初创公司Stripe，截至2021年，Stripe的市值高达950亿美元。

2011年，保罗·格雷厄姆渐渐因为繁重的工作内容感到力不从心，为了进一步解放自己的时间，他开始从YC过往的优秀学员中找人来做他的助手，并渐渐发展出“兼职合伙人”制度。奥特曼成为格雷厄姆的首选，他答应了邀请，成为YC的兼职合伙人。

然而，运气无法全方位地站在山姆·奥特曼这里，他在YC一帆风顺，回到自己的公司Loopt却不得不面对日益艰难的问题：Loopt正在无可挽回地走下坡路。奥特曼愈发意识到Loopt本身的发展限制：它基于点对点的平面功能注定了它无法长期吸引用户和投资者的兴趣，并且还要面对大量来自不同领域快速兴起的竞争对手。

而且更糟糕的是，他本人对于继续发展Loopt的兴趣也正在变少。

多年以后，当奥特曼回忆起Loopt时，说它是一个失败的项目。他表示："虽然这个项目让我赚了很多钱，但是距离我要实现的理想还差得很远。"奥特曼还说，"Loopt的受众和市场比我们想象的还要小得多"。所以，在Loopt彻底被用户抛弃之前，山姆·奥特曼决定发挥它的剩余价值，他做出了人生中第二个重要决定：卖掉Loopt，重新出发。

2012年3月，在筹集了超过3000万美元的风险投资后，Loopt宣布被世界上最大的预付借记卡公司Green Dot收购，成交价4340万美元，其中980万美元作为用于留住Loopt的关键员工的保留金。这个价格让不少投资Loopt的风投机构亏了钱，但却使奥特曼和联合创始人财务自由了。奥特曼认为这笔交易将重新激活Loopt，让Loopt重新焕发活力。他在谈起这件事时说："我们之前一直在关注用户与商户的互动，提高用户黏性，做了很多有趣的尝试，但很可惜，我们始终没有办法让Loopt和支付联系起来。现在Loopt有机会和更多的银行机构合作，完成最关键的部分，将商业和支付关联起来。"

山姆·奥特曼放手Loopt的决定在当时引起了大量媒体的关注和报道，在不同的采访里，奥特曼都表示自己将会把一部分精力放在YC，继续做兼职合伙人的工作，同时他也表达了与Green Dot这类金融机构长期合作的想法。然而，大多数人都不知道，就在同一时间，与奥特曼人生重大关卡有关的另一件事也正在悄悄发生。

在Loopt被收购后，山姆·奥特曼和他的同伴、Loopt联合创始人尼克·西沃分手了，结束了这段长达9年的恋情。直到很多年以后，奥特曼才在公开场合聊起这件事，他说："我以为我会和他结婚——我非常爱他。"这也成为奥特曼在公开场合少见的个人感性表达。

公司卖掉之后，山姆·奥特曼决定暂时休息一下，搞清楚接下来自己真正想做的事情是什么。于是他去玩赛车，去环球旅行，去徒步，去做许多间隔年该做的事情。但他的伙伴们都知道，奥特曼是不可能"躺平"的。虽然他也喜爱寻求刺激，但相比这些，他更希望实现自己的梦想，财富只是他实现梦想的垫脚石，而非安乐窝。

很快，山姆·奥特曼和弟弟杰克·奥特曼一起成立了早期风险投资公司Hydrazine Capital。山姆·奥特曼利用在YC的人脉，很快募集到2100万美元，其中包括他卖掉Loopt赚到的500万美元，以及来自PayPal创始人彼得·蒂尔的一大笔投资。奥特曼将其中75%的资金都投向了在YC毕业的初创公司。一方面，奥特曼的兼职合伙人身份能够让他有效获取这些初创公司的信息，在混乱中发现机会；另一方面，他非常愿意在生命科学、大数据、医疗保健等领域投资，而投资这些领域的YC初创公司还可以加强他与格雷厄姆的联系，他相信格雷厄姆，也相信自己的投资嗅觉。

2012年的一项研究显示，几乎一半的美国孵化器公司都不能孵化出哪怕一家获得风投资金的创业公司来，同时只有少数几家孵化器，能够凭单一力量帮助建立起几家价值数亿美元的公司。特例只有YC，它以惊人的速度，在短短7年的时间内，孵化出了10亿美元级的公司——而且多达11家。曾经投资数百家YC毕业公司的天使投资人罗恩·康威将YC称为科技行业的明日世界，他说："当我的团队在YC遇到Airbnb时，那是我们第一次思考共享经济背后的价值。而当我们遇到DoorDash和Instacart时，我们说：哦，上帝啊，原来世界上还有一种叫作按需经济的东西！”

仅仅4年，奥特曼让自己的投资公司Hydrazine的价值翻了10倍，其中最赚钱的一笔生意是领投了Reddit的B轮融资，当时Reddit处于管理混乱之中，但奥特曼在这一方面，有着与塔勒布接近的理论，他认为：“你就应该去投资混乱的、有点问题的公司。然后你把表面的这些问题解决掉，也正因为这些问题，他们的价值才被低估。”2019年，腾讯宣布以3亿美元领投，让Reddit的估值达到30亿美元；截至2023年2月，Reddit已成为全球访问量第十、美国访问量第六的网站。

从今天来看，奥特曼完全可以在擅长的这条投资路上坚持走下去，成为食物链上的资本顶端。但他再一次出人意料——他最后还是选择退出了风险投资的生意。对此奥特曼认为：“你要努力找到一家有你没你都能成功的公司，然后说服该公司接受你的投资，而不是其他人的投资，价格还要尽量低。我不喜欢这种感觉，我不想站在我认可的企业家的对立面。”与此同时，奥特曼对于自己在硅谷的生活也产生了一丝警觉：这里有钱人太多了，拥有上亿美元的人不在少数，这样的生活难免令人执迷于金钱本身。他决定让自己的生活更加简单舒适，仅仅留下了旧金山的一套四居室、他的汽车、位于加利福尼亚山区的一处地产，以及1000万美元的储蓄——这部分储蓄每年产生的年利息已经足够支付他的所有生活成本。他的原话是，他决定将剩下的所有财富用来改善人类的问题。

就在山姆·奥特曼退出风险投资的生意并且改变自己的生活方式时，已经有了两个小孩的保罗·格雷厄姆则再次陷入了时间管理的窘境，他无法在家庭生活之外兼顾YC的众多项目，被折磨得筋疲力尽的他开始寻找YC的继任者，也就是新的CEO。此时恰好属于“无所事事的失业人员”的山姆·奥特曼成为格雷厄姆的最佳人选。

此时，山姆·奥特曼正忙着处理自己的各种资产，准备开始过极简的生活，他还不知道导师兼好友格雷厄姆正在谋划将YC全盘托付给他，并在数天后正式向他提出这个想法。

在我们正式进入YC时期的山姆·奥特曼的故事之前，我们可以通过山姆·奥特曼在个人博客里发布的一篇内容，总结回顾山姆·奥特曼在人生早期和第一个创业公司Loopt时期的经历，出于什么原因，他在19岁时最终选择了辍学创业，以及山姆·奥特曼给19岁的年轻人的建议。

13

山姆·奥特曼给19岁年轻人的建议

保持专注，不要试图一次做太多事情。关注你的执行效果。

——山姆·奥特曼

19岁时，山姆·奥特曼做出了自己人生中最重要的一个决定：他从一名斯坦福计算机系在读的天之骄子，变成了一名前途未知的辍学创业者。在滚滚向前的时代浪潮中，奥特曼切断了自己的退路，决意拥抱潮水、抓住机遇：就算浪费几年青春时光，也要全力投入创业的道路。

多年后，未满30岁的山姆·奥特曼不仅创业成功，成为估值1.75亿美元的Loopt的创始人，并且还获得了保罗·格雷厄姆的信任，在YC孵化器担任兼职合伙人，奥特曼成为又一个少年功成的榜样，一个年轻人眼中的传奇。在各种场合里，山姆·奥特曼不断被不同性格的年轻人询问同一个问题："我今年19岁，想做出一番事业，我应该怎么做？"

为了回答这个问题，山姆·奥特曼在自己的个人博客上回顾了自己19岁时的想法，他总结了自己的经验，并且分享了在YC孵化器里那些年轻创始人的情况。以下是山姆·奥特曼给所有处于19岁的野心勃勃的年轻人的建议：

通常，人们在大学的最后两年，会在学校学习之外做一些副业或者实习工作，之后，大部分人会在加入公司、留在学校和创办自己的公司之间做出选择。

我认为，这些选择都可能诞生正确的答案，每个人都应该根据自己的具体情况做出决定，关键是你要想清楚，你到底想做什么，以及做什么最有可能让你通往不后悔的未来。

但无论你的选择是什么，你都要积累自身的经验，并且认识志同道合的人。“经验”可以来自各种不同的工作机会，比如课堂外的开源项目，某个创业团队，你正在兼职打工的公司……所有最优秀的人，最终都会相互吸引聚集在一起，并且想办法去创造新的项目。因此，如果你必须在几个机会之间做出选择，尽可能和那些比你更优秀的人一起工作。

你可能会面临很多的选择和机会，其中有很多机会都很有趣，但并不是你真正想做的事情，不要被这些事分散注意力。要记住，坚持做好一件事，会让你的未来更加通畅。

在最后决定要做什么之前，你要先考虑清楚自己能承担的风险，尽量去承担正确的风险。大多数人都没有正确对待他们每个选择背后所面临的风险，比如，很多人会认为留在大学校园里学习生活，似乎是一条没有任何风险的道路，然而事实是，在你最应该富有成效的四年里，如果你什么都没干，这件事本身就很危险。再比如，和朋友一起创业，做你热爱的项目是正确的风险；入职一家处于下滑趋势的公司，成为他们的第50名员工是错误的风险。

在了解风险之后，如果你选择在4年时间里留在大学校园，你要确保自己能学到有价值的东西，并且参加有趣的活动，因为大学可能是结识合作伙伴的最佳场所——如果你真的担心自己会因为辍学而错过一些重要的社交经历，你可以考虑留下来。

如果你选择加入一家公司，我的建议是加入一家行业前景明朗的创业公司，尤其是那些正在突破或者即将突破的领域。随时了解校园外的新闻动态，你就能及时地辨别出外边正在流行什么。跟着趋势走，你能权衡自己面临的风险和可能获得的回报，因为处于上升期行业的创业公司很有可能会成功，而且这些公司往往也喜欢野心勃勃的年轻人。更重要的是，加入一家创业公司，你很可能会得到一部分股权，但风险却很低，同时你将与非常优秀的人一起工作，了解成功是什么样子，不断积累经验直到独当一面。和加入一家创业公司相比，另外两个选择就不太好了，加入一个注定失败的公司，你会浪费很多时间，并且陷入没有成就感的恶性循环；加入一个已经非常成功的公司，则意味着你很难学到什么东西，只能作为一颗螺丝钉，和其他螺丝钉一起完成基础工作。

对了，不要让薪水成为影响你选择的关键因素。我曾经遇到过一个年轻人，他拒绝加入一个有潜力的创业公司，因为微软提供了更高的薪水报酬——这是一个糟糕的决定。因为他在微软很难接触到让人兴奋的项目，团队里的人可能已经在“摸鱼”养老了，几年后，当他忍受不了大公司的环境，想要寻找新的机会时，他能够获得的优质选择将比他本来可以获得的选择要少很多。

如果你选择自己创业，确保在你有一个非常兴奋以至于必须实现的想法的情况下，再去做这件事。如果只是在和朋友闲逛时临时出现的一个想法，我认为你不应该创办这家公司。当然，创业失败，比作为打工人加入一个失败的公司要好，因为前者肯定能让你学到更多东西。如果你在一个自己真正热爱并且感到兴奋的想法上创业失败了，你不太可能会后悔，别人对你的评价也一定不会差。在未来，你会遇到很多其他的创业机会，时机非常重要，有时候需要学会等待。

另外，创业最大的一个优点是，它通常能让你在最短的时间内积累最多的经验；最大的缺点则是，你很容易因为错误的原因开始一次创业，比如错误的项目或者对自己认识不足，或者更糟糕——很多人只是因为创业这件事很酷，可以吸引异性或者向朋友炫耀，所以开始创业——记住，不要让这些想法混淆自己的判断。

无论你选择什么，都要保持良好的个人状态，提升效率，同时减少对未来的幻想。我已经见过很多优秀的人，他们因为无法承受收入降低或者不想换城市，最终错过了很好的机会。

以正确的方式思考风险。云储存服务公司Dropbox的联合创始人德鲁·休斯顿曾经发表过一次精彩的毕业演讲，他说："你只需要做对一次。"他说得没错，你在19岁时要面对的最大风险，在于你没有在关键时刻做出正确的选择。

第二章

创业之路

14

保罗·格雷厄姆的选择

我喜欢预测哪些领域即将发生重要的突破。在接手YC之前，我是一名投资者，我很擅长发现那些不明显的、其他投资者没有看到的信号。

——山姆·奥特曼

2014年2月，保罗·格雷厄姆辞去了他在YC孵化器的日常事务，28岁的山姆·奥特曼接替格雷厄姆，成为YC的新任总裁。

格雷厄姆离开YC的想法最初始于2010年。当时，YC的联合创始人之一罗伯特·莫里斯到加利福尼亚接受采访时，做了一件令人惊讶的事——他主动向格雷厄姆提供了一个建议，但说得很委婉："你知道，你应该确保Y Combinator不是你做的最后一件很酷的事情。"在此之前，格雷厄姆这位沉默寡言的老朋友只在Viaweb时期给过另一个建议，当时格雷厄姆受到肾结石的折磨，繁忙的工作中，罗伯特主动提出带格雷厄姆去医院。

因此，格雷厄姆很快明白，罗伯特这位贴心好友给这个建议的深层意思是：格雷厄姆应该从YC辞职了。这是个奇怪的建议，因为YC越做越好，已经成为美国最成功的创业孵化器。但格雷厄姆了解自己的创业伙伴，除非罗伯特犯糊涂了，不然他不会随便提出建议。可罗伯特不会犯糊涂，所以保罗·格雷厄姆开始思考自己与YC的关系。在格雷厄姆目前的人生轨迹上，YC看似将是他做的最后一件事，因为YC越成功，就会占用他越多的注意力，格雷厄姆知道他在此刻只有两个选择：要么把这辈子都交给YC，要么在某一天被迫放手离开。

2012年夏天，另一件事的发生将格雷厄姆离开YC这件事加速提上了日程。格雷厄姆的母亲由于结肠癌引起的血栓，突发中风，失去了平衡感，生活无法自理。在这种情况下她被送进疗养院接受照顾，但是格雷厄姆的母亲极其希望摆脱困境，回到家里生活，格雷厄姆也决心帮助她做到这一点。他在工作间隙，不止一次去疗养院探望母亲，正是在这些往返航班上，格雷厄姆意识到，他已经准备好将YC交给其他人了。

回家后，格雷厄姆第一时间询问了YC另一位联合创始人，也就是他的妻子杰西卡·利文斯顿。杰西卡同样不想接任YC总裁，两人商量之后，有了一个合适的人选，他们决定尝试招募山姆·奥特曼。多年后，杰西卡在谈到这件事时说："当时的情况并不是我们有一个长长的继任者名单，然后排名第一的是山姆·奥特曼，而是只有山姆·奥特曼。"

很快，格雷厄姆召集YC所有四位创始人，正式讨论这件事。所有人都同意彻底更换新的管理者，因为YC如果要继续存活下去，就必须引入新的血液，始终保持活力，而不应该长时间被几个创始人控制。这次讨论的结果是：如果山姆·奥特曼同意接手YC，四位创始人将全力支持重组YC的工作，与此同时，格雷厄姆和莫里斯将从YC退休，而杰西卡和另一位创始人特雷弗将变为普通合伙人。

没想到，更换管理者的真正阻碍并不在YC内部，而在山姆·奥特曼的身上。对于普通人来说，这可能是一份职场发展上莫大的礼物，但对于山姆·奥特曼本人而言，这幸福来得似乎太过突然。在面对这个喜讯时，山姆·奥特曼展现出不同于常人的一面，当格雷厄姆询问奥特曼是否想成为YC的新总裁时，奥特曼犹豫后拒绝了这个提议，奥特曼对格雷厄姆说："我想创立一家制造核反应堆的初创公司。"

奥特曼的这个理由并非他为拒绝接手YC而找的借口，在当时，奥特曼不再经营自己的投资公司，转而研究能源领域，他看中了核能，认为核能是未来技术发展最重要的组成部分，因此想要深入这个领域做新的创业项目。

此外，奥特曼对于接手YC还有一个别的顾虑，那就是保罗·格雷厄姆和杰西卡·利文斯顿夫妇对YC的影响。奥特曼知道，这两个人几乎是以一己之力打造出了现在的YC，并留下了深刻的个人印记，此时如果他空降管理层，成为YC新的领袖，真的能够完全掌握这家公司吗？

当时，硅谷的趋势与YC的决定正好是相反的，越来越多的科技类投资创始人自己做公司的CEO了——而推动这个趋势形成的投资机构正是YC，YC自己却想要破例，让其他人接手总裁的职位。但格雷厄姆没有放弃说服奥特曼，他坚持把当时的YC交给这位年仅28岁的年轻人。要知道，当时YC的总市值已经超过800亿美元，投资了1600多家初创企业，其中包括成功的网络文件同步工具Dropbox和在线房屋租赁网站Airbnb。

2013年10月的某一天，格雷厄姆和奥特曼花了将近20个小时完整地讨论了这件事，最后说服奥特曼的是格雷厄姆对YC的定位思路。

格雷厄姆告诉奥特曼："YC不是一个产品型公司，更像一所大学。大学的风格是一帮聪明的人在一起互帮互助，形成一种社区氛围，这和产品导向的创业公司是不一样的。而你知道，大学在它更替到第17任校长的时候仍然可以做得很好。"因为这句话，山姆·奥特曼终于接受了保罗·格雷厄姆的邀请。

之后，两人进一步商议，决定让奥特曼从2014年初冬季批次的创业训练营开始，正式接管YC的所有工作。在此之前，格雷厄姆将利用2013年余下的时间，逐步过渡交接自己所有的工作，尤其是YC的运营事宜。2013年的年末，成为格雷厄姆主导YC工作的最后时光，后来格雷厄姆回忆道："山姆·奥特曼很快就学会了如何执掌YC，而我当时也希望尽快结束手头的工作，花更多时间照顾我的母亲，当时她的癌症已经复发了。"

2014年2月22日，保罗·格雷厄姆在YC孵化器的官方网站上发布了一个帖子，宣布自己离任的消息，这个帖子的标题直接明了：Sam Altman for President（山姆·奥特曼成为YC新掌门）。

15

28岁的硅谷新掌门

初创企业应该要求奇迹越少越好，但至少需要一个。

——山姆·奥特曼

保罗·格雷厄姆在YC官网发布的帖子里，不仅宣布了自己即将离任，同时山姆·奥特曼将接手YC的消息，而且还谈及了YC更换管理者的原因，以及为什么选择了山姆·奥特曼。以下是这篇帖子的部分内容：

为什么要改变？因为YC需要继续成长，而我已经不是能够帮助它成长的最佳人选。YC发展到了现在这个阶段，山姆·奥特曼才是YC所需要的。

我相信，全世界的工作方式正在发生根本性的变化，创业这件事变得越来越普遍。在未来10年，将会出现更多的创业公司，

> 如果YC想要继续资助初创公司，必须比现在更加强壮。
>
> 在YC成立后的9年时间里，杰西卡和我都遇到了很多有才华的年轻人，其中奥特曼是最适合帮YC成长的人，一方面因为奥特曼的特质：他既工作高效，又本性善良——这两点正是早期投资者所需的必要品质。此外，奥特曼是我认识的最聪明的人之一，并且比我认识的任何人，包括我自己都更了解初创公司。当我遇到一个难题，想要找人征求意见时，奥特曼就是我会去找的那个人。而他加入YC的时间，只比我短一个月左右，他是我们2005年资助的第一批创始人之一。
>
> 因此，当奥特曼在2012年闲下来时，我开始试图招募他。我花了一年多的时间，最终成功了。我认为，YC的创始人应该对我们资助的初创公司和他们的创始人感同身受，奥特曼在这一点上能做得很好。以后我仍然会在工作时间参与YC的事项，但我不需要再担心如何经营壮大YC了，放下这些，我能够为大家提供更好的建议。

保罗·格雷厄姆在这篇公告帖子里盛赞奥特曼，认为奥特曼将帮助YC进一步发展。然而，并不是所有人都认为由这位28岁的年轻人接手YC是个好主意。

YC创立9年之后，已经成了硅谷的门面之一，掌门保罗·格雷厄姆无论是在媒体关注度，还是在科技圈里实际的影响力，都已不在红杉资本的合伙人迈克尔·莫里茨、标杆资本的合伙人比尔·格利，或者凯鹏华盈创始人约翰·杜尔这些老一辈知名风险投资家之下。而Y Combinator这个略显拗口的函数名称，早就变为硅谷乃至全美国一个具有神圣化号召力的招牌。在2014年前后，YC冬季和夏季项目的录取率，甚至只有斯坦福大学录取率的一半，但还是有成千上万的年轻人申请进入YC，完成3个月的闭关训练与孵化，希望抓住这个机会，将自己的初创项目或者公司变成下一个Airbnb或是Dropbox，变成下一只乘风破浪、跃上龙门的独角兽。

因此，当YC和保罗·格雷厄姆宣布山姆·奥特曼将成为YC的新任总裁时，所有人心里都浮现出一个巨大的问号：保罗·格雷厄姆在想什么？他为什么选择山姆·奥特曼接管YC这家投资巨头？

山姆·奥特曼只有28岁。在硅谷这样的地方，奥特曼的履历貌似比较丰富——他在斯坦福辍学，创立了基于地理信息位置的应用Loopt，后来变现卖掉了初创公司，但这里必须提到，这个行为导致部分投资人亏了些钱。然后，他试验了一只小基金，回报还不错，但很快因为所谓的"不想站到创业者的对立面"也关掉了，除此之外，他只是一直在YC做顾问……很明显，谁都能看出这份简历绝对达不到最出色的标准。

但是，格雷厄姆压下了所有的声音，他在接受媒体采访时多次强调："我不擅长运行大型企业，但是山姆擅长这件事，而YC拥有很多市值百亿的成功公司。"当人们开始接受这个事实后，再次返回翻阅格雷厄姆的博客时，发现早在2009年4月，格雷厄姆就曾将山姆·奥特曼和史蒂夫·乔布斯，以及创建谷歌的拉里和谢尔盖并列，列为他心目中最好的五位创始人之一。

这篇名为《五位创始人》的博文里写道：

> 有人告诉我不应该在这份名单中提及YC资助的公司的创始人。但是山姆·奥特曼无法被这样脆弱的规则所限制。如果他想要出现在这个名单上，他就会在名单上。诚实地讲，在给创业公

司建议的时候，我最经常提到的就是两个人：乔布斯和奥特曼。当我遇到设计问题的时候，我会问自己：史蒂夫·乔布斯会怎么做？但在遇到战略和野心问题的时候，我想的是：山姆·奥特曼会怎么做？在与奥特曼共同工作的时间里，我学到了重要的一点：投资初创公司和在赛马比赛中挑选赢家不一样，有些人确实凭借着他强大的意志力，就能获得成功，得到他们想要的一切。

格雷厄姆在宣布奥特曼接手YC后，又花了数周时间待在YC的办公室，直到2014年3月冬季项目结束，又一批初创公司成功完成他们的路演，格雷厄姆才完全退出了YC的经营活动。

就此，山姆·奥特曼在自己28岁的时候，开始了人生中最重要的事业之一——他成了YC的新掌门，进而能够接触到美国几乎所有有潜力的创业项目和创业公司，他开始以精准的眼光，捕获自己想要的一切，以此一步步接近自己的人生目标：他希望这个世界能够变得更好，他要以自己的方式推动世界前进。而YC，就是他手里最锋利的宝剑。

16

奥特曼接手YC的新风向

我不会资助没有潜力做到100亿美元市值的公司。

——山姆·奥特曼

山姆·奥特曼从保罗·格雷厄姆手上接管的是一个正在建设中的帝国，截至2014年，山姆·奥特曼成为新任总裁时，YC公司总市值已经到了800亿美元，这个数字相比2009年，在5年时间内涨了17倍。

因此，当奥特曼接过格雷厄姆的权杖，外界对他的质疑声主要在于：YC已经这么成功了，奥特曼还能为YC做什么？他能做得比格雷厄姆更加出色，让YC的市值继续保持每年的高增长速度吗？还是仅仅只是保住如今的优势，让YC不至于开倒车？毕竟在日新月异的创投圈，打江山难，守江山更难，而在2014年这个时间点，大部分技术突破的红利都已经兑现，短期之内很难再出现一个奇点，催生一大批新机会。

在这样的背景下，山姆·奥特曼上任之后做的第一件事就让所有关注他的人大吃一惊——奥特曼决定重塑一切。

什么叫“重塑一切”？在旧金山的一家私人酒吧里，奥特曼对他的恩师格雷厄姆说出了自己的想法，素食主义的他对着一盘蔬菜，语气轻松地告诉格雷厄姆：“我发现一个公司如果更换了CEO，那么只有‘re-found’，也就是再次创立这个公司，更换CEO这件事才有意义。对于YC，我也打算这么去做。”

保罗·格雷厄姆没有犹豫，完全赞同山姆·奥特曼的这个想法和决定。

在获得最重要的支持之后，奥特曼在YC开始了自己大刀阔斧的改革。2014年4月，奥特曼在与YC其他16个合伙人商讨之后，推出了自己的“新政”，一个对初创公司创始人绝对有利的投资计划：从2014年的夏季项目开始，YC将向每家入选的初创公司投资12万美元，换取7%的股权。而在此之前，YC的平均投资金额只有17000美元，以及根据下一轮的筹集资金条款，提供额外8万美元的保险投资额度，便获得了同样7%比例的股权。

这就是奥特曼说的“重塑”吗？为什么要“让利”呢？所有公司都希望以更低的成本获得更高的利润，为什么奥特曼要反其道而行之，投入更多的钱却只能获得一样的股权比例？

奥特曼相信，大多数创始人申请YC的项目计划，大部分时候都不是为了给自己的项目融资，而是因为他们想得到更好的建议、YC人脉网络的帮助，以及对项目本身的支持等等。但是无论怎么说，能拿到更多的资金对于创业公司而言，都绝对是一件好事。奥特曼在YC的官网上谈及了这件事，开玩笑道：“9.7万美元的投资金额在几年前是合适的，但最近湾区的生活成本已经大幅上涨了。所以我们将总额增加到12万美元，我们希望这足以让创始人经营他们的企业，并支付他们至少6个月，甚至更长时间的生活费用。”

新计划同时也向所有人展示了奥特曼的做事风格：他讨厌复杂的东西，讨厌任何可能给初创公司带来复杂问题的事情，他尝试让YC的投资结构变得非常简单，并且认为这件事有助于创始人将精力集中在项目和公司经营上，而不是担心自己手上的原始股份随时有可能被稀释。

之后，YC在山姆·奥特曼的领导下，陆续发布了更多简化投资结构的举措，在经过多年膨胀发展后，奥特曼反而将YC带回了它创立之初时的理念——帮助高潜力的创业公司，将它们培育成可能的赢家。

奥特曼像一位雄心勃勃的新王，决心帮助自己中意的初创公司更快地成长，组成一支铁甲舰队，打造一个航海帝国。

短短一年时间，奥特曼时代的YC发生了巨变，他们在一年内孵化的不再是几百家公司，而是成千上万家。与此同时，奥特曼将YC的合伙人增加了一倍的数量，还引入了如金融科技公司PayPal的创始人彼得·蒂尔这样的兼职领导层，并且成立了一个支持更早期的创业者的基金——那些甚至未能以正规公司或者团队形态运作的项目，山姆·奥特曼也决定予以支持，给每个初创项目2万美元，支持他们发展成能够报名YC培训计划的成型项目，这样也让YC公司能够更早地参与到所有有潜质的项目的后续发展中。

YC从一个拥有家庭友好氛围的组织，变成了一个成熟的商业帝国。而这一切都是山姆·奥特曼与保罗·格雷厄姆有意为之的结果，格雷厄姆虽然退出了YC的所有经营事务，但他仍不余遗力地支持自己的继任者奥特曼。为此，他自愿让出了自己持有的大部分YC股份，向外界展示自己的决心，并发出信号，不要以为山姆·奥特曼接手YC

只是为了守住基业，他们有踏平世界的更大野心。

在格雷厄姆的支持下，山姆·奥特曼陆续启动了创业公司学院、A轮融资计划、YC成长计划、创业工作计划，以及在2019年启动的YC中国计划……更加重要的是，在YC的主营业务投资初创公司这件事上，奥特曼改变了YC的主要投资方向。在格雷厄姆担任首席执行官时，YC主要投资互联网领域，赶上了当时互联网和移动互联网发展的两次浪潮，等到2014年山姆·奥特曼掌舵，YC的投资方向彻底转向了当时的一个新概念：硬科技公司。

什么是硬科技？新能源、新材料、人工智能、火箭、机器人、自动驾驶、生物科技都属于硬科技的范畴，也是奥特曼感兴趣的领域。山姆·奥特曼之所以关注硬科技公司，还有一个重要的原因：他想要创建一个万亿美元的帝国，推动世界前进，因此他放弃直接成为一家核能公司的首席执行官，转而接受格雷厄姆的邀请，接手YC。那么在硬科技方面，他将着眼于怎样的科学突破呢？

17

关注突破性技术领域

没有重大的科学突破，万亿美元级的企业不会诞生。

——山姆·奥特曼

找到并且投资那些可能无限成长的硬科技公司，成为奥特曼在YC时期的重要课题。这一次，山姆·奥特曼的高执行力，再一次发挥重要作用。

在2014年的一篇个人博客里，奥特曼列出了所有他个人感兴趣的领域名单，并且强调说："这份名单在未来将不断增加，我会关注所有改变世界的技术，以及让世界变得更美好的领域。"奥特曼还列出了他对这些领域的详细看法。

在能源领域，奥特曼认为能源成本与生活质量之间存在着明显的相关性，比如蒸汽机的发明和利用。当能源成本大幅下降时，生活质量就会大大提高。因此，奥特曼认为廉价能源将大大减少贫困，还可以帮助改善环境，减少战争，确保人类拥有一个稳定的未来。其中核能和部分可再生能源就是他关注的细分领域。除了发电，他也对储能和输电感兴趣，比如容量10倍以上的电池将催生更多新的硬件设施和未知的新事物。

在生物技术领域，奥特曼认为目前的技术尚处于早期阶段，生物学家们刚刚取得一些真正的进展。他认为这个领域有许多方向可以发展，包括抗击疾病、延缓衰老、人机融合、基因编程、下载记忆等等。没错，包括这些听起来像赛博朋克的部分，奥特曼认为，在未来几十年中，这将是一个快速发展，并且将诞生许多争议的领域，就像20世纪70年代计算机的出现。

在互联网领域，奥特曼也别有一番自己的想法。现在的人类社会无法想象没有互联网的生活，需要确保它一直运作，包括从安全到自由开放的通信，再到基础设施的所有方面。互联网是一种变革的力量，因此他非常关注能够改变社会基础运作模式的应用程序，比如比特币。他说，互联网让世界各地的人们紧密协作沟通——几乎可以肯定，围绕这一概念，将有更多重要的企业，尤其是互联网基础设施相关的企业会出现。对此，奥特曼点出了一个重要趋势：应用程序编程接口（API，Application Programming Interface）的发展，即万物API化。API指的是两个或多个软件程序相互通信和交换数据的一种方式。他认为，随着越来越多的企业可以通过Web API访问，互联网将变得越来越强大。

在机器人和人工智能领域，奥特曼认为机器人将成为我们在现实世界中完成工作的主要方式，他认知里的机器人定义宽泛，自动驾驶汽车也算是机器人的一种。而在我们都很关注的AI领域，奥特曼认为目前的最大问题是没有足够的天才专注于这方面工作，他笑称很多聪明人对人工智能兼具敬畏和恐惧的情感，但奥特曼坚信，AI可能是技术史上的一条分界线，在此之前和之后的世界将完全不同。奥特曼对AI领域的关心和这句“分界线”的评价，也为他在一年后与埃隆·马斯克一起创立OpenAI打下基础，并且在某种程度上预言了ChatGPT诞生后对全世界的影响，关于这两部分的内容我们将在之后的章节详细展开。

回到奥特曼对突破性技术领域的关注，他将个人的兴趣点与YC公司的投资工作相结合，在2014年6月的夏季计划中，山姆·奥特曼宣布开启面向硬科技公司的招生批次，他鼓励所有有远大理想的创业者加入YC，尤其是创业项目的研究课题与人类所面临的科学或者工程难题有关的领域，奥特曼将亲自筛选所有项目和创业者的简历，录取其中最有希望成功的项目。除此之外，奥特曼还邀请火箭制造公司和自动驾驶汽车公司加入，其中就包括定向巡航软件Cruise的创始人兼CEO凯尔·沃格特。后来，在Cruise面临资金难题时，奥特曼自己拿出了300万美元支持这家公司发展。2016年3月，Cruise最终被美国汽车巨头通用汽车公司以12.5亿美元的价格收购。

与此同时，奥特曼也没忘了自己对新能源的兴趣和关注，他一直想投资甚至经营一家核能源公司，这个愿望也在YC实现了。在2014年的夏季项目入选公司名单里，Helion Energy和UPower两家核能源公司赫然在列。

Helion正在研究核聚变，而UPower正在研究核裂变，奥特曼在评估过众多从事同类研究的公司后，挑选出这两家，认为这是他能找到的最好的核裂变与聚变创业公司，之后奥特曼以个人名义参与了两家公司的种子轮和A轮融资，并且在一年后，打破了自己不加入YC投资公司董事会的原则，成为两家公司的董事会主席。

山姆·奥特曼开始借助YC的资源，不停资助更多正在研究突破性技术的公司，尤其是那些想要解决全人类的重要问题，但因研发周期漫长，受到基础技术或科学突破限制的公司。

奥特曼知道，没有多少人愿意尝试创办这些公司，以他最感兴趣的核能源公司为例——致力于社交的创业公司有数千家，但致力于核裂变、聚变的创业公司只有不到20家——因为创办它们需要大量时间和金钱，但换句话说，这反而成了一种竞争优势。

由埃隆·马斯克创办的SpaceX和特斯拉两家公司就是其中的典范。过去，政府会资助大量突破性技术的开发，如今资助资金正在不断变少，导致很多项目被迫停止运作。但好消息是，因为技术的进步，现在小型初创公司也可以做过去需要占用政府资源才能做的项目。奥特曼对此也有一番思考，他直率地说："一件困难的事其实要比容易的事更容易做成，因为人们会发现它很有趣，并且想要为此出一份力。如果你告诉投资人，你想再做一个社交软件，你只会收获一个白眼；但如果是弄一家火箭公司呢？每个人都会支持，因为他们也想要进入太空。"

同时，YC的运作模式对硬科技公司同样有很大帮助，因为YC不惧怕看起来有风险的公司，它乐于做长期投资，奥特曼在一篇个人博客里专门提到："如果一家公司需要在它的整个研发周期中筹集10亿美元的资金，这不会吓到我们，反而我们会觉得这是一个加分项。"同时奥特曼也强调："我们对资助专利流氓不感兴趣，我们只想资助真正解决问题和创造价值的企业。"

除了这点以外，奥特曼认为YC擅长让创业公司专注于为客户解决实际问题，而不仅仅是为了技术本身而开发技术。

他们之前的成功案例模型，可以帮助有志于硬科技公司的创始人找到规模合适的初始项目，用少量的时间和金钱就能初步实现第一个目标，奥特曼认为："伟大的公司是通过一系列小胜利逐步建立起来的，早期的势头至关重要。我们的模式帮助公司找到一个适合的初始项目，用少量的时间和资金就能实现。"而YC擅长如何筹集资金，可以帮助这些公司在发展成熟后应对有关于钱的挑战。在这个过程中，奥特曼又收获了另一个响当当的名号。

18

创业者的“尤达大师”

许多野心勃勃的公司都有一个常见的错误，就是放弃一个一开始很庞大且昂贵的项目。

——山姆·奥特曼

为了实现自己的许诺，山姆·奥特曼不仅仅在YC内部做出了改革，倾向性地扶持突破性技术所在领域的硬科技公司，同时，他也在不断寻找外部助力，为硬科技公司提供前所未有的支持。

早在保罗·格雷厄姆执掌YC时期，YC公司就在一众孵化器里拥有最广泛的人脉资源，格雷厄姆一直尽可能地帮助初创公司降低成本和缩短启动周期，他认为这是任何孵化器都应该做到的，也是能够最有效地帮助初创公司成长的事情之一。因此，格雷厄姆推动YC公司与亚马逊、微软、支持多种编程语言的云平台公司Heroku和云计算管理公司Rackspace达成协议，为所有YC资助的初创公司提供免费的网页托管服务。

山姆·奥特曼显然也继承了格雷厄姆的这一思路。随着YC投资方向进入新领域，奥特曼开始寻找并建立类似的合作。

2014年12月，奥特曼在YC官网宣布将与一家现代生命科学研究平台Transcriptic建立合作伙伴关系，为YC社区不断壮大的生物技术公司提供2万美元的免费信贷额度，用于在Transcriptic平台上进行实验。成立于2012年的Transcriptic开发了第一个基于机器人云实验室平台的生命科学研究服务，是一个可扩展的数字基础设施，能够将实验室过程、仪器和物联网技术集成到一个单一的用户界面中。研究者可以在世界任何地方进行可扩展、可重复和快速的实验。简而言之，全世界十大制药公司以及新兴的生物技术公司都在使用这一平台，获得更高的实验可重复性和灵活性，并且帮助自己的科学家专注于加速发现，而不是劳动密集型的工作，改变了药物发现和合成生物学研究。

2015年2月，奥特曼宣布加大对硬件公司的支持力度，包括费用折扣、加速服务、免费咨询、原型设计制作，以及针对YC初创公司的批量定价等等。这些支持措施覆盖了从3D打印到快速注塑成型等硬件生产的全部流程。同时，YC还在湾区山景城建立了一个迷你电子原型制作车间，使得硬件初创公司可以根据需要，在任何时间进行3D打印。

2015年7月，奥特曼再次推出了一个新项目：YC奖学金计划，初定目标是资助20家处于创意或原型阶段且尚未在其他地方获得资金的团队，YC将提供12000美元的资助。当被问及为什么YC要启动这个项目时，YC的合伙人吉马纳拉克表示："前段时间，我们所有人一直在讨论奖学金计划的概念。作为一个组织，我们希望能够尽可能地促进创新。"由于奖学金计划支持来自全球的初创团队，因此在大部分时间，YC与初创团队将远程协作共同工作。在接受采访时，奥特曼对于能否远程指导团队这件事并不担心，但他也承认目前还没有人知道这个计划的最终效果会如何。奥特曼一脸轻松地说："我认为，我们在硅谷经常忘记一件事，对于那些远离任何创业中心但非常有才华的人来说，筹集自己生活所需的资金并不容易。"

山姆·奥特曼带着YC快速迭代，在短短一年半的时间内经历了惊人的变化。对于外界的质疑声和担忧，奥特曼认为YC一直在很好地扩展，奥特曼说："我从不相信风险投资公司无法快速扩展的说法。如果产品公司可以，我们肯定也可以。实际上，我认为我们的规模已经超出了大多数人的想象。"这句话背后的事实是，2015年的冬季和夏季项目，共有220家初创公司加入。从各方面来看，这都是一个惊人的数量。所有人都开始相信，有一天，YC将会在每年资助1000家公司。

在这一过程中，山姆·奥特曼也逐渐成为其他创业者口中的"尤达大师"。

尤达大师是《星球大战》系列电影里的重要角色，首次出现在1980年的电影《帝国反击战》中。他是最古老、最坚忍、最强大的绝地大师之一，德高望重，拥有强大的原力，是绝地武士团的主要成员，直到绝地武士团濒临灭绝。在他漫长的900年人生里，他参与了银河系中几乎每一位绝地大师的训练，是欧比旺·克诺比的导师，还培养了卢克天行者。

其他创业者用这个比喻，将此时不到30岁的山姆·奥特曼，等同于保罗·格雷厄姆这样的创业前辈与导师。在危机中的创业者会首先给奥特曼打电话，期待他在硅谷这个仰赖互助的地方，发挥纵横捭阖的能力。YC的一个创始人曾这样评价奥特曼："因为他能预见未来，所以我们会让他告诉我们接下来将发生什么。”

所以，当挪威创业公司Konsus的两位创始人抵达YC在旧金山的办公室，找奥特曼会面约谈的时候，他们就像迈向山顶神殿的朝圣者。Konsus是YC冬季批次的一家公司，业务是将企业和自由职业者对接起来，提供网页设计或者数据录入的工作。尽管在发布初始产品后，创始人融到了160万美元，但他们仍旧充满焦虑。

在山姆·奥特曼面前，其中一位创始人弗雷德里克·托马森问道:“我们想让这笔钱能永远花下去，我们绞尽脑汁想着要怎么省钱，我的搭档桑德尔拉施为了能够花更少的钱在租用办公室上，甚至准备把公司搬到森林边缘，和其他创业者们共用一个木屋厕所了。所以，我们真的需要给自己的工程师配电脑吗?”面对这个令人有些啼笑皆非的问题，奥特曼平静地回答他们:“这是一种不太常见的错误，也就是试图太过节省，所以把电脑买了吧。”两位创始人认真地点了点头，结束了这一番喜剧性的对话。

这不是他们的第一次见面，事实上在与奥特曼的初次会面过程中，两人已经非常尊敬眼前这个比自己还小的年轻人了。当时，他们向奥特曼介绍公司业务，解释说:“其他公司将需要做的任务发给我们，然后我们根据任务所需技能和截止时间，将这些任务分配给世界各地的自由职业者。”奥特曼在听后立马直言不讳地问道:“所以你们就是一个按需服务的临时代理机构?”

奥特曼还告诉两位创始人，他们不需要发明什么新的复杂的指标，仅仅用客户重复使用率和留存率，就可以衡量自由职业者的任务完成质量。而对于两位创始人最关心的问题“如何在接下来3个月中避开所有可能犯错的事项”，奥特曼肯定了他们的警觉，因为奥特曼相信“做到最好的创始人都非常偏执，充满危机感”。奥特曼告诉两位创业

者 :“从字面上来说，创业者总喜欢创造新的东西。然而做一个生意其实意味着反复打磨一个东西十年。大多数人做的事情太多了，反而忘记最重要的事情是坚持不懈地做一两件事。”山姆·奥特曼本人也始终遵循着这一法则，最终他凭借着这种坚持，为后来展开真正事业时赢得了大量外来资金支持。这一部分的内容，我们将在后文涉及OpenAI时期的山姆·奥特曼时，展开更多精彩的故事，揭示更多隐秘的细节。

19

重返斯坦福开设创业课

不要为了创业而创业，创业需要创业者投入极大的热情。当创业是解决问题的唯一途径时，这个时候创业最容易成功。

——山姆·奥特曼

让我们把目光拉回到YC时期的山姆·奥特曼。此时，他的先见能力帮助他获得了“尤达大师”的称号。创业者不远万里来湾区的YC总部见他，15分钟后，带着信心和决心离开。奥特曼的大部分建议都遵循YC关于透明度的准则：如果你对投资者应对挫折的能力有所担心，那就告诉他们；如果你对潜在客户的沉默感觉迷惑，那就问问他们。而那些更棘手的问题则会激发奥特曼更加激进果敢的判断，比如他会直接告诉创始人：“除非竞争对手明确地在市场上打击你，否则不要担心他们。”

奥特曼学会了在任何场景下多线处理问题，一次午餐会议上，他前一刻还在和数据库公司Elucify的创始人会面，告诉后者："竞争对手应该是你最不需要担心的东西之一。"几分钟后，他又开着电话免提与加拿大自动驾驶公司Varden Labs的创始人交流融资经验，直白地告诉对方："想要融资5000万美元，你要不有了重大的技术突破，要不就是有了一大群客户。"创始人接着追问道："那长期呢？"此刻的山姆·奥特曼穿着长袜和卡其短裤，身着灰色连帽衫，却像绝地武士一样，挥动手中那把隐形的光剑，一击命中所有目标，给出了最好的一个回答："永远想着如何把你现在做的事后面多加一个0，但不要比这个想得再远了。"

山姆·奥特曼逐步向所有人证明了他出色的投资才能，以及对初创公司独到的理解，这两点足以媲美他的老师保罗·格雷厄姆。很快，奥特曼的名声传遍了创业圈，自然也吸引了一所美国高校的注意，这所高校就是山姆·奥特曼的母校——斯坦福大学。

2014年9月，在辍学9年之后，奥特曼受邀回到了母校斯坦福大学，但不再是以学生的身份。他成了创业导师，代表YC孵化器与斯坦福大学联合开设了一门名为"如何创业"的课程，给台下的后辈们传授创业经验。这些经验包括：如何碰撞出创业想法，评估项目，获取早期用户，让公司获得快速成长，以及如何去做销售，扩张市场，获得融资以及培养公司文化等内容。

在YC内部，奥特曼曾经教授过很多关于如何创业的课程，但所有内容都没有公开，因此这次在斯坦福的公开授课，是YC和奥特曼第一次将他们的经验与遇到的教训，通过记录在案的形式向全世界共享。除了线下课堂，山姆·奥特曼还将1000多分钟的课程视频放到网上，开设了独立的课程网站，并在iTunes、Youtube等主流视频平台同步发出，供全世界的人学习观看。

正如奥特曼在这节课的最开始所说："我在YC的工作主要就是看项目和辅导别人创业，我发现在YC工作时，创业者们有30%的基础问题都是共性的，可以被概括的，而另外70%才是直接和项目或市场挂钩的，我们希望在这堂课中教授那30%的基础内容，为所有想要创业的人提供帮助。"

为此，奥特曼还邀请了多位硅谷大牛在系列课程中现身授课，包括"创业教父"保罗·格雷厄姆，PayPal创始人彼得·蒂尔，Facebook的联合创始人达斯汀·莫斯科维茨，等等。除了YC内部的合伙人与专业人员外，几乎每一位参与课程的嘉宾都参与了10亿美元以上公司的创建。

截至开课时，YC已经资助了725家公司，奥特曼强调："我们非常确定我们提供的这些建议都非常有效并且是通用的，我们无法为所有的初创公司提供资金，但我们希望可以为所有的公司提供普遍性建议，这些建议不只停留在纸上谈兵的阶段，它们不是理论性的，都是经过实践的，某位YC的创始人最终借此获得了成功或者遭遇了惨败。"

在"如何创业"的全部20节课之中，山姆·奥特曼亲自传授了2.5课时。在正式开讲前，奥特曼回答了一个非常经典的问题："什么时候适合创业？"他的答案是："不要为了创业而创业，因为创业需要创业者投入极大的热情。当创业是解决问题的唯一途径时，这个时候创业最容易成功。"奥特曼强调，当你发现了一个问题，并且觉得自己必须要去解决它，在这个时候你才会有归属感，才会有激情去面对将来的困难，才能够坚持5年、10年、15年，最终成就一个伟大的企业。奥特曼的这个说法，很快成为无数年轻创业者努力效仿和实践的名言，尤其是那些同样在学生生涯就想大展身手的天才们，他们的脑海里不断回响着这句话，决定破釜沉舟，放手一搏，走上自己的创业旅程。

俄国作家托尔斯泰在他的个人著作《安娜·卡列尼娜》中写道：幸福的人都是相似的，不幸的人各有各的不幸。同样，创业公司失败的原因也各不相同，但在山姆·奥特曼看来，如果创业公司想要成功，必须具备四个基本要素：创意，产品，团队和执行。接下来，我们将与你一同探索山姆·奥特曼的创业经。无论你是已经决定创业，还是准备做一个到处旅居的数字游民，又或者你只是想看穿老板日常用在你身上的话术，奥特曼的这些经验都能带来足够的启发。

山姆·奥特曼的创业经

很少有创业公司死于同行竞争的，大多数“死法”都是因为没有做出最解决用户需求的产品。我以前有个想法，如果你恨不得自己花钱买自己的产品或服务给好朋友和亲人用，那这个产品一定在某种程度上是个非常好的产品，真的能解决真实需求。如果你在推荐给好朋友和亲人使用时会有犹豫和顾虑，那你就要好好想想这个产品是否出了问题。

——山姆·奥特曼

上一节我们提到，山姆·奥特曼认为，要创立一家伟大的公司，需要在以下四个方面做文章：创意、产品、团队和执行。

换句话说，一个好的点子，被一个出色的团队完美地执行，才有概率最终变成一个伟大的产品，成就一家伟大的公司。

奥特曼在YC公司时，经常根据这四个要素判断眼前的初创项目和公司，比如一个好的创意背后是否拥有一个足够大的需求市场，是否拥有一个高执行力的团队来实现初始目标。

首先讲讲关于创意的问题，对于创意在创业前期的重要程度，奥特曼有一个独辟蹊径的见解。奥特曼曾以为，创意没有那么重要，与其浪费大量时间在创意上，不如着手做产品。了解市场和受众更重要，因为很多时候执行大于创意，创业的过程决定了结果，而不是起点决定结果。但随着他接触越来越多的创业公司，奥特曼改变了自己的想法，他发现大公司都是从一个无法复制的创意开始起步的。

什么样的创意是好创意？奥特曼认为，好创意不只是一个点子。

好创意的辐射范围很广，包括市场规模、长期战略性等等，创业不是一蹴而就的，好的创业公司，需要创业者至少努力10年，随着时间推移和发展逐渐丰满起来。不好的创业公司，最多只会存在5年，大多数都在3年内走向死亡，因为，如果你不喜欢也不相信你正在创造的东西，你大概率会在这个过程中的某个时刻放弃。如果不相信你在做的事情很重要，你就没有办法度过创业的痛苦。

其次，好的创意是由点及面的。要先稳住小部分的忠实用户，再慢慢辐射大部分的用户。先有一个小市场，然后去扩张，这种做法比较适合创业公司。如果反过来做，则很快会被巨头们干掉。同时，好的创意在一开始可能很难让人理解。如果某个创意让人一听就知道是好创意，那么要么会有很多竞争者，要么这个点子别人已经实践过了，发现这事其实做不成。

奥特曼是以Airbnb作为案例来讲创意的，2008年Airbnb问世前，人们很难想象有人会把自己家的房间或者沙发出租出去，但在6年后，Airbnb的用户已遍布全球的190个国家，人们除了自己的房间，甚至还想对外出租自己的停车位、汽车、热气球、游泳池等。奥特曼强调："好的创意让人有使命感，有使命感的创意会让创始人有信心、有热情，让员工注意力更集中，会让陌生人也伸出援助之手。"同时，好创意是符合市场规律的。创业过程中唯一不能左右的就是市场。就算创意与产品不完善，但只要是符合市场需要的，就有用户会买账。

之后，在提及创业前期应该推出什么样的产品这件事上，奥特曼率先强调了另一件事：好的创意不足以成就一个好产品。从他的经验来看，好产品都是因为创业者在改进产品和与用户沟通两个方面花费了大量时间。如果一个创始人能把这两部分做好，其他的问题都会迎刃而解。

那么，怎么样才能成就好产品？奥特曼建议把产品做简单，将细节做精致。以谷歌为例，谷歌的主页就只是一个搜索栏，看起来无比简洁，但无数人每天打开电脑的第一件事就是打开谷歌浏览器。好产品都拥有十分简洁的核心功能，并且能够在用户看到它的第一眼时，就能够快速识别这个功能是什么，并在几分钟时间内迅速掌握使用方式。

因此，最顶尖的产品经理其实是一个创业团队的灵魂，他们不仅需要懂得用户，还需要懂得与用户沟通。因为在创造自己的产品时，反馈非常重要。奥特曼在YC工作时发现，那些越好的公司，产品反馈周期越快，反馈环节越短。因为用户会不停地告诉市场，他们愿意为什么样的产品掏钱。根据用户的反馈有选择性地对产品进行改善，是一种有亲和力的表现，同时能够保持高效。因此，对于大部分初创公司的核心团队而言，要找到喜欢自己产品的用户，并且把用户变成粉丝，口口相传比任何广告都有效果。

很多成功的公司都证明了这一点，在中国，小米就曾经凭借高黏性的粉丝，仅仅通过互联网售卖渠道占据了市场优势。而放眼世界，被无数粉丝围绕的苹果则是另一个成功的案例。

在这里，就不得不说到那些极富人格魅力的创始人了。奥特曼赞许身体力行的创始人。他认为好的创始人和用户之间基本都是零距离的，从关注线下销售到了解线上活跃用户，或者半夜起来为用户解决问题，都是创业家精神的实践。奥特曼以图片分享网站Pinterest的创始人本·希尔伯曼为例认真剖析了创始人的“极致疯狂”。

要知道，本·希尔伯曼在创业初期常常直接跑到咖啡馆，给别人看自己的产品，他也会趁店员不注意的时候，把苹果专卖店里所有电脑浏览器的主页设置为Pinterest的主页。也许站在一个未来成功企业家的角度，这个行为有点滑稽，但只要你是赢家，就永远不会有人取笑你。

21

团队与执行

犹豫不决是创业公司的毒药。平庸的人总是看上去有很多好想法，但是他们从来不会去实现，他们没有行动力，只会止步不前。好的创业者是那些能够快速把小事情做好的人，即便每次只进步一点点，一年之后也会有很大的不同，不要盼望一步登天的事情发生。

——山姆·奥特曼

山姆·奥特曼有一句名言："如果你没有好的创意和产品，那么团队和执行就算做到最好，也是在做无用功。"大多数人只关注到了前半句，却不知道"团队和执行"也是奥特曼发展的根基。

在保证创意和产品的前提下，搭建团队的第一步，则是找到合适的合伙人。根据YC的经验，导致初创公司在早期失败的众多原因里，排名第一位的就是合伙人之间有矛盾。奥特曼目睹了很多因为合伙人关系崩裂，最终导致整个项目失败的惨痛教训。与此同时，创业者又总是容易稀里糊涂地与一个关系基础不牢靠的人敲定合作，偶然遇到有类似想法的人，就看似一拍即合地开始创业。这对公司的未来是个很大的隐患，因为你根本不熟悉自己的合伙人。在YC里，每75家公司中有9家可能存在合伙人隐患，这9家公司几乎都坚持不到一年时间。

什么样的合伙人是合格的？首先你必须熟悉他，了解他的做事风格。奥特曼在课上建议："你的合伙人最好是像詹姆斯·邦德一样无所不能的存在。"这句话点明了一个优秀合伙人具备的品质：足智多谋、不屈不挠、明辨是非、勇敢果决，同时拥有非同常人的创造力。这听起来好像不现实，但重点其实在于，与综合素质略胜一筹的人合伙要好过与只专注于某特定领域的专业人才合伙。

另外，奥特曼认为创业初期最好不要雇用员工，如果有必要，尽量要少，而且必须保证团队内都是优秀的人。虽然现在很多人以员工的多少来看一个公司发展情况，但员工多了会带来很多不必要的麻烦，比如运转慢、开支大幅增加等等。而且，你永远想不到一个害群之马给公司带来的影响有多大。如果这样的人占创业团队的50%，那这个团队就快完了。

对于创始人而言，要么不花费时间，要么就至少将25%的时间放在雇用员工上，而且要学会打破传统思维。在谷歌、Facebook，HR会第一时间找到刚入职的员工，让他回忆"你认为这世界上最聪明的人是谁"，以此锁定公司内部最优秀的那批人。对于优秀人才来说，他们的选择也很多，创始人需要让他们相信这是一个将要腾飞的公司，让他们认同公司的文化价值观。公司的文化价值观是什么？就是创始人的价值观与言行。

在这里，奥特曼再次举出了Airbnb的例子。这家公司花了5个月雇用第一个员工，1年内只雇用了2个员工。Airbnb的创始人布莱恩·切斯基在决定是否雇用一个员工前，总会问一个问题："如果你现在只剩下一年的生命，你还会加入Airbnb吗？"这个问题看似极端，却传递了重要信息：Airbnb需要有同样文化价值观的员工。凭借这个问题，布莱恩最终如愿招到了一批专注的员工，在Airbnb遇到发展问题时，他们甚至曾一起住在公司全身心地努力工作，最终帮助Airbnb度过了危机。

如何判断一个人是否适合你的团队？奥特曼提出三个问题，作为判断标准：他足够聪明吗？他能完成任务吗？我愿意花费时间跟他在一起吗？另外，奥特曼也提到Facebook的创始人马克·扎克伯格的两条招聘原则：我是否乐意和他一起工作，以及我是否愿意为他工作。没错，老板也要思考我是否愿意为这名员工工作。

很多人也会花费很多时间和精力去雇用员工，却很少在意怎么留住他们。创业者总是对投资人很慷慨，对员工却不是这样，奥特曼强调，大家要知道员工才是持续为公司带来价值的人。创业者应该尽可能将公司10%的股份给公司的前10位员工，让公司的前40至50名员工认为他们是公司的元老，让他们认识到自己的存在对这家公司有着非常高的价值。

最后在聊到执行这个关键要素时，奥特曼先提到了首席执行官的工作内容。其需要做的事情很多，既要保证公司向着既定的方向发展，又要确保所有已完成工作的质量符合公司标准。很多时候，初创公司尤其需要创始人成为一个疯狂的执行机器，每天一睁眼就得面对100件事情，迅速做出选择，明确哪两三件事情才是最重要的。奥特曼认为在公司发展的不同时期，重要的事情不同，如果努力错了方向，就会失败。

所以哪些事情是最重要的？奥特曼认为，那些有关维持公司成长的事情是最重要的。团队经常会因为公司的公关活动兴奋异常，其实这些活动对公司的贡献可能微乎其微，不过是看上去很美而已。

山姆·奥特曼也承认，创业需要创业者全身心的投入，在工作之余放弃掉许多事情，所以对于想把握工作和生活的平衡的人来说，创业不是一个好选择。如果选择创业，就必须承担与之对应的压力，以及不断袭来的工作疲惫，很多人会通过休假缓解疲惫，但奥特曼有不同的看法。他这么说道："休假对一般人分散注意力、缓解压力比较有用，但对于创业者来说，继续工作才是正确的出路，高强度的工作才能成就好的公司。"奥特曼的这个回答让他很像一个披着人类皮囊的机器人。

奥特曼回忆了他所遇过的成功者，这些人或许努力的领域不同，出身不同，思维习惯也不同，但相同的是在执行过程中，做事果断。犹豫不决是个黑洞，商业领域里一切唯快不破。优秀的人行动总是很快，每当奥特曼与他们交流时，他们总有新的进展。因为增长和驱动力是公司发展的命脉，特别对于互联网公司而言，当公司的发展不能保持一个平稳或者很快的增速，公司的气势会受到很大的影响，那时候再有激情的演讲也很难调动他们的积极性。

事实上，2008年，Facebook的增速逐渐变慢，发现这件事后的第一时间，Facebook就成立了专门的小组负责这方面的运营，这个小组很快做出了成绩，并受到了整个公司的尊重，他们不仅带来了绩效，也让公司每个人重拾了信心。

山姆·奥特曼在斯坦福分享了从Loopt到YC时期他的个人经历，以及他的所见所得，然而对于奥特曼而言，这只是他未来人生道路上的短短一小段。2014年成为YC掌门只是他人生路上的一个瞭望塔，终点仍在远方。

22

YC与VC的区别

我们计划长期投资一些研发项目。其中一些项目可能需要25年才能出成果，但那对我们来说完全没问题。

——山姆·奥特曼

山姆·奥特曼同意成为YC孵化器的总裁，不只是为了占领这家风头正盛的创业孵化器，而是为了整个世界。

但奥特曼从一开始就清楚地知道，推动世界前进可能最终会产生巨大的价值，但代价也同样昂贵。为了积聚必要的资金，奥特曼不声不响地扩大了YC公司的规模，并且向硅谷更深处挖掘——他已经开始使YC变得更像一个投资机构。这一点与保罗·格雷厄姆执掌YC孵化器的理念似乎是相违背的。

在保罗·格雷厄姆时期，YC一直以一个温和、有益的天使投资人的形象出现，与其他所有在入股后就力求巨额回报的冷酷的风险资本不同，YC站在它们的对立面，而这也是保罗·格雷厄姆创立YC的初心——他力求YC与其他风险投资基金不同。

格雷厄姆的态度在很多场合甚至是公开的，比如在YC某次活动上，他曾放出一张幻灯片，上边直截了当地写着："风投，究竟是没有灵魂的撒旦代理人还是笨拙的强奸犯？"

2015年3月，保罗·格雷厄姆在个人博客上发表了一篇文章，标题极具攻击性，叫作《VC垃圾理论》，VC是风险投资的英文缩写。在这篇文章里，格雷厄姆写到，几个月前他收到一封来自某个投资机构招聘人员的电子邮件，询问他是否有兴趣成为一家新风险投资基金的"常驻技术专家"，在考虑了大约4秒钟后，格雷厄姆的结论只有两个字：恶心。对此，格雷厄姆解释道："在我之前的经历里，最生动的回忆之一就是去拜访波士顿著名的风险投资公司格雷洛克，一家成立于1965年的早期风投公司。他们是我一生中遇到的最傲慢的人群。我不是唯一对VC有这种感觉的人，甚至我的一个VC朋友也不喜欢VC，他谈到VC时经常称他们为混蛋。"

格雷厄姆在学习更多关于VC世界如何运作的知识后，意识到风险投资之所以受到如此的评价是有原因的，与其说是企业吸引了混蛋，不如说是他们所掌握的权力腐蚀了他们，因为风险投资基金的问题在于它们是基金。与共同基金或对冲基金的经理一样，风险投资公司根据他们管理的资金的一定比例获得报酬：每年约2%的管理费，外加一定比例的收益。所以他们希望基金规模庞大——如果可能的话，最好是数亿美元。但这意味着每个合作伙伴最终都要负责投入大量资金。由于一个人只能管理这么多交易，因此每笔交易都必须涉及数百万美元。这几乎解释了创始人讨厌VC的原因——他们成为众多经典电影里的反派角色：时而懦弱、贪婪、鬼鬼祟祟，时而霸道，完全不近人情。

因此，YC的运作模式和VC不同，他们不会像VC一样要求对创业公司的控制权和决策权，YC已经逐渐将权力的天平倾斜到了创始人一边，由这些人来选择自己是YC人还是VC人。

在后期，YC还会给所有自己的校友公司一份VC的排名名单，上面不仅有书面的评语，还有具体的打分。已经连续四年被邀请参加YC路演日的风投机构合伙人布赖斯·罗伯茨就在这份名单的前列，他笑着评价YC公司的这个行为："每次我去YC总部，遇到他们，仿佛就能看到他们挥舞着大棒对我说：'VC们，别乱来，我们一直盯着你呢。'"

格雷厄姆在文章里也承认了VC在投资生态中的重要性，他提到："我也遇到了一些我喜欢的VC，迈克尔·莫里茨就是其中之一，他甚至还有幽默感，这在VC中几乎闻所未闻。还有约翰·杜尔，他和我一样都是极客。所有好的VC都为最好的风险投资基金工作。我的理论解释了为什么他们往往会有所不同：正如最受欢迎的家伙不必迫害那些读书好的孩子一样，最好的VC也不必像VC那样行事。他们可以挑选所有最划算的商品，所以他们不必那么偏执和鬼鬼祟祟，他们可以选择那些罕见的公司，比如谷歌，这些公司实际上会从他们的巨额投资资金中获益。"

YC公司始终和创业者站在一起，帮助创业者和初创公司争取利益。在YC的努力下，创业者的利益得到了保证，但对于风投公司和中后期轮次的投资人而言，YC公司的做法加大了投资者之间的竞争。风投公司逐渐意识到，如果他们想要投资最好的YC校友公司，就必须拿出一份绝对公平的条款，给予他们想要投资的创业公司所需的任何帮助。许多投资者私下抱怨YC把后续轮次的投资价格抬高了，他们批评YC太达尔文主义了，注重"弱肉强食，优胜劣汰"的规则。一个知名的风险投资人曾这样说："YC每批项目里，最好的4家公司会获得最高的回报，但对其余46家公司来说，收获就不怎么样了，因为当他们来见我的时候，我就知道他们已经被红杉和A16Z这两家最顶尖的风投机构拒绝过了。"A16Z的联合创始人本·霍罗维茨则有不同的看法："这种有利于顶尖创业企业的机制不是YC的专属，最想获得资金的创始人可以最先选择投资人，其他所有人挑剩余的。这叫资本主义！去做他妈的工作，不然就等着被干掉吧。"

而对于在保罗·格雷厄姆之后执掌YC的山姆·奥特曼来说，他虽然继承了格雷厄姆的很多理念与经验，但仅仅就投资方法而言，他的理念更多是被另一位大佬——PayPal的创始人彼得·蒂尔——塑造的。

彼得·蒂尔是一个自由论者，也是PayPal和软件服务公司Palantir的联合创始人。软件服务公司Palantir的名称来源于《指环王》中的魔法物品真知晶球，这个无法摧毁的水晶球，可以用于通信和观察世界其他地方的事件。这家公司主要为政府机构和金融机构服务，最出名的案例是在2011年，以大数据技术帮助美国军方成功定位和击毙基地组织首脑本·拉登。

而作为这两家全球知名公司的创始人，彼得·蒂尔最常被人提起的，并不是他的这些创业成就，或者他的投资眼光，而是八卦传闻——第一件事是彼得·蒂尔暗中资助一起诉讼案件，这起诉讼案件最终因为一卷性爱录像带，导致全美有名的传媒公司高客传媒破产；第二件事更加耸人听闻：彼得·蒂尔热衷于永生，他一直试图通过摄入人类生长激素来延长自己的寿命，甚至曾经发表过一些可怕言论，比如他认为年轻人的血液可能对于延年益寿的效果更好。

从这些八卦传闻中就能看出彼得·蒂尔和保罗·格雷厄姆是两种

不同风格的人。而在投资领域，作为业界颇具影响力的风险投资人，彼得·蒂尔在很多方面都是保罗·格雷厄姆的反面，比如他并不赞成少量狂热用户和“拉面盈利”的想法，而是鼓励飞速增长和迅速垄断。“拉面盈利”能力是格雷厄姆创造的词汇，“拉面盈利”意味着一家初创公司赚的钱刚好够支付创始人的生活费。这是一种不同于初创企业传统目标的盈利形式，传统的盈利能力意味着大赌注最终会得到回报，而“拉面盈利”能力的重要性在于它可以为创始人赢得时间。

但彼得·蒂尔和格雷厄姆依旧有一个共识，就是对创始人质量和公司未来前景的关注：在5年或10年内，产品的市场规模能否扩大100倍?

因此，当时间来到2015年10月，YC很快将为第1000家公司提供资金时，奥特曼认为时机到了。此时，YC早期投资的许多公司，目前已经稳步发展，成了某一行业或者领域的佼佼者，不断扩大自己的组织规模、收入总额和运营规模。许多创始人持续不断地回到YC，寻求更多建议和支持。

山姆·奥特曼决定再次做出改变：他将YC投资方向伸向了更远端，不再仅限于为初创公司提供种子资金，YC从一个创业公司的孵化器进化为成熟公司的中后期投资者。

23

YC扩军计划

你可以通过突破性的创新、增量的改进或复杂的协调来创造价值。伟大的公司通常会做其中的两个。最好的公司会同时做这三件事。

——山姆·奥特曼

在入主YC一年半之后，山姆·奥特曼彻底展现了自己的个人野心——他要将YC孵化器建成真正的投资帝国。

多年来，YC一直都在研究如何对那些校园企业进行后续投资，来帮助它们进一步扩张并且盈利。2015年，奥特曼提议做一个总量40至50亿美元的贷款池，以及一个20至30亿美元的增长基金。在内部讨论时，所有人都对奥特曼的这个想法感到震惊。一位YC核心人员回忆这件事时说道："我们都告诉奥特曼这有点太疯狂了。"奥特曼后来也对此表示认同，他说："那些反对我的人其实是对的——你无法真正向YC的公司投入50亿美元，这笔资金的数量太庞大了，至少现在还不行。”

因此，奥特曼退而求其次，他在之后提出一笔相对适度的7亿美元的资金池，以此建立了首个YC连续增长基金（YC Continuity Fund）。

2015年10月，山姆·奥特曼正式对外宣布这个新基金的成立，并且表示新基金将以两种主要方式投资所有毕业后的YC校友公司：首先，新基金将在估值低于3亿美元的前提下对YC校友公司进行按比例投资，继续支持他们；其次，新基金还将考虑主导或参与YC校友公司的后期成长融资轮次；并且在对创业者有意义的情况下担任董事会成员，最终成为成熟公司创始人的合作伙伴。奥特曼在官方帖子里强调YC新基金的目标："我们期待成为什么呢？一个专注于长期收益的投资者，关注普通投资者经常忽视的那些行业或者领域。”

作为长期基金的投资者，一般有3倍的回报率就满意了，奥特曼却期盼前所未闻的10倍回报。这个基金将主要领投后续融资轮次，但其中三分之一的钱都会被用于维持YC在其所有企业中那7%的股份，因为它们在毕业后还会不断融资，如果YC不继续跟投的话，YC的股份占比就会被稀释。另一方面，奥特曼也强调他们将对所有校友公司一视同仁，因为如果YC只在后续阶段投资他们最喜欢的公司，其他风投们就会做出“其余公司都是二流公司”的推论。

与此同时，新加入YC全职合伙人的阿里·罗加尼负责新基金。也许你对阿里·罗加尼的名字非常陌生，但你肯定熟悉他个人履历上的几家公司。

阿里·罗加尼曾在著名动画工作室皮克斯的财务部门工作了9年，并担任首席财务官，帮助迪士尼动画公司重组。2008年，他离开皮克斯后，成为Twitter的首席财务官，4年后调岗成为Twitter的首席运营官。史蒂夫·乔布斯曾经试图劝阻他加入Twitter，并说服他到苹果任职。2014年离开Twitter后，阿里·罗加尼作为兼职合伙人加入YC，专注于帮助YC校友扩大公司规模，他是YC里最了解哪些公司正在快速扩张并需要更多资金的人，因此由他来管理这个增长基金，再合适不过。在接受采访时，阿里·罗加尼将新基金的投资策略描述为一个YC独有的巨大的竞争优势："投资者要花费80%到90%的时间来寻找被投项目，像日本的捕鱼船队一样游遍全球。而我们是在不断被补充的水族箱里钓鱼。"

但对许多VC，也就是风险投资人而言，这个增长基金更像是一艘停泊在全球公海范围内的驱逐舰。风险投资人布赖斯·罗伯茨认为这是一种颠覆沙山路[1]的方法。布赖斯说："如果奥特曼没有明说，他也肯定想过。当你能拥有Airbnb 25%股份时，为什么只要7%呢？" VC的担心在于，YC只需要花费很少的时间，就将为无数初创公司提供从摇篮到上市的全阶段资金，这让大量VC无事可做，还会大大减少其他初创公司的资金和知识来源，从而把更多权力集中在YC手里。一位不愿意透露名字的风险投资人说："在某个时候，YC就会开始在A轮和B轮挑选其最好的公司。我想他们的计划就是颠覆一切，接管世界。"

这些言论传到了山姆·奥特曼的耳边。奥特曼非常生气，他借着一次媒体采访时宣称："只要是我在管理YC，我们就不会领投A轮融资！如果我们这么做，就会给我们的项目申请造成无法挽回的损害。"然而，帮助撰写YC增长基金的法律框架的合伙人乔纳森·莱维也承认："我们的法律文件中留下了足够的余地，可以让他们去做最合理的事。我举个例子，山姆·奥特曼尊重红杉资本吗？肯定的。但奥特曼

1 硅谷顶级风险投资公司集中的地方。

是否认为如果他来做，他能做得更好？答案同样是肯定的。奥特曼真的能做得更好吗？答案依旧是肯定的。所以如果你问我，我是否能看到有一天奥特曼接管整个风投体系？我的答案还是肯定的。所有的计划都会在经历一次例外后，接着出现第二次，然后有一天整个生态就完全改变了。”

无论山姆·奥特曼对于自己同事的这个说法有何反应，在所有对外的采访表述中，管理新基金的阿里·罗加尼和山姆·奥特曼都明确表示：“YC新的增长基金将专注于YC校友内部的项目，而不是外部公司或者项目。所以如果某些项目的创始人正在寻找资金，必须先加入YC孵化器，从夏季或者冬季项目毕业，因为YC不会领投种子轮或传统的A轮融资。”两人的承诺声明淡化了投资界对于竞争风险的担忧，同时向外界确定了奥特曼继承保罗·格雷厄姆创立YC时的初衷：他们并不想要无序地扩大规模，将YC变成与传统VC一样的公司，而仅仅是在自己的领域，帮助他们看好的公司进一步扩张，成为巨头。

值得注意的是，在奥特曼接手YC后，YC已经为初创企业提供了多种融资方式，包括最初的种子资金模式、YC奖学金等等，与此同时，奥特曼和YC公司一直在寻找新的方法鼓励企业家创业，斯坦福大学的公开课就是其中之一。但随着前一轮技术爆炸的成果大部分都已经被各个领域的创业者们占据，在一轮又一轮的竞争与兼并之后，大部分领域都来到了游戏后期阶段，这也是新基金诞生的全部意义。

但仅仅只是投资，并不能满足山姆·奥特曼的胃口，硅谷的VC在一件事上猜对了一半，就是他们对奥特曼的评价：“我想他们的计划就是颠覆一切，接管世界。”如果能够让世界变得更好，山姆·奥特曼肯定会同意接管这个世界，即便为此要付出其他代价。当然，接管世界是个不现实的想法，对于山姆·奥特曼而言，有另一个现实途径能够让他改变世界，那就是做研究，研究那些真正能够改变世界与人类未来的科技。

24

不止投资，还要做研究

许多最好的想法一开始看起来很愚蠢或很糟糕——你想要一个介于“看起来像个坏主意”和“是个好主意”之间的想法。

——山姆·奥特曼

跟硅谷里的每个人一样，山姆·奥特曼自称要拯救世界，毕竟拥有奥特曼这个姓氏的人如果不干出一点拯救世界的事，那就太说不过去了。但和几乎所有人不同的是，奥特曼已经有了具体计划。他不止一次在公开场合说过类似的话：“我相信YC可以引领技术的走向，很多人会说最终决定技术走向的人只可能是消费者，这当然也没错，但是，已经有很多人觉得当YC说‘我们觉得虚拟现实非常有戏’时，大学生们就会开始学习这个领域的东西。”

因此，在接管YC之后，奥特曼曾在一篇个人博文中写道：“科学似乎要完了。”然后他开始关注硬科技公司和突破性领域，呼吁能源、生物技术、人工智能、机器人技术和其他多个领域的公司来申请YC。于是，曾经在外人看来有些木讷呆板、非常技术风格的YC突然变成了一个野心勃勃的极客形象。奥特曼开始和所有新兴领域的创业者会面、共进晚餐，比如研究核裂变的创业公司首席执行官，或者人工智能公司的创始人。当奥特曼陷入兴奋之中，比如他想敦促一家量子计算创业公司的创始人把他基于人工原子的机器投入市场时，他会忘记正在一家餐厅大堂，周围坐满了其他投资者或者同行业的人，高声冲对方喊道："这些计算机将会使我们的产品研发周期缩短10到20倍！所以我们为什么不立即这么做呢？"

奥特曼的能量超乎所有人想象，也引起了一些人的担忧和不解，包括YC内部的人，他们害怕奥特曼的步伐迈得太大太快，最终会伤到这家以孵化器起家的公司。

2015年9月，有两位从YC创建初期就陪伴左右的合伙人坐下来，想要说服奥特曼"慢一点，冷静一下"。奥特曼一边回答他们"是的，你们说得对"，一边转头去做了另一件瞒了内部很久的事情，那就是组建YC研究所（YC Research，YCR）。这是一个非营利组织，最初的启动资金来源于山姆·奥特曼个人赠予的1000万美元，目的是做一些最疯狂、最前沿的纯研究。

2015年10月，奥特曼宣布在投资领域进行扩军，进一步对YC校友公司进行投资支持的同时，还正式宣布成立非营利性研究实验室YCR。奥特曼认为YC的使命是通过资助初创公司，尽可能多地实现创新想法，但初创公司并不适合某些类型的创新，甚至面临着许多问题，例如，这类创业需要非常长的研发周期，或者试图解开科学技术领域的某个未知问题，又或者这个技术不应该由任何一家商业公司垄断，比如AGI。对于这类创新，研究机构比公司的形式更加适合。

因为YCR是非营利的，所以在YCR工作的研究人员完全可以自行决定何时发布他们的工作成果，而奥特曼等资助者不会干预任何过程，他们将提前制定一个流程来解决可能的问题。另一方面，因为研究机构的开放性，研究人员将能够自由地选择与哪些机构的专家们进行合作。

奥特曼在接受媒体采访时说道："我们这样做并不是为了帮助YC的初创企业更容易地去获得成功，或者增加YC公司本身的实力，而是为了造福全世界。我知道造福世界这个说法听起来像是陈词滥调，但正如我们在历史上看到的那样，新技术的突破会造福全世界的人。基础研究对于推动世界前进至关重要，但它的资金一直在被削减。"这句话并不只是奥特曼的口头承诺，因为YCR虽然是YC的一部分，但它不仅将独立运行，而且实验室内开发的任何知识产权都将免费提供给所有人。

在某种程度上，可以将YCR视为YC的"Google X"，Google X是谷歌在2010年1月成立的一个半秘密研发机构和组织。在谷歌的定位里，Google X的使命是发明和推出"moonshot"技术，旨在让世界变得更加美好——"moonshot"直接翻译过来是"登月计划"，但在谷歌的定义里，moonshot意味着一个大问题、一个激进的解决方案和突破性技术的交集。Google X实验室成立后，立即着手开发谷歌的自动驾驶汽车。在YCR成立的2015年10月，几乎同一时间，谷歌完全重组为Alphabet后，Google X最终更名为X，像科幻电影里的一个神秘代号。

YCR成立后，很快宣布将对全美基本收入、教育和建设新城市进行研究。未来，YCR可能会专注于自动驾驶汽车技术、医疗技术以及所有造福社会的突破性技术。奥特曼在接受采访时暗示最终可能会向

YCR投资1亿美元，他还不惜亲自发声吸引人才加入YCR，他说："我们将特别欢迎那些有着异端思想的外部人士，我们将保持小团队规模，因为我们相信小团队可以比大多数人想象中做得更多，而且小团队还意味着更少的办公室政治，我认为，这是近几十年的科学研发领域一直存在的问题。"

2020年5月，YCR在新官网宣布改名为OpenResearch，中文大意为开放研究，并且宣布它将继续独立运营，但所有研究项目不再隶属于YC公司。几乎同一时间，YCR在YC的官网也宣布了这件事，他们支持YCR的这个决定，并且承诺将继续支持这家非营利组织。YCR脱离YC公司，意味着这家机构能够独立于YC之外，获得充分的研究资金，同时他们愿意继续保持独立性，不受任何商业组织机构的干扰。

有趣的是，同样在2015年，另一家与山姆·奥特曼有关的重要非营利机构也诞生了，那就是ChatGPT背后的研发公司OpenAI。2015年12月，山姆·奥特曼和埃隆·马斯克等人宣布成立OpenAI，并承诺向该组织投资超过10亿美元，很快OpenAI表示，他们将通过向公众开放其专利和研究，与其他机构和研究人员"自由合作"。

讲到这里，已经见证了OpenAI这家公司成功的你可能才会恍然大悟，清楚看见山姆·奥特曼个人野心的起点，虽然我们无法剖开奥特曼的大脑一探究竟，但当我们回看奥特曼的经历，可以发现，已经有足够多的痕迹显示，山姆·奥特曼在2015年想清楚了一些事情，一个庞大的改变人类世界未来的计划在他脑海里成形，并且提上了日程。

25

成功与焦虑

事实证明，决心与智慧更加重要。

——山姆·奥特曼

关于OpenAI的成立，我们将集中在下一章展开。在这里，我们仍然回到2015年这个时间点，回到YC时期的山姆·奥特曼。

在2015年末的一场聚会上，风险投资家马克·安德里森说："在奥特曼的领导下，YC的野心放大了10倍。"当时正准备离席，并且马上要去英国度假的保罗·格雷厄姆则笑着回应了马克的这句评价："我认为奥特曼的目标是创造整个未来。他正在尝试推进癌症治疗、核裂变、超音速客机以及人工智能等多个领域的技术进展，全面改变我们的生活方式。"这句评价其实代表了硅谷大部分人的想法，他们都期待着山姆·奥特曼在每一天睡醒后，又产生了什么疯狂的计划或者想法。

对于山姆·奥特曼而言，2015年是一个重要的节点，他同时在

YC公司的内部以及外部寻求更多合作，并关注对基础科技的长期研发，这些行为在未来都产生了足以改变世界进程的结果，同时也铺垫了他的个人计划：有可能在未来某一天彻底离开投资领域，如埃隆·马斯克一样，彻底投向某个硬科技公司，专注于某一个领域的发展。

但在这一年，山姆·奥特曼还没有完全决定跳出YC的框架，寻求更多可能。因为保罗·格雷厄姆给他留下了足够多的空间，任他自由驰骋。

此时，山姆·奥特曼在YC公司施行的一系列举措，也让他跳出了硅谷，跳出了科技圈和创投界内部，进入了更加大众化的视野，山姆·奥特曼成为主流媒体关注的焦点，其中就包括《福布斯》杂志。

《福布斯》杂志创立于1917年，是美国当代最著名的商业杂志之一，以发布各类榜单和排名而闻名，这些榜单或者排名包括美国最富有的名人、世界顶级公司、福布斯世界最具影响力人物榜单，以及世界亿万富翁等等。有趣的是，《福布斯》杂志的座右铭和山姆·奥特曼的个人理想十分一致，都是“改变世界”。2015年，想要改变世界的《福布斯》杂志，选择了29岁的山姆·奥特曼，作为当年“福布斯30位30岁以下的风险投资人榜单”里的代表人物。与此同时，奥特曼也成为2015年“30位30岁以下”总榜单里，20位不同领域的杰出人物之一。

在评语里，《福布斯》杂志提到了YC与保罗·格雷厄姆对山姆·奥特曼的器重，以及保罗如何将一家成功的创业孵化器交到当时20多岁，几乎不为人知的奥特曼手上。同时，《福布斯》强调了奥特曼制订扩军YC公司的宏伟计划，以及他在YC的宏图壮志。奥特曼在接受《福布斯》采访时说道：“我们希望对这个世界产生影响。你在

YC可以列出世界上所有存在的问题，然后资助不同的公司解决这些问题，这是一件很酷的事。”

虽然山姆·奥特曼的人生仿佛“开了挂”一样，但就如硬币总有两面，成功的背后也并非全是光亮，再光辉闪耀的人，内心的某个地方也必然存在着一块阳光照射不到的阴影。

奥特曼的母亲康妮·吉布斯汀是一位皮肤科医生，她在接受《纽约客》的采访时称：“山姆的内心确实藏了很多东西。他会打电话给我说自己头疼，他自己在谷歌上搜出很多绝症，我只能让他放心，告诉他你没有得脑膜炎或者淋巴瘤。”奥特曼的母亲表示，她的儿子一直生活在焦虑中，他常常会担忧很多事情，担忧的程度令他人无法想象。

然而，山姆·奥特曼的压力不仅仅来自忙碌的工作，还来自未知的未来以及世界正在发生的变化。某次和朋友聊天时，奥特曼突然对在场的人宣布：“我正在为末日生存做准备。”

这个词打破了那个社交场上的觥筹交错。奥特曼认为，致命的合成病毒、叛变的人工智能和核战争，这几类事件随时都会给人类带来灭顶的风险。奥特曼当时说：“我平时尽量不去想这些事，但我在加州旅游胜地大苏尔买了一大片土地，在那里存着枪支、黄金、碘化钾、抗生素、电池、水，还有防毒面具。我随时可以飞去那里迎接末日。”奥特曼并非口头说说，他在2012年处理众多资产时，的确留下了大苏尔的土地，就是为了末日做准备。

除了建设自己的地堡之外，奥特曼对于应对世界末日，还有着其他的后备计划，其中之一与彼得·蒂尔有关，他们说好万一发生什么灾难，就一起飞往彼得·蒂尔在新西兰的一处房产。彼得·蒂尔认为：“奥特曼并不信特定的宗教，但他在文化上非常符合犹太人的风格——一个乐观主义者，也是一个生存主义者。他总是觉得事情会变得非常糟糕，而且世界上没有任何地方能让他获得在家才有的安全感。”出于同样的目的，奥特曼和马斯克共同创立了OpenAI，他们对这家非营利人工智能机构的期望只有一个：确保人工智能不会消灭人类。

在硅谷，与山姆·奥特曼、埃隆·马斯克和彼得·蒂尔等人有同样想法的成功人士并不算少数。2017年，LinkedIn的联合创始人里德·霍夫曼在接受《国家地理》杂志采访时曾表示，大约一半的硅谷科技大佬都在为末日做准备。纽约城市大学的传媒和经济学家道格拉斯·洛西科夫曾一语道破美国科技界的这股末日避难潮流因何而起。他说：“科技圈的人总是认为，人类是麻烦的根源，科技才是解决问题的方案。但他们也知道好日子不会永远持续下去，不管是气候变暖还是社会动荡，都只是个时间问题。”

越成功的人似乎越担心来自未来的风险，他们每个人都在用自己积累的财富，为自己的未来购买保险。为了应对任何有可能发生的末日灾害，硅谷大佬们都做了哪些准备？

26

硅谷大佬的末日准备

我认为，在某种程度上，我们所有人都相信我们的国家正在正常运转，我们手中的货币是有价值的，权力会被和平地交接——我们所看重的这些东西之所以能正常运转，是因为我们相信它们没问题。虽然我也认同它们抵御灾难的能力很强，而且我们也经历过很多灾难，但我们以后要经历的灾难只会更多。

——Reddit联合创始人史蒂夫·哈夫曼

比尔·盖茨曾在世界级经济论坛上提出一个观点，也就是“新形态的恐怖主义即将到来，可人类却没有准备好应对的方法”。

事实上，这与硅谷科技圈一直以来流行的某个话题不谋而合，这个话题就是：世界将会如何结束？世界末日将怎样降临？

山姆·奥特曼偶尔也会和他在YC的同事们，或者朋友们讨论这个问题，在他看来，成为一个“生存主义者”是必要的。

首先，什么是生存主义者？第一点要义就是哪怕世界末日到来的概率很小，但因为世界存在波动性，所以小的风险也值得人们重视。

山姆·奥特曼在YC第一期的同学，Reddit的CEO兼联合创始人史蒂夫·哈夫曼，在2015年时做了一次眼部激光手术，这并不是什么稀奇的事情，令人关注的是史蒂夫决定做手术的原因。他称这并非为了方便或者个人形象更好，而是希望如果灾难发生，自己不会因为视力的原因陷入无助。

像山姆·奥特曼和史蒂夫·哈夫曼这样的人，就被认为是生存主义者。在过去，生存主义者通常会让人们联想到这样的画面：人们头上顶着铁锅，整天囤积大量种子和压缩饼干，在森林里试图自己搞定无线电。

可现实并非如此，随着时间推移，生存主义开始向富裕阶层扩散，尤其在硅谷和纽约这样的地方扎根，影响着许多高级知识分子。

其中一位在社群里分享生存主义者经验的成员是一家投资公司的高管，他说："我有一架时刻加满油的直升机，还有一个自带空气过滤系统的地堡。我很多朋友都准备了枪、摩托车和金币这些东西。这种做法已经不算罕见了。"

前Facebook的产品经理安东尼奥也是一个生存主义狂热者，他在太平洋西北地区的一座小岛上购置了5英亩植被茂密的土地，并把发电机、太阳能发电板和大量弹药带了过去，他认为："当社会失去了作为支撑的积极信念，就会陷入混乱。"当安东尼奥开始跟自己在湾区的朋友们谈到这个"小岛计划"后，其他人也站出来坦露了自己针对末日的准备工作。看起来这股风潮远比表面上看起来更加巨大。

梅菲尔德风险投资公司的总经理蒂姆·程在接受采访时透露："硅谷里面有着这样一群金融黑客，我们会经常一起聚餐，讨论大家都在做什么样的生存准备。我们讨论的范围涵盖货币，比如囤积比特币和其他加密货币，还有如何在有需要的时候拿到第二本护照，以及在其他国家购置度假房产作为临时避难所。我也可以坦白说：我现在就在囤积房产，这不仅是为了增加我的被动收入，也是为了可以有避难的地方。”

前雅虎高管马文廖也在为末日做准备，不过他认为只囤积物资是不够的。他强调："如果有人过来抢这些东西怎么办？还有你需要保护自己的妻女，我虽然没有枪，但我有很多其他武器。我还去学了射箭。”

生存主义者们认为美国联邦紧急事务管理署[1]的名字应该改成“Foolishly Expecting Meaningful Aid”（愚蠢地等待救援），因为当灾难来临之际，这些生存主义者们相信，人们唯一能依靠的只有自己或者身边的家人。

硅谷大佬们为末日做足了准备。但让人好奇的是，硅谷，这个自称能够让世界变得更好的地方，为何会被这种“末世情绪”影响？这种对世界末日的执念是如何在硅谷流行起来的？

1 总部设在华盛顿哥伦比亚特区，负责缓解自然灾害的影响。其英文是“Federal Emergency Management Agency”，缩写为“FEMA”，所以会有后文的调侃。

27

末日思潮的盛行

我们的食物供应取决于GPS、物流和天气预报。这些系统很大程度上依赖互联网，互联网又离不开域名服务器。当你逐一去了解各种风险因素时，你会发现很多因素是你之前从来没有听说过的，然后你就会问："这个东西在未来10年崩溃的概率有多少？"或者反过来问，"未来50年什么东西都不会崩溃的概率有多少？"

——某大型科技公司CEO

在人们的印象里，硅谷几乎聚集了全世界的精英和最先进的科技，这里的人应该都相信自己有能力让世界变得更美好才对。

实际上，这两种想法并不矛盾，技术世界鼓励人们畅想未来世界的模样，思考人类将在哪些技术的加持下将会拥有某种意义上的超能力。当你这样做的时候，很容易就会陷入无限的想象，最后到达乌托邦和反乌托邦两个极端。这种想象既可以产生绝对的乐观，比如人体冷冻术的风潮，让人们可以选择在自己死亡后将尸体冷冻起来，希望未来的科技可以复活他们；也有可能会让人们看到凄凉的景象，比如像好莱坞电影《终结者》里的故事，以天网为首的人工智能试图消灭所有幸存下来的人类。截然不同的想象最终导致很多人的心态始终在乐观与惊恐之间不断摇摆。而互联网的出现加剧了这种思维的传播，越来越多人相信，现代生活是建立在脆弱的共识之上的。

Reddit联合创始人史蒂夫·哈夫曼亲眼看见过社交媒体放大公众恐惧的方式。他说："人们聚在一起的时候会更容易感到恐慌，而互联网让人们更容易地聚集。"当然，另一方面，互联网也能警告人们即将到来的危机。史蒂夫·哈夫曼表示："在2008年金融危机登上新闻头条之前，一些Reddit帖子的评论里就出现了相关的迹象。用户开始悄悄讨论房屋抵押贷款，对学生贷款以及各种形式的债务表示担扰。虽然会有一些错误判断，但从整体上看，社交媒体是反映公众情绪的有效标尺。如果社会因为人们失去信心而崩塌，你会最先在社交媒体上看到根基的裂痕。"

硅谷内部对末日的恐惧也有所不同。当哈夫曼在Reddit上关注金融危机的进展时，游戏直播网站Twitch的联合创始人简彦豪第一次从朋友那儿大致了解到生存主义，他表示："我有些朋友说，社会快要崩溃了，我们应该开始囤积食物。我试过这样做，但我们就囤了几袋米和五罐西红柿。但是如果末日真来了，我们早就已经死了。"Reddit的前任CEO黄易山也为末日生存做了近视眼矫正手术，这样他就不用依赖眼镜这种"不可持续的外部援助"来恢复正常视力。黄易山在接受采访时说："大多数人都以为低概率的事件不会发生，但懂技术的人会从数学角度分析风险。科技圈的末日准备者们不一定认为末日就要来临，他们会把它看成一个会在将来某天发生的事件，但是这一旦发生就会造成极其严重的后果。所以，考虑到他们已经拥有的财富，用其中小部分的资产对冲这种风险是……非常合理的做法。”

到底有多少美国富人正在为世界末日做准备？具体数字不得而知，因为大多数人不愿意谈论这个话题。有时，这个话题会在毫无预料之下被提及。LinkedIn联合创始人、著名投资人里德·霍夫曼回忆起有一次他跟朋友说想去新西兰一趟，朋友的反应是："哦，你是要去买末日保险吗？"很久之后他才明白朋友的意思，因为新西兰成为人们购置末日避难所的胜地。如果有人说要在新西兰买房，这就相当于是一句暗号。一旦双方把暗号对上了，那么大家就会顺着这个话题聊下去，比如说："我认识一个出售废弃洲际弹道发射井的经纪人，它们都做过防核打击的加固，感觉住在里面挺靠谱的。"

曾有视频网站的博主父子受邀参观了美国堪萨斯州一片荒野中的一处末日地堡，这个地堡位于地下61米处，由古巴导弹危机时建造的军事设施改造而成，一共有15层，第1层是地面层，有停车场、游泳池、游乐场、遛狗公园、会客室等；第2层是操作区；第3层是医疗和保安层；第4层是蔬菜水培种植园区；第5至11层是住宅区；第12层是图书馆和学习区；第13层是健身中心和桑拿中心；第14层是电影院；第15层是储藏区。全美至少有72个这样的末日地堡。

当然就算在硅谷里，也有更多不同的声音。硅谷导师斯图尔特·布兰德是一位作家和企业家，史蒂夫·乔布斯曾称他为自己的灵感来源。在20世纪60和70年代，布兰德出版的《全球概览》[1]以其糅合嬉皮士和极客精神的特殊内容吸引了一群狂热的追随者，它的座右铭是：我们已经成为神，也许我们也能当好这个角色。布兰德在一次

1　斯图尔特·布兰德于1968年创办的期刊。

电话采访中告诉记者，他在20世纪70年代就研究过生存主义，但不久后就放弃了，他认为："总的来说，我发现'天啊，这个世界将要分崩离析'这种想法很奇怪。"

正如哈夫曼所观察到的，技术让所有人对风险更加警觉，但也使我们变得更加恐慌；技术促使我们将自己与敌人隔绝开来，同时不断加深我们现有的恐惧，而不是鼓励我们去击破恐惧的源头。

因此，不少人也在采取其他方式来缓解当代的末日焦虑。数字医疗初创公司Neurotrack的CEO艾利·卡普兰说："如果我有10亿美元，我不会用来买一个地堡，我会将其重新投入到民间团体和民间创新上。我的观点是，我们要想出更聪明的方法来确保可怕的事情不会发生。"卡普兰认为：即使处于最深的恐惧之中，但只要所有人联合起来就能战胜任何困难。

这个观点体现出一种信心——相信与其准备逃命，我们更应该把时间花在解决方案上。相信，也是一个选择。在这一点上，山姆·奥特曼和他的朋友们展示出了复杂的一面，他们既做好了随时应对末日的准备，又在不停地试图降低末日出现的可能，为此制定目标，投资突破性领域。未来会如何，或许没人能够预测，每个人能做的都是在末日到来前，坚定地向前走。山姆·奥特曼也是这样迎来了他的2016年。

28

目标感与幽默感

为自己的每天、每年、每10年设定明确的目标。

——山姆·奥特曼

2016年，山姆·奥特曼的体重始终保持在120斤，相比其他逐渐发福的超过30岁的中年人，奥特曼依旧有着良好的体态——这让他看起来精神极佳，状态稳定，而且一旦凶猛起来，又能像一只机警的猎豹一样迅速扑向猎物。即便在效率至上的硅谷，奥特曼也是最出挑的那个，他仿佛把一部分焦虑和压力转化成前进的动能，每天极速地在回复邮件和参加不同会议之间穿梭，好像身上时刻绑了个定时炸弹。

有时候，奥特曼会长时间不眨眼地盯着员工，让他们加快速度，直到他们像一窝花栗鼠一样开始密集快速地行动。作为公司的掌舵人，大部分CEO会选择把“哇，这个太棒了！”作为口头禅，但奥特曼很少说这句话，他甚至对很多YC公司的运行细节缺乏兴趣，他感兴趣的永远是它们对世界的潜在影响。为了评估这些影响，他会去研究所有信息，比如城市规划或核聚变。Stripe公司的CEO帕特里克·科里森曾把奥特曼的大脑比作狂欢节上的抓娃娃机，他开玩笑道："虽然看起来奥特曼的脑子在到处游荡，但需要的时候，你会发现它可以扎得非常深。"成功与焦虑就像硬币的双面，始终伴随着奥特曼，也不断激发着他的潜能，帮助他不断实现个人目标。

帮助奥特曼不断实现个人目标的除了成功与焦虑，还有他自身的目标感。奥特曼一直非常高效，每年奥特曼都会列出本年度的详细计划，并且每过几周就回看一遍。这份列表总是包含一个高难度的体能目标——每周进行一次100英里的自行车骑行，50个连续引体向上等——这或许就是他在30岁后依旧能保持120斤体重的秘诀。

在保持身体健康的同时，奥特曼还有一系列工作计划，其中大多数都与YC的发展相关，但有小部分只属于奥特曼个人。在成为YC的总裁后，奥特曼并没有完全停止个人的对外投资计划，其中就包括早先提到的核聚变研究公司Helion，还有与它同一批次的YC第一期毕业公司Reddit，奥特曼在2014年领投了Reddit的B轮融资，总投资金额为5000万美元，其投资者中除了彼得·蒂尔等投资人外，还包括了美国著名说唱歌手Snoop Dogg。

从表面上看，Reddit并不是奥特曼最感兴趣的"硬科技公司"，而是一个内容聚合社区，奥特曼在宣布投资消息后，在个人博客中承认："我可能是最早使用这个网站的十几个人之一，之后9年时间，花费在这里的时间数不胜数。"奥特曼也承认，Reddit在创立之初，看上去只是一个非常无聊、纯粹浪费时间的网站，但在之后的发展中，逐渐成为一个重要的社区——人们可以在里面找到志同道合的人，这些人在现实世界中的比例很低。他认为Reddit的用户最终可能会接近10亿。

值得一提的是，在个人投资Reddit后，奥特曼与Reddit的创始人兼当时的CEO、美籍华人黄易山似乎有过分歧，2014年末，黄易山突然宣布因为与董事会在新办公室的选择上存在分歧而决定辞职，这件事背后到底发生了什么故事，我们不得而知，只能看到奥特曼在Reddit短暂担任了8天的CEO，随后被美籍华裔鲍康如接任。

2016年，因为YC，奥特曼在自己的列表中加入了几个新目标：与合作伙伴建立更好的关系，将业务扩展至中国，将公司规模再扩展两倍。

最有趣的是，列表中还包括一个小提示，他要告诉自己重读《赫芬顿邮报》上一篇关于人们死前最后悔什么的文章。奥特曼解释了为什么想重读这篇文章的原因："我希望这能让自己更开心一点。"

有时候，奥特曼的幽默与怪异行为让常人无法理解，他在2014年开设个人博客并分享自己的观点后，就迎来了很多网友的提问。曾有一名博主问奥特曼："阿斯伯格综合征是怎么帮助或者影响你的？"阿斯伯格综合征是一种泛自闭症，表现为社会互动障碍和局限的兴趣与活动，不过因为牛顿、爱因斯坦等人也被怀疑患有此病，所以阿斯伯格综合征也被称为天才病。奥特曼看到这个留言后的第一反应是非常生气，他的内心在咆哮："我并没有阿斯伯格综合征！"但是事后一想，他理解了为什么会有人这么问他，可能是因为他前不久参加一次线下活动时，坐姿比较奇怪，媒体说当时的他就像一把折叠起来的坏伞，对此奥特曼解释："我对技术的兴趣很窄，对不感兴趣的东西没什么耐心，比如派对和大多数人类。当有人看到一张我参与活动时的照片，然后说'哦，他有这样那样的感觉'，所有这些微妙的情绪，我都感受不到。"

奥特曼的这种能力也保证了他永远拥有清晰的思维和判断，以及迅速掌握一个复杂事物的直觉。但同时，他对低效率的人极端缺乏兴趣——很不幸的是，世界上大部分人都是奥特曼眼里的低效率的人，可能包括你我在内。在这一点上，奥特曼和乔布斯应该能有非常多的共同语言。但奥特曼并不孤傲，他的勤奋也许会令人惶恐，但当你开始进一步接触后，就会觉得这部分也挺讨人喜欢。在接受《纽约客》的采访时，记者发现奥特曼似乎从来都不去洗手间，于是开玩笑地问起这件事，对此奥特曼回答："以后我会多练习去上洗手间，这样你们人类就意识不到我其实是个人工智能了。"

对于常人而言，山姆·奥特曼身上有着许多难以理解的部分，包括他的怪异与时不时的冷幽默，但对于那些同样天赋异禀的YC校友而言，奥特曼反而因为这些怪异，成了所有人的领头羊。在奥特曼的带领下，YC越来越像一所大学。

29

YC 大 学

总的来说，不要开一家你不愿意干上10年的公司。

——山姆·奥特曼

从创立之初，YC每年运行两个为期3个月的项目计划，每个项目计划都将在最后几天迎来一个名为路演日的活动，在路演日当天，所有初创公司将向前来参加活动的数百名顶级投资者展示他们的成果。

经过10年的发展，在2016年时，路演日已经不仅仅是YC公司内部的大事，也成为硅谷甚至全美国投资界的一场盛会。它从第一期只有15名投资人参与的活动，发展成一个超过600名投资人挖掘潜在独角兽公司的聚会。而且最重要的不是投资人的数量，而是这600人几乎囊括了全世界的顶级创业投资机构与投资人。

2016年初，山姆·奥特曼和YC合伙人杰夫·拉尔斯顿在游泳池边打乒乓球，他们即将为YC最新的32个冬季申请批次公司举办一个派对，目的是在路演日来临之前，让所有人放松一下。没错，举办这种派对本身也是奥特曼的工作。路演日对于所有创始人们都非常重要，他们需要在两分半钟的时间里打动投资人——包括600位在现场的投资人，以及2500位通过网络观看路演的投资人。为了准备这一时刻，冬季批次的参与者难免有些焦虑，而奥特曼的任务之一就是让他们调整到最佳状态。

山姆·奥特曼经常用一些奇怪的行为告诉他的学生们，要学会放松，比如打乒乓球就是其中一件事。

因此，当创始人缓步走入泳池派对的现场并环顾四周，奥特曼让他们先看到了自己打乒乓球的场面，之后他放下球拍，仿佛取得胜利一样举起了自己的双臂来欢迎所有人。面对此情此景，创业公司Restocks年仅18岁的创始人卢克·迈尔斯，努力让自己看起来不那么慌张。Restocks是一个给年轻买家提供信息服务的公司，比如买家们能够在Restocks上，比所有人早5分钟知道类似于Supreme的限量T恤和阿迪达斯的Yeezy Boost 350系列鞋款上架的消息。此前，迈尔斯在YC奖学金计划中表现出色，于是进入了2016年YC冬季批次，迈尔斯对此感到非常兴奋，他说："奖学金计划的2万美元已经足够让我向父母证明，我选择辍学并不是在荒废生命了。"

对于许多创业者来说，YC 3个月周期的项目计划，才是他们心目中真正的大学校园该有的样子。YC合伙人迈克尔·塞贝尔曾经参与过两次项目计划，他说："保罗·格雷厄姆过去常常在每批项目开始时告诉每个人：'这里的一些人会出现在你的婚礼上。'对300个陌生人说这样的话是件很怪异的事情。但确实几乎我所有的伴郎都来自YC。这让你想起了什么？大学。"

YC的创业者在每个隔周的周二到办公室参与集体讨论，还可以在需要的时候与指派的合伙人单独见面，这些合伙人可以被视作创业者的“大学导师”，他会一起工作、讨论并且解决各自的问题，然后一起到餐厅的长桌上吃意大利面，听取YC邀请来的各位老师，比如玛丽·莎梅耶尔和马克·扎克伯格这些成功人士的教诲。最后，他们在路演日完成自己的项目答辩，能否融到资金，决定了他们那个学期的最终成绩，是优秀、及格，还是最终“挂科”。

YC的创业课程故意设计得极度简洁，YC合伙人凯文·黑尔说：“我们对创业公司的要求非常简单，但要做到也很难。第一点是“做人们想要的东西”，这也是YC最重要的口号，保罗·格雷厄姆的口头禅，这句口号被印在了给创业者的灰色T恤上；第二点是“你需要做的只有一件事：和你的客户交流，然后打造产品”。这样的准则，塑造出一种学院式的单纯感。

YC大学般的氛围，最初由保罗·格雷厄姆塑造，奥特曼只是一个继承者。值得一提的是，YC一直很擅长识别并且阻挡坏学生加入他们。格雷厄姆曾经对记者说：“我们很擅长将混蛋们筛选出去，事实上，比起筛选出失败者，我们更擅长筛选混蛋。因为所有人都是从失败者开始的，而有的会逐渐进化。”YC还认为巨大的财富只是解决一个紧急问题的副产品，这种野心和利他主义的互相交织，也是硅谷标志性的自我形象。格雷厄姆在一篇博客文章《坏人会失败》中也写到了这一点，他说：“如果你不是亚马逊的创始人杰夫·贝佐斯，或者甲骨文创始人劳伦斯·埃里森，那么讨人厌不仅会让你变得愚蠢，还会导致优秀的人拒绝为你工作。因此，在创业公司，那些带有改善世界渴望的人有着天然的优势。”

格雷厄姆认为一位创业者的首要目标应该是做到“拉面盈利”：节俭开支，然后挣的钱正好够晚餐吃一碗拉面。YC的联合创始人、格雷厄姆的妻子杰西卡也赞同这一点，她说："最好不要给这些创业者超过他们生存所需的东西，资源精简迫使你专注。如果一个基金给我们3亿美元，让我们投向创业者，我们是不会接受的。"这种逻辑达到极端就是，你连YC的钱都不应该拿，而且许多成功的创业公司确实没有。在美国商业杂志*Inc*颁布的一个榜单里，增长最快的500家私人公司中，只有20%拿了外部融资。

奥特曼继承了格雷厄姆与杰西卡的这个观点，他们都认为，对于真正有潜力的公司，尤其是商业化项目，资金永远都不会是问题，因为造血能力很快就能让他们的项目自负盈亏。加入YC，更多时候是为了YC的"背书"，它能帮助好的项目迅速成长，这比单纯的一笔投资更有价值。所以，YC孵化器的"背书"意味着什么？对于初创公司来说有什么帮助？

30

3个月，6倍估值

如何获得成功？我认为有以下几个要点：首先，选择正确的事情，这很关键但通常被忽略；其次是专注，并且相信自己，尤其当别人告诉你这行不通时；再次是与能帮助你的人建立人际关系，学习识别有才能的人；最后，你需要努力工作。

——山姆·奥特曼

YC孵化器的“背书”，对于初创公司而言意味着什么？山姆·奥特曼和保罗·格雷厄姆从未直接回答这个问题，因为他们根本不必回答，答案在每次夏季或者冬季项目的路演日会自动出现。

几乎所有的YC创业公司在进入YC时，拿到的都是同样的资金，这也意味着它们拥有同样的估值：170万美元。然而，在路演日之后，它们的中位数估值变成了1000万美元。为什么短短3个月内这些公司的估值会翻了近6倍？一个理论是，最好的创业者会申请最好的孵化器，而YC很擅长选出那些无论如何都会成功的创业者。负责过去几批项目的YC合伙人保罗·布赫海特说："最重要的就是创始人了。Facebook有马克·扎克伯格，而MySpace只有一群猴子。"保罗·布赫海特曾经在英特尔工作，后来成为谷歌的第23名雇员，他是Gmail的创建者和首席开发人员，2000年，他在一次会议上提出了后来被谷歌视为座右铭的"Don't be evil（不作恶）"。

YC之所以能赋予初创公司估值翻倍的魔力，是因为他们教会了创始人如何在路演日讲好故事，从而让他们的项目更有吸引力。一直很钦佩YC的风险投资家克里斯·迪克森说："这些创业者们得到了很好的训练，他们知道该如何投我们所好，从展示业务专长到讲述关于他们背景的，能显出他们毅力和勇气的故事。"

在2016年的冬季批次，所有的演讲都遵从了一个不变的描述方法：将自己和一家有名的独角兽公司联系起来，例如"我们是保姆行业的Uber……非洲的Tinder……医疗行业的宝洁"，如果找不到合适的类比，创始人可以说"这个产品不行了。未来新产品的出现会替代旧产品。而我们就正在做这个新产品"，然后用各类圈内流行语来进一步修饰，"我们将撬动技术，以一种完全自动化的方式来实现个性化"，实际上这句话背后的产品是一款针对个人的洗发水。有人曾经表示YC教会了它的创始人如何包装，而不是真正做好项目，格雷厄姆并没有否认这一点，他认为包装也是做好项目的一个环节，他说："我们的帮助让糟糕的创业者和优秀的创业者看起来一样。"

实际上，讲好故事只是山姆·奥特曼教会创始人的一个小技巧，真正让这些公司估值翻倍的原因，是YC告诉这些公司"增长高于一切"。这些公司不再会因为和媒体打交道、参加各种会议或者对代码进行无关紧要的修补而分心。YC对于初创公司收入的黄金标准是，每周增长10%，即一年增长142倍。如果做不到，那就讲一个其他指标增长的故事。比如在2016年冬季批次的路演日，有一家公司的创始人宣布，他们有“50%的口碑增长”，台下鸦雀无声，显然没人能够在第一时间反应过来，所谓口碑增长到底是指什么。

除了口碑增长，YC还帮助创始人挖掘了其他增长名词。安全公司Castle的联合创始人塞巴斯蒂安·沃林说：“我募集到了180万美元资金，因为我们成功地找到了显示增长的方式。我们尝试跟踪了产品的安装情况，数据看起来不好。所以我们用的是被保护账户的数量，这个数据在YC孵化期间有了大约30%的增长，而其中40%的账户都是YC自己的公司。这就像一个完美的童话故事。”

最后这句话是什么意思呢？它与YC的发展体系有关。

真相是，长时间的快速发展是很少见的，因为这需要通过不停创新来维持，那种不受控制的快速发展最终可能更像是肿瘤。2015年，在Reddit的一系列危机之后，奥特曼在董事会上说服了联合创始人史蒂夫·霍夫曼，让他重新担任Reddit的首席执行官。霍夫曼说道：“我就任后立即跟奥特曼说，不要跟我扯增长率的事，我不能控制它。每个像Facebook、Airbnb这样伟大的初创公司，一开始它们自己都不知道它们为什么增长那么快，它们需要在增长停滞之前弄清楚这个答案。但很多时候，快速增长掩盖了所有问题。”

也许，关于YC最决定性的理论是，关系网的强大程度比任何其他理论都重要。这才是YC帮助创业者实现估值提升的最大秘诀。YC毕业的校友们认为，YC就像一种集团式的企业，一系列紧密联系的公司互相成就彼此。求职公司Triplebyte的联合创始人哈吉特·塔格加说道：“YC有他自己的一套经济体系，每年春天，创始人来到YC总部，就是为了社交。”当山姆·奥特曼一开始找到凯尔·沃格特时，沃格特已经有过一家YC公司了，所以他对YC的孵化课程非常熟悉。沃格特曾经和五个入选YC一次以上的朋友们聊过一个问题：第二次参加YC的项目计划还有意义吗？所有人都给出肯定的答案，沃格特说："你会因为YC的品牌收获更高的估值，并在YC的关系网中获得更多好处。"

Union Square Ventures的管理合伙人安迪·魏斯曼认为："大家对YC这种孵化模式也有批评的声音：在路演日的时候，他们的用户基本都是YC系的公司，这就解释了为什么他们都增长得如此之快。但是，有1000多家公司都愿意使用你的产品，这也是件好事啊！"与其说YC的公司可以让Airbnb和Stripe去使用它们的产品，不如说这个网络的校友们已经遍布了硅谷，并且是硅谷里最大的那些公司之一。YC过去收购的121家创业公司中，有很多都是被Facebook、苹果和谷歌兼并了。

很多时候，山姆·奥特曼成了最警惕这种模式的人，他担心这种校友网络产生的权力不平等会成为一个问题。2016年2月，奥特曼给最近毕业的几批创业者发了一封邮件，警告其中一些人已经有点骄傲和自以为是了。一次聚会上，奥特曼和格雷厄姆提及了自己的担忧："如果这些公司仅仅因为是YC公司就能活着，那么这对公司和硅谷来说都是坏消息。烂公司迅速消亡对每个人都更好。"格雷厄姆赞同奥特曼的看法，YC校友公司网络带来的便利是把双刃剑，他们需要更加谨慎地思考这件事，鼓励所有公司走出去，和非YC校友公司合作，而不是将自己禁锢在小圈子内。

当所有人为YC校友网络带来的快速增长感到欢欣鼓舞时，奥特曼却发出警告。大部分时候，山姆·奥特曼都是这样的形象：一个无所畏惧的独行者。无论是在YC还是硅谷，又或者放眼全美国的投资界、科技界，奥特曼的想法总是出人意料，但却一直走在时代进步的方向上。奥特曼倡导的另一件事不仅佐证了他的先见之明，还体现了他开放包容的态度。

31

鼓励女性创业者出现

我们希望资助更多的女性，因为这是正确的事。

——山姆·奥特曼

在创业生态一直以男性创始人占据主导地位的硅谷，山姆·奥特曼是稀有的、鼓励出现更多女性创始人的人。

了解硅谷的这段历史后，我们知道硅谷起源于20世纪50年代半导体技术的发展，在当时的社会结构中，男性仍旧占主导地位，尤其在理工科的半导体和工业技术领域。因此，硅谷形成之初男女比例极度不协调，无论是早期的硬件公司、投资圈，又或者后来的科技行业，女性创业者和公司高管的比例始终低于男性。

但是，随着时代变化，女性在职场与各个领域中展示出她们的优势，诸如女性内衣品牌Spanx的莎拉·布莱克利，约会应用公司Bumble的惠特尼·沃尔夫赫德，基因创业公司23 and Me的安妮·沃西基，时尚租赁公司Rent the Runway的詹妮弗·海曼，生物识别筛查公司Clear的卡琳·塞德曼·贝克尔，以及医疗洗涤用品制造商FiGS的希瑟·哈森和崔娜·斯皮尔，她们都越过了某道隐形的门槛，以女性创始人和CEO的身份管理她们的公司，并在这一过程中成为亿万富翁。这也是山姆·奥特曼呼吁更多女性加入创业大军的原因。

在一篇博文里，奥特曼鼓励更多女性创始人加入YC，这篇博客的标题就叫作"到目前为止，我从女性创始人那里学到了什么"，奥特曼在YC的初创项目中总结了经验，从之前所有的申请项目和反馈请求里，他发现了两个与女性创业者有关的问题：第一点是，那些已经开始创业的女性对加入YC孵化器不感兴趣；第二点是，一些可能成为伟大创始人的女性并没有开始创办公司。

奥特曼在这篇博文里说出了很多自己的私人感受：

> 我意识到，作为一个男人，去谈论女性创业者的处境会有点荒谬，但我非常希望能够尽我所能提供一些帮助，因为风险投资领域对女性创业者来说，绝对是不公平的。我们团队中的女性合伙人和创始人也都非常关心这件事，并且可以比我做得更多，直到解决这些问题。
>
> 对于"已经开始创业的女性对加入YC孵化器不感兴趣"这一点，我们希望传递出最一致的信息：向所有人明确表示我们关心这个问题，并且希望资助更多的女性创始人。所以我现在要大声说出来：我们希望资助更多的女性。我们以后会在所有对外的活动宣传中继续强调这一点。
>
> 我们希望资助更多的女性，因为这是正确的事，而不仅仅是为了团队多元化而这样做。我们希望资助更多的女性，因为我们

很贪心，我们想资助最成功的创业公司，其中很多都将由女性创立。当然，除了女性，许多成功的公司也将由不同种族、不同宗教，来自不同国家的异性恋、同性恋，20多岁或50多岁的人创立。

所有这些标签，都切切实实来自YC过去不同批次中的创业者，我自己就是其中之一。不仅如此，YC的很多合作伙伴也拥有这些标签。同样，我们这样做不是为了体现我们多元化的文化氛围，而仅仅只是因为我们想要找到最优秀的人才，无论他们是什么样的人。在当前的YC批次中，我们资助的公司里，有24%的公司拥有一个或多个女性创始人，并且很多创始人都有潜力成为佼佼者。我们希望随着YC女性校友人数的不断增加，更多的女性会觉得YC是一个支持和尊重她们的地方。

我们想传递的另一个信息是，我们应该更努力让女性感到舒服、受欢迎。过去一段时间我们收到了许多电子邮件，它们指出，YC官方网站展示的创始人几乎都是男性，我们会解决这个问题。我们还将继续与我们最成功的女性创业者合作，谈论她们的经验并指导可能成为未来创始人的女性，我们将继续邀请更多女性来参加YC晚宴。我们收到的另一个非常普遍的建议是，很多人希望YC项目计划的面试官中应该有女性，我们已经对此做出改变，不仅会在面试中增加女性面试官的比例，而且会招募更多的女性合伙人，当然我们会确保这些女性合伙人也是非常厉害的人。

几乎所有给我发邮件的女性都建议，我们要对女性和男性保持完全相同的标准，我同意这一点，但也有人指出女性和男性在很多方面的表现并不相同，例如，男性和女性表达自信的方式不同——我们应该确保我们的标准能够适应这些不同。

最近有一个传言，说我们正在寻找看起来像马克·扎克伯格的创业者。实际上，这个传言最初是一个自嘲的内部笑话。我们曾经投资过一个长得很像扎克伯格的人，但投资的结果很糟糕，因此，当保罗·格雷厄姆在接受采访时被问到对方是怎么骗他并拿到投资的时候，格雷厄姆说："显然是他的长相。"我知道格雷厄姆的真正意思是，长得像扎克伯格没有任何意义——你可以长得非常像他，但仍然会创业失败。所以我认为对于这个传言更准确的说法是，我们始终在寻找具有和马克·扎克伯格同样品质的创始人，无论男女。

对于"一些可能成为伟大创始人的女性并没有开始创办公司"这一点，我认为我们可以做很多事情，比如更早地接触年轻女性，并帮助她们更早地了解到有关创业和编程的知识。许多女性指出，想要成为一名创业者，你不必先成为一名程序员。这绝对是真理！但我认为，你至少应该将学习编程，或者其他技术活作为潜在的个人选择，因为你的公司或者项目在早期阶段很可能需要你懂一点这些方面的知识。

随着我们举办更多的活动，我们将继续接触女性。我们的外联总监凯特、联合创始人杰西卡和我都将继续推动这件事。我们正在考虑在今年晚些时候举办一次极客马拉松，邀请更多的女性参加这个活动。

我们还将联合我们的一些成功的女性创始人策划更多的活动。我相信我们已经资助了至少一位女性创始人或首席执行官，她将创造一家价值数十亿美元的公司。她和其他人都是杰出的榜样。

还有很多工作要做，但我们正在努力。我听到了很多人对女性创始人大会等活动的支持，并相信它们可以帮助改变这个行业。

> 如果YC继续资助更多的女性，许多人相信风投公司也会效仿。希望他们相信的事情是对的，YC真的能在这个行业内起到一点带头作用，其他投资者能加入我们。

山姆·奥特曼鼓励更多女性创业者出现，因为在硅谷，女性创业者无论从数量、比例，又或者话语权方面，一直以来都是弱势者。而追溯这一问题的历史根源，会涉及硅谷的诞生过程，也就是以男性为主导地位的美国创业生态的形成。为了积极改变美国社会的生态，除了鼓励女性创业，奥特曼认为他必须为其政治立场发声。

32

反特朗普立场

我想了解特朗普的选民们喜欢或者不喜欢总统的哪些方面，他们在担心什么，他们对民主党的反应有什么看法，最重要的是，我想知道，在未来应该怎么说服他们不给特朗普投票。

——山姆·奥特曼

除了鼓励女性创业，YC时期的山姆·奥特曼还少见地表现出了自己的政治立场，当然奥特曼的这一行为在当时的美国环境下并非个例。由于唐纳德·特朗普的出现，2016年的美国大选变成了一个没有硝烟的惨烈战场，无论左右、男女、老少，无论肤色、民族、性取向，无论是普通人，还是科技界、投资界的大佬，所有人都被卷入其中。

奥特曼第一次公开发出反对特朗普的声音，是在一场YC内部的聚会上。2016年5月，30位硅谷的顶级企业家聚集在旧金山餐厅Berlinetta Lounge的一个私人包间里，YC第一任“教父”保罗·格雷厄姆穿着帽衫和黑色牛仔裤，正在其中一个角落兴致勃勃地畅聊着几个难以实现的想法，另一个角落的山姆·奥特曼则在安静倾听创业者的声音。每当有创业者过来找他聊天的时候，他就会用自己绿色的眼睛盯着他们，听着他们关于某个公司想法的讨论，然后干脆地回应说：“大家在这件事上搞错了……”直到房间里的话题逐渐转向美国大选，格雷厄姆开始在桌上讨论如何才能阻止特朗普成为总统，有人提出求助一个外援专家：克里斯·勒哈尼——他是前白宫律师，如今就职于YC的校友公司Airbnb。只有奥特曼直截了当地提出了自己的想法，他说：“目前看起来最好的方法就是去支持特朗普的对手：希拉里·克林顿。”

一个多月后，奥特曼在自己的个人博客上发布了一篇文章，标题就叫《特朗普》，在文章里他公开了自己反对特朗普的观点。在这篇文章里，奥特曼说：

> 我要说一句在我的世界里非常不受欢迎的话：特朗普在一些重要问题上是正确的。他说美国许多人被体制钻了空子是正确的，经济增长速度远远不够是正确的，政治正确使我们窒息也是正确的，甚至自由贸易不是最好的政策可能也是正确的。特朗普的支持者并不傻。
>
> 但特朗普在比这些更重要的事情上错了，那就是：如何解决这些问题。他的许多提议都是错误的，以至于很难回应。然而，更危险的是他错误的方式——他不仅不负责任，而且还是个独裁者。特朗普不经意间表现出的那些特征——种族主义、厌女和阴谋论，对一位总统候选人而言，是前所未有的。
>
> 特朗普说，一位墨西哥裔的法官因为他的血统而对自己不公，

他还说我们应该禁止穆斯林进入这个国家。当他的支持者殴打一名无家可归的西班牙裔男子，并在社交平台上@了特朗普时，他称他们的行为“非常热情”，特朗普还指责奥巴马应该对奥兰多发生的枪击事件负责。

对于熟悉20世纪30年代德国历史的任何人来说，特朗普的行为令人不寒而栗。虽然我从理智上知道，在经济困难时期人们的排外情绪很容易被激起，但这一切就发生在我们面前，这仍然让我非常震惊。有时候很难说清楚煽动者的话里，有多少是算计，有多少是真正的信念。但特朗普似乎真的相信他所说的大部分内容，这才是最可怕的。无论如何，当特朗普说出这些话时，就向其他人发出了追随他的信号。

煽动仇恨会导致可怕的后果，希特勒教会我们一个道理：再大的谎言，只要经常重复，人们最终就可能相信它。特朗普将他的弥天大谎隐藏在众目睽睽之下，他一直在宣称，通过保护我们免受外来者的威胁，他将使美国再次伟大。但他没有用来恢复经济增长的真正计划，这才是我们实际上需要的。没有这些计划，我们将处于零和博弈，并面临持续的内部斗争。没有这些计划，我们将失去世界上最强大国家的地位。

特朗普通过排外情绪分散了我们的注意力，希望我们不会注意到他对内部没有计划。他未能提出一项严肃的计划，对我们迫切需要的研究和技术进行重大投资。相反，他试图用未知恐惧来分散我们的注意力。

我写这篇文章冒了一些风险，因为我过去支持过一些共和党人。如果我这样做最终伤害了YC孵化器，我会感到难过。我理解为什么技术行业的其他人不愿意就此发表明确的观点。通常在美

> 国大选中，商界人士都会保持中立态度，这是合理的。但这不是一次普通的选举。
>
> 用英国政治家和哲学家埃德蒙·伯克的话来说，“只有善良的人不做任何事情时，邪恶才能得逞”。这将是我们所有人——甚至是共和党人，尤其是之前支持特朗普的共和党政客——开始大声疾呼的好时机。

奥特曼在明确反对特朗普的立场后，发布了一个叫VotePlz的无党派项目，希望通过这个项目帮助年轻人更好地投出选票。奥特曼将选举视为技术问题，他的脑子在思考这件事时，先是预设一个问题——怎样用最少的代码获取最多的回报？然后是解决问题，奥特曼和另外3个年轻人为美国“摇摆州”的年轻人提供注册表格和邮票，来帮助他们快速投票，甚至在选举日当天，VotePlz这款应用程序还可以直接呼叫一辆Uber载你去附近的站点投票。

2016年大选结束后，在Twitter的一个帖子中，奥特曼说：“我反对特朗普的原因是他所代表的原则对美国构成了令人无法接受的威胁。同时我认为他反复无常，情绪不稳定，容易暴怒，我认为他不适合担任总统。”因此，尽管与一些好朋友，比如特朗普的支持者、PayPal创始人彼得·蒂尔的观点不同，奥特曼还是把票投给了特朗普的对手希拉里。

2017年初，山姆·奥特曼决定与美国各地的100名特朗普支持者交谈，了解他们喜欢和不喜欢特朗普的地方，他还想通过这件事知道“什么能说服他们将来不再投票给他”。这也符合了山姆·奥特曼的创业座右铭，“做人们想要的东西”，一切都将从用户数据和需求来看。在采访的过程中，几乎每个人都愿意与奥特曼交谈，但没人愿意透露自己的名字，因为他们担心如果有人知道他们投票给特朗普，就会被“硅谷的一些人”针对。为此，奥特曼主动选择与在硅谷交谈的一些对象签署保密协议，尽管他并不支持特朗普，但奥特曼认为他仍有义务保护其他支持者的观点被公平对待。从某种角度说，这个男人逐渐站上了理性与感性的奇妙平衡点。

然而，如果要聊到山姆·奥特曼完全感性的时刻，就得提到两个人——山姆·奥特曼的两个弟弟，另外两位奥特曼。

33

兄弟之间

你现在想和我玩国际象棋快棋吗?

——山姆·奥特曼

工作内外，山姆·奥特曼偶尔流露出感性的一面，包括对女性创业者的称赞与支持，以及突然站队的反特朗普观点，都在一定程度上使他褪去“青年教父”的光环，让奥特曼更像一位有血有肉有情绪的平凡人，而非人工智能。

但是，这些时候的山姆·奥特曼仍然是那个让理性主导自己的天才，无论是在分析为什么要鼓励更多女性创业者，还是在论述反对“特朗普”的原因时，奥特曼都能出色地运用他的逻辑分析能力，就像在说服投资人为什么一个刚诞生3个月的创业项目未来能成为年收入过10亿的独角兽时一样，给出了充分的理由。

唯有在家人面前，山姆·奥特曼才会记得放下工作时的自己，找回一些感性时刻，褪去那些戴在头上的光环，变得更加柔软。

前文介绍过奥特曼的家庭，在出生后不久，奥特曼随家人一同搬离了芝加哥，很快有了两个弟弟，分别叫马克斯·奥特曼和杰克·奥特曼。也许是奥特曼这个名字带来的运气，也许是基因使然，山姆·奥特曼的两个弟弟在读书这件事上，不比哥哥差，两人也都顺利进入美国两所最顶尖的学府。与山姆·奥特曼不同的是，他的两个弟弟没有选择辍学，而是都顺利毕业了。老二马克斯·奥特曼就读于杜克大学计算机专业，老三杰克·奥特曼就读于普林斯顿大学经济学专业。

多年来，山姆·奥特曼和两个弟弟一直保持着紧密关系，在卖掉Loopt后，山姆·奥特曼成立了风险投资基金Hydrazine Capital，其中两个合伙人之一就是老三杰克·奥特曼。在两个弟弟眼中，山姆·奥特曼始终是一个好大哥，几人总是会抽空坐在一起聊各种事情，可能是工作相关，也可能只是新闻八卦，对于三兄弟而言，聊任何事情都不会是浪费时间，而是在延续他们儿时的亲密关系。

在山姆·奥特曼表明反对特朗普的态度后，马克斯和杰克一起取笑大哥，建议他35岁时应该参加2020年的总统竞选。比山姆小3岁的马克斯更是说："山姆，我看了你的博客，你对国家发展的分析很对，如果你上台，谁会比你做得更好呢？"对兄弟间的玩笑，山姆·奥特曼毫无脾气，只是试图轻描淡写换个话题，但比山姆小4岁的杰克不愿意放过他，接着老二的话题继续说："这不仅仅是兄弟之间的玩笑。我确实认为需要一个好的总统候选人来代表整个科技行业。"

山姆听完这个中肯的建议后选择否定自己："你们说得没错。派一个同性恋的犹太人去竞选总统吧！那肯定行！"杰克和马克斯哈哈大笑，随后杰克的目光转向书架上一个叫Samurai（武士）的桌面游戏，这个游戏唤醒了回忆，他感慨道："我们还是小孩子的时候，山姆会赢得每一场Samurai游戏，因为他总是宣称自己是Samurai的领袖，并且大喊：'我必须赢，我要主宰一切。'"山姆·奥特曼为了让弟弟闭嘴，反击道："你现在想和我玩国际象棋快棋吗？"国际象棋是山姆·奥特曼的强项，他经常杀得弟弟们丢盔弃甲。

2014年，当山姆·奥特曼成为YC的总裁后，两个弟弟们的事业也逐渐和YC有了更多的交集。老二马克斯在YC孵化的云服务公司Zenefits工作；老三杰克辞去了电子商务平台Teespring副总裁的职位，联合创立了绩效管理公司Lattice，这家公司在2016年刚刚从YC毕业，有发展成独角兽的趋势。同时，三兄弟也借着这个机会搬到了一起住。

山姆·奥特曼专门雇了一位设计师将其灰色的宜家沙发升级为了灰色的避暑别墅沙发，还挂了一些装帧精美、从外太空拍摄的照片。除此之外，房子仍然维持着一种高档学生公寓的感觉。奥特曼母亲到山景城看他们时说："山姆喜欢让弟弟们待在自己的身边，因为他们知道什么时候需要给山姆一些建议，尤其是表达反对的声音，并且理解他的情绪。这件事只有依靠兄弟间那种纯粹的血缘与情感才能做到。当然，我看得出他们之间还是有一些微妙的权力关系的，有时候会吵架，如果我知道了，就会想办法让争吵在爆发之前结束。"

2016年3月发生的一件事，印证了奥特曼母亲的说法。当时，山姆·奥特曼写了一篇博文，宣布自己投资了一家叫Asana的企业管理服务公司，他领投了500万美元的C轮融资。山姆·奥特曼写道："为了团结你的员工，拥有明确的任务和目标很关键，这样你可以反复就目标和大家沟通，并进行频繁的考核，而Asana是在这一领域中做得最好的，能够给你的公司提供非常大的帮助。"当老三杰克阅读这篇文章后，他立即给大哥发短信说："Lattice才是这一领域中做得最好的公司。而且你在夸Asana产品功能的时候引用的是我对Lattice的介绍。”

当山姆·奥特曼看到这条短信时，才意识到问题，他回电话给老三，问道:“杰克，你在生我的气吗？那篇博文我写得很匆忙，那其实是Asana的广告稿，他们让我写的，我之前听了太多你的演讲，所以下意识吸收了一些内容……”山姆·奥特曼向杰克道歉并且想办法弥补这件事，他解释自己并没有察觉到这里面的利益冲突，他将Asana作为一个待办事项列表，也就是to-do-list来使用，而Lattice暂时没有这项功能。杰克很快原谅了自己的大哥，他知道山姆不是有意的——那只是山姆·奥特曼在以“每分钟一百万英里”的速度前进时，偶尔会犯下的错误。

但是原谅并不代表着杰克彻底放下这件事，他还是会在山姆·奥特曼给他们做晚餐的时候，找机会向朋友们“讽刺”他大哥:“今年冬天在YC，当山姆要过来讲话的时候，每个人都会看着我，因为他们想知道山姆长啥样。所有不认识山姆的人都下意识把他当作某个明星，比如碧昂丝，但他的登场总是太普通了。”老二马克斯继续“补刀”道:“公平地讲，山姆现在过的生活和普通人差不多，他应该更荒唐一些，符合富豪的身份，比如开一辆迈凯伦出门，没事就去不同的米其林餐厅吃饭……”老三杰克再一次接过这个话题，总结道:“他还应该驾驶飞机飞在全加州上空，或者购买几万美元的化石。”被弟弟们冠以各项罪名的山姆假装没有听见这些话，专注喝完面前的一碗汤。

这样的玩笑总是能够适时弥合三兄弟间的关系，也让山姆·奥特曼感到放松。尽管山姆·奥特曼享受管理YC的过程，但有时侯他也会想，在职业生涯迅速崛起的过程中，他是否落下了一些东西。当他以Loopt创始人的角色在YC孵化器生活工作了一个暑期之后，他开始无法忍受曾赖以度日的方便面，以及星巴克的冰淇淋咖啡，而现在他重新找回了渴望，想要再次尝试那些不太健康的食物的味道。

同样在2016年年初，山姆·奥特曼和曾经的伴侣、Loopt联合创始人尼克·西沃在YC重逢，他看着尼克带着一个新项目回到YC，这也勾起了他少年时期就沉淀在心底的一些纯粹的感情。奥特曼在接受《纽约客》记者的采访时，少见地表露心声，他说："当我跟尼克一起聊天时，我仍然觉得尼克给我的感觉就停在18岁，我相信他也是这么想我的。"尼克·西沃后来回应说："我其实不明白你是什么意思。"

无论奥特曼如何回忆过去，事实都是，18岁的山姆·奥特曼已经永远消失了，而30岁的山姆·奥特曼正在迈向未来。2016年，他在YC孵化器的工作终于开始遇到困难。

34

快速扩张的缺陷

请记住，与被竞争对手压垮相比，你的公司更有可能因为执行不力而死去。

——山姆·奥特曼

山姆·奥特曼在2016年时的多愁善感，可能也与YC的发展阶段有关。在他接手YC两年以后，受益于一系列举措和新计划，YC很快成为一个庞然大物，与此同时，外界与YC内部关于扩张过快的担忧从未停止过。其中最重要的一个担忧就是，这种无限扩张的模式无法持续，很快就会遇到瓶颈。

云存储公司Dropbox的联合创始人德鲁·休斯顿认为，天才创始人的数量并不是无限的，他说："某种程度上，等到了第10001号公司，你会发现，你只是在接受一个你本应该拒绝掉的项目罢了。因为那时候已经没有什么空间给好项目，也没有真正的天才了。"投资人马克·安德里森也提到了自己的顾虑:“争论在于，YC是否已经将自己的扩张网络延伸到了一个临界点？目前看，天才和疯子被混合在了一起。”

2016年时，山姆·奥特曼罕见地承认了YC在发展中已经遇到了瓶颈，YC自身能够触及的优质初创公司越来越少了。但奥特曼的做法和外界想象的完全不同，他的第一反应不是降速，停止扩张，而是在更广泛的领域内继续寻找更多优质的创业者和初创项目，继续加速扩张。2016年9月，奥特曼宣布将在2017年结束YC奖学金计划，推出MOOC大规模在线开放课程作为替代，这意味着奖学金计划将转变为创业学校项目，一个为所有想要加入YC的早期团队提供免费、线上的10周课程的地方——所有创业者将不再能拿到任何资金，但他们可以学到和YC每年两个批次入选公司相同的东西。

山姆·奥特曼将亲自参与这个项目，他相信这是能够在一年时间内最快速、最简单地把成千上万个创业者带入YC所编织的校友网络中的方法。奥特曼对媒体说:“如果我们扩大规模，并且将优质的创业公司的数量提升10倍，尽管我们并不拥有这些公司的股权，但这件事一定是对YC有益的，虽然我还不知道具体的好处是什么。”与此同时，YC和奥特曼在2016年的夏季批次，一共筛选出超过170家公司，这远远超过了2016年冬季批次的数量，奥特曼还调高了每个周期内的活动频次，把每周一晚的大咖活动分享增加到两晚。

奥特曼的字典里似乎从来就没有“慢下来”这个选项，为了应对因为扩张太快而榨干业态的风险，奥特曼做出了加快扩张的决定，他计划在2017年进军中国，并将“YC印度”纳入计划中。奥特曼在一次内部会议上，对YC的投资人说:“总有一天，YC会比我接手时还要大上百倍甚至更多，我认为没有人能阻止我们这么做。”这句话显示了他对继续快速扩张、击败所有潜在竞争对手的自信——YC帝国已经成型。

当然，奥特曼的野心也让一些人开始怀念过去，尤其是保罗·格雷厄姆时期的YC，当时的YC像一个家庭，而不是军校。一位YC的忠实拥趸在匿名接受采访时批评了奥特曼，他说："山姆·奥特曼把荣耀看得太重，他将他的个人品牌放在了YC的前面。在保罗·格雷厄姆的管理下，我们有家一样的感觉，但现在我们变得机构化，彼此疏远。山姆·奥特曼总是在往高处看，但作为一个组织的领导者，他应该向下看。"

奥特曼看到这条批评后，回应道："我确实应该在管理上做得更好——这正是我在Loopt时最大的缺点，而且我仍然对此有一些习得性无助。我不喜欢每周的一对一时间，或者那种类似'咱们聊聊你的职业生涯发展吧'的谈话。但我觉得只要大决定的方向是正确的，管理中有一些小的混乱还算能接受。毕竟大的决策才是决定我们回报率的东西。"奥特曼话语里提及的习得性无助是一个心理学词汇，指因为反复失败，认为自己的行为无法改变结果，于是就放弃努力了。

奥特曼将部分个人野心浇灌在YC这棵已长成的参天大树上，试图收获更多的果实。在奥特曼的要求下，YC开始尝试建立未来的实验性城市，这个城市不是虚无的，而是能够落地在美国或者国外的。他们围绕科技对这座城市做最优化的设计，比如，只允许无人驾驶汽车在道路上通行。奥特曼希望将这座城市规划为一所未来的大学城——10万英亩的土地，5到10万人的居民数量，众筹的基础设施，奥特曼希望建立一些新的概念，比如"不允许人们从房地产上赚钱"。奥特曼的这个设想看着虚无缥缈，但所有人都知道他是认真的，因为他已经开始找寻潜在的合适建立城市的地点了。

这个城市如果建成，将成为一个典范，一个建立在人工智能基础之上的21世纪的雅典，一个为精英服务的带着围栏的社区，一个隔绝外界混乱的堡垒。对奥特曼来说，探知未来的最佳方案，就是着手创造一个未来。奥特曼会选择怎么做?

35

思考与行动

我们每个人都应该像背负了全世界的命运一样去行动，我们必须为未来而活，而不是为当下的舒适或者成功而活。

——山姆·奥特曼

对于山姆·奥特曼来说，行动带来反思——如果他无法着手去创造未来，就无法在这个过程中不断修正、进步。因此，行动只是最基础的第一步，反思则是促成技术不断突破的关键步骤。

在一次去纽约的旅行中，奥特曼思考了这样一个问题：技术如何改变我们的观点与情感？奥特曼说："当'深蓝'在1997年击败加里·基莫维奇·卡斯帕罗夫时，为什么大家都不关心那件事，甚至很多人都不知道国际象棋的规则？但现在我对我们输给DeepMind公司的'AlphaGo'这个事实感到很伤心。我是人类的一员，我没有一个很好的原因来解释为什么我很难过，除了我感觉到人类比机器更擅长的事又少了一些。可能悲喜交加比伤心更能够准确地形容我的感受。”

2016年，AlphaGo在五局对决中击败拿过18次围棋世界冠军的韩国棋手李世石，这是计算机围棋程序首次无让分击败顶尖职业棋手。而奥特曼提到的另一个人，加里·基莫维奇·卡斯帕罗夫，是曾经23次获得世界排名第一的国际象棋冠军。棋王加里在1997年输给IBM开发的超级电脑“深蓝”，他在输掉比赛后表示：“我要声明，我的失败与科技无关，因为电脑的表现完全没有机械的惯性，我不相信有这样优越的电脑。”

直到现在，硅谷里的许多技术狂人或者富豪都痴迷于“模拟假说”，这个观点认为，我们的现实世界实际上是由一台计算机模拟出来的。这个观点在1999年的好莱坞电影《异次元骇客》里有着完美的体现，《异次元骇客》里，数据世界之外，永远套着另一个数据世界，主人公即便跳出了数据世界，也永远无法辨别新世界的真伪。很多人相信这部电影所搭建的世界观，硅谷中就有不止一个亿万富翁，正在秘密接触全世界最顶尖的科学家，资助他们研究如何将人类从这种计算机数据模拟的世界中解放出来。

但对于奥特曼来讲，危险从来都不来自人类可能的造物主，而来自我们自己。有趣的是，这其中的关系实际上比想象中更复杂，比如美国导演雷德利·斯科特构建的《异形》系列电影背后的世界，普罗米修斯、人类、异形和仿生人的关系错综复杂，危险可能来自其中任何一方，人类如果想要生存下去，就必须让自己成为最强大的人，否则就算是最顶层的造物主普罗米修斯最终也会湮灭在浩瀚的宇宙中。

奥特曼的思考比电影世界更加实际，他所感受的危险有时候来自一个再普通不过的事物，比如手机。奥特曼在采访时说：“手机已经控制我们了，融合已经开始，而融合也是最好的方案。任何融合以外的版本都会有冲突，要么是我们奴役人工智能，要么人工智能奴役我们。而完全疯狂的融合版本是将我们自己的大脑上传到云端。我觉得不错，我们需要提升整个人类的水平，因为我们的后代要么征服银河，要么在宇宙中永远地湮灭。活着是多么神奇！”

一些伟大的人，诸如达·芬奇、凡尔纳、冯·布劳恩等，他们想象的是几十年甚至几个世纪后的技术，而奥特曼则专注于当下，评估最近形势与潜在威胁，然后专注于用务实的行动来推进技术进步或阻止人类被自己颠覆。

山姆·奥特曼的务实体现在研究的很多方面，比如合成病毒。奥特曼在YC Research的项目中筹划了一个可以阻止病毒合成的生物学研究组。再比如衰老与死亡。奥特曼希望资助一个致力于研究异种共生技术的公司，把年轻人的血液作为一种注射剂。奥特曼半开玩笑半认真地说道："如果这个项目奏效，你仍然会死亡，但你可以健康地活到120岁，然后迅速老去。”

奥特曼还建立了一个研究小组，为人类有可能的最终继任者做准备，无论它是一个人工智能，还是融合了人工智能的增强版人类。这个研究小组将汇集各个领域的专家学者，包括机器人、控制论、量子计算、人工智能、合成生物学、基因组学、太空旅行甚至哲学领域的思想家和实践者，一起探讨技术的可行性，以及人工智能替代人类的伦理学问题。奥特曼的行动永远紧紧跟随在想法和反思之后，2016年年底，这些领域的领袖已经开始在奥特曼的房子里定期举行会议，并且给自己取了个名字，叫“盟约”。

偶尔人们也会直接在奥特曼的脸上看到一些情绪，比如当他在思索一些关于生命的问题时。奥特曼曾在一次采访中与记者聊了起来："如果你认为所有人类生命的价值都是相同的，而且认为99.5%的生命会在未来诞生，那么我们应该把我们所有的时间都用于思考未来，但我确实也关心我的家人和朋友。”紧接着奥特曼问了一个问题 :“如果为了拯救自己爱的人，你会允许多少陌生人死亡?”或者说得更加诚实一点 :“你会杀死多少人?”奥特曼的这个问题是留给他自己的，因为他很快面对记者说出了一个数字 :“10万。”

为了应对未来有可能出现的失控情况，奥特曼会如何思考？他怎么看待人类的未来?

36

预 言 未 来

我对那些正在让世界运转的“傲慢混蛋们”有两条建议。第一，在你改变世界之前，不要声称你正在改变世界。第二，忽略那些讨厌你的人，做任何你觉得有趣的事情。忽略那些说你的工作没有意义的“键盘侠”和媒体记者，他们的存在本身就没有任何价值。

——山姆·奥特曼

创新的背后永远隐藏着巨大的风险，但山姆·奥特曼更喜欢把创新的后果视为一个系统问题。

比如，他认为这个时代最紧迫的挑战是：计算机会使大多数人失业。他在给出这个结论的时候，肯定想不到几年以后他的这句话成了某种启示录式的预言，他当时已经和埃隆·马斯克创立了OpenAI，但就算是山姆·奥特曼本人，也一定想象不到AI技术具体将在哪个时间点突破，带来剧烈的社会变革。

奥特曼虽然无法预见未来，但他却可以通过当下做出一些措施来应对未来有可能发生的事情。比如，当他意识到未来人类有可能会全部失业后，他在YC Research展开了一项名为“基本收入项目”的研究，研究时间为5年。这个项目基于一个非常古老的想法：如果给每个人一笔足够的钱，让他们可以过上温饱富足的生活，这笔钱大概是多少？从2017年开始，基本收入项目正式启动，YC Research的研究院在全世界的不同地方，包括加拿大、乌干达等经济情况天差地别的区域，每年给超过一千个人一笔钱，金额介于12000美元和24000美元之间。

很多人认为这很可笑，背后存在着很多未能回答或者解决的问题，比如，为什么很多白领或者蓝领也能参与项目，白拿一笔钱？这个项目里的免费机制是否会导致人们懒惰？另外这个项目也产生了一组令人震惊的数字：如果给每个美国人24000美元，总金额将高达8万亿美元。8万亿美元是什么概念——当年美国联邦财政税收的两倍！

然而，山姆·奥特曼认为很多问题都不是问题，他说："大部分人在思考这件事时，一开始就搞错了，如果机器人已经取代了所有的工作，劳动力成本降低为零，那意味着人们的生活所需成本也会急剧下降。"奥特曼进一步举例，如果我们能够普及核能，那么，全球的电力都将变得价格低廉，甚至免费，同时交通成本也会大大降低，这种低成本最终会影响水和食物的价格。再比如，人们以前在学习和教育方面花了很多钱，但是现在，每个人都可以通过手机在互联网上获取免费的知识，进而在很多领域中成为专家。

最后奥特曼说出自己的猜想，他说："现在你可能经常听到，一个美国的四口之家需要7万美元才能获得幸福生活，但在未来10到20年内，这一数字将会急速下降。除去住房的支出外，一个家庭只需花费

3500到4000美元就能生活得很不错。”

最好的情况下，科技带来的强有力的改革，会使得人类不需要在少数派和多数派中做出选择。奥特曼在2016年时就预测人工智能也许会在未来重塑经济，他说：“我们将拥有无止尽的财富，大量工作岗位将被替代，所以基本的收入就能满足生活所需。此外，这还意味着创新的成本变得更低，在这个经济模式下，一百万人中可能就会出现一个能够创立下一个苹果公司的人。”

就像人们在批评嘲笑YC Research的研究项目一样，经常也有人指责硅谷的科技行业从业者在做看起来无关紧要的事情。他们的批评有时候是对的，但是，许多非常重要的事情一开始看起来都好像无关紧要，忽视所有看似微不足道的事情，将导致非常严重的错误。

奥特曼深谙人们的这种心理：当某个人创造了一个产品，声称这个产品会改变世界时，问题就来了，因为这个产品的早期版本看起来像个玩笑。所以人们就开始嘲笑这个产品、这个项目、这家公司，以及这位创造产品并且大言不惭的创始人。但是，Facebook、Twitter、Reddit、iPhone，甚至互联网本身这些东西刚出现时，人们都认为它们是微不足道的东西，直到他们真正占领这个世界。

有一个著名的观察结果体现了这一点：网络的价值，通常随着节点数量的平方函数增长，大部分服务或者产品的用户群，每N个月的增加翻一番，但随着整体价值上升，这个N会开始减少。因此，我们可以说，服务的价值和重要性呈指数级增长。奥特曼说：“我这辈子从未遇到过对超指数增长有良好直觉的人——我们中的大多数人甚至都难以理解指数级增长。”

然而，某种事物的重要性在短时间内增长百万倍，就会导致各种突发行为。如果一些用户真的喜欢你正在构建的东西，将参与你提供的服务或购买你的产品作为他们日常生活的重要组成部分，并且随着你的成长不断出现有趣的新行为，就代表着你的项目是重要而且有效的。几年后，ChatGPT验证了奥特曼的这个说法。

最有趣的一点在于，山姆·奥特曼虽然预言了很多事情，但他本人却反对进行市场预测这一行为。他的理由是预测或者预言都不足以改变世界，务实的人会采取接受时间考验的策略，用技术改变世界。奥特曼将足以改变世界的产品策略总结成两条内容：一种是制造一些人喜欢但大多数人认为是玩具的东西；另一种是雄心勃勃地创办一家电动汽车公司或火箭公司。除此之外的其他大多数公司，最终并不会对世界产生太大的影响。

2016年，山姆·奥特曼仿佛压缩了时间，做了无数的事情。值得纪念的是，他担任YC孵化器掌门即将满3年。奥特曼怎么看待自己3年的工作成果？YC在这3年时间里究竟做了哪些事情？

37

2017年年度报告

不关心的工作很难做好。如果你不喜欢自己的工作，就很难在生活中获得快乐或者过得充实。

——山姆·奥特曼

2017年，山姆·奥特曼在YC社区发布了一篇“年度报告”，以总裁的身份，回顾了YC在过去12年间的发展。截至2017年1月1日，YC已经资助了超过3200名创始人和1470家公司，总估值超过1000亿美元。同时YC还资助了30多个非营利组织。

奥特曼在年度报告的开头重申了YC孵化器的使命，也就是帮助世界上任何一家公司实现最大化的创新，以此为全人类创造美好的未来。奥特曼强调，在2017年的背景下，YC相信新技术、经济增长和关于社会如何运作的思考，将比以往任何时候都更加重要。在他人看来，短短3年时间，奥特曼在保罗·格雷厄姆的基础上，塑造了更加激进的YC，同时也将自己的个人理想全力灌注其中，深深地打上了自己的个人印记。

奥特曼将YC发展成至今的规模归功于所有YC校友公司的创始人，以及由所有创始人共同发展创建的乐于助人的YC社区，这两者共同编织的网络让YC与其他投资机构或者孵化器完全不同。

年度报告里，奥特曼提及了YC在2016年投资的诸多公司，在冬季和夏季的批次中，YC一共投资了超过2700万美元，涉猎了奥特曼个人非常感兴趣的多个领域，比如廉价清洁能源、比特币平台、航空航天项目、生物技术和生命科学服务公司。在能源、硬科技和牵涉全球粮食安全领域的投入方面，YC走在前方，远远超过了其他风险投资机构，尤其是早期孵化器。

奥特曼也提到了截至2017年YC投资的最成功的三家公司Airbnb、Dropbox和Stripe，以及另外50多家市值超过1亿美元的公司。他说："我们正处于技术巨头公司主导的时代。如果你相信梅特卡夫定律，那么互联网技术巨头在当下比以往任何时候都强大是有道理的，而这背后的原因，仅仅是因为越来越多的人使用并且依赖互联网。"

梅特卡夫定律是一个关于网络价值和网络技术发展的定律，定律的内容是：一个网络的价值等于该网络内的节点数的平方，而且该网络的价值与联网用户数的平方成正比。这个定律指出，一个网络的用户数目越多，那么整个网络和该网络内的每台电脑的价值也就越大，简单来说就是，对社交网络而言，服务的用户数量越多，服务对社区的价值就越高。

奥特曼的观点是有道理的，2017年的一众互联网巨头里，美国的亚马逊、Facebook、谷歌、苹果和微软等公司占据绝对的领先优势，这种情况同样适用于我国，百度、阿里巴巴和腾讯凭借自身的核心业务，积累了大量资本，早几年就开始向外疯狂扩张，只要出现新的领域或者业务，“BAT”就会第一时间投资或者直接收入旗下，以保持这种领先优势。奥特曼认为如果不采取反垄断行动，这种趋势不太可能逆转，因此他建议人们仔细考虑这件事对初创企业的影响。

此外，奥特曼在谈论多元化与包容性时，再次聊到鼓励女性创业者的事，并且列举出一系列数据，证明了自己对3年前说过的话负责，也说明女性力量正在硅谷崛起。在2016年，YC一共资助了52家公司的68位女性创业者。在所有YC资助的公司中，约有22.3%的创始团队中有女性，所有被资助的创业者中约有12.5%是女性。不仅仅在女性创业者方面，YC还鼓励一切让硅谷多元与包容的举措，于是，2016年YC还资助了29家公司的52位非洲裔或者拉丁裔创业者。奥特曼强调，申请YC的女性比例与获得资助的女性比例基本相同。这说明女性与男性一样优秀，一样能够获得巨大的成功。6月，YC将举办第四届年度女性创始人大会，继续支持多元化创始人的实践或计划。

在奥特曼的带领下，YC组织不断扩张，由主要的五个大部门构成。其中最核心的YC项目计划，仍然保留了保罗·格雷厄姆创立YC时最初的大部分想法。奥特曼继续鼓励全世界的创始人在YC网站上申请这个项目，并且提到了YC合伙人如何决定谁入选这个问题。奥特曼总结了四个问题，来概括他们对申请YC项目计划的筛选标准：这家公司能做出人们真正喜欢的东西吗？这家公司容易被复制吗？这些创业者有足够的天赋吗？这家公司是否有明确而重要的使命？

奥特曼说："除非你投资最伟大的创业者，否则很难赚钱。什么是伟大呢？我会问自己这些问题：他们是否足够坚定？他们是否乐于思考？他们是否聪明，能够提出我以前从未听说过的新见解？他们是否善于沟通？以及最重要的——我会为他们工作吗？"同时奥特曼也强调公司使命很重要："如果一家公司没有重要使命，我会觉得他们在做的事很无聊，这样的公司通常很难招募到足够多的优秀人才，因此很难成功。"

除了自诞生之日起就存在的YC项目计划，YC其他部门几乎都是在奥特曼2014年接手YC后创立或重组的，包括2015年开始运营的成长基金YC Continuity Fund，非营利研究部门YC Research，即将在2017年正式推出的YC创业学校，MOOC在线开放课程——奥特曼将原本投入YC奖学金计划的资助资金，变成MOOC的知识分享形式，希望启发更多人，以及几乎与YC成立时间相同的创业论坛Hacker News，简称HN。

在YC成立后的14年时间里，HN一直是所有对YC和YC资助的初创公司感兴趣的人的聚集地。YC和HN一起成长，很多YC创业者都是从HN用户成长起来的。截至2017年1月，HN已经成为一个每月有340万用户，每天有35万活跃用户和400万浏览量的巨型论坛。虽然在这个时代，论坛逐渐消失，但HN仍然在缓慢发展，保罗·格雷厄姆因此将HN描述为一种实验，想看看在论坛彻底消失前HN能保持多久的高活跃。

年度报告最后，奥特曼提到："距离我们进入软件时代已经过了30年，距离进入互联网时代已经过了20年，距离进入人工智能时代刚刚2年。每个时代都代表了一场技术革命的发生，我相信，当我们回顾过去的历史时，会认为每一次技术进步都意义重大。我相信，在未来600年里，我们与地球上最聪明的物种所拥有的共同之处，将会比我们与6万年前的人类所拥有的共同之处更少。这是一个令人兴奋的时代！"

38

新投资模式

你会经常听到一些相互矛盾的建议，除了“打造一个伟大的产品”这句话。这句话意味着选择哪条路这件事并不是最重要的，你可以在人生的大部分时间里走任何一条路，但你需要做出决定，并且开始工作，试着去犯很多错误。

——山姆·奥特曼

2017年，YC稳步发展，山姆·奥特曼也获得了更多的荣誉，6月，奥特曼因为支持加拿大滑铁卢大学的创业计划，获得荣誉工程学博士学位；9月，奥特曼受邀参加同性恋者反诋毁联盟GLAAD的晚会，出人意料地获得了当年这个媒体颁发的里克·韦兰德奖，表彰奥特曼在科技领域促进LGBTQ运动。这个奖项以已故的计算机软件先驱和慈善家里克·韦兰德的名字命名，韦兰德是最早将LGBTQ运动带入数字时代的人。

在发表获奖感言时，奥特曼一改往日平静、不带太多个人情绪的说话方式，露出更真实的一面。他呼吁科技公司加大反欺凌力度，让互联网更安全、更具包容性。奥特曼还以自身经历为例子，诉说了互联网在促进LGBTQ平等和创建社区方面的作用，他告诉所有人："有一段时间我真的不认识现实生活中的任何一位其他和我一样的同性恋孩子，但我在互联网的早期发现了一个社区，在那里找到了家的归属感。我对我们现在已经取得的所有进展非常激动，我也非常清楚以后我们还有很远的路要走。"

然而，奥特曼没有被这些表面的荣誉拖慢脚步，他很清楚自己工作和生活的中心永远在硅谷，在科学技术的最前沿，因此，他依旧每天在YC的办公室、硅谷咖啡馆和不同创业公司之间奔波，推动YC继续前进，并且逐步实现自己的个人理想。

2018年9月，山姆·奥特曼再次调整了YC的投资模式。为了跟上初创公司早期融资轮次的规模不断扩大这一背景，YC宣布，从2019年冬季开始，将针对YC项目计划入选公司的投资规模增加至15万美元，以换取7%的股权。上一次YC增加投资数额是在奥特曼接手YC后的2014年，当时YC将投资金额增加至12万美元换取初创公司7%的股权。而往前看，在2007年，YC的"标准交易"仅为2万美元换取相同的股权占比。

YC合伙人迈克尔·塞贝尔解释了YC的这个决定，他说："我们认为增加3万美元是必要的，可以帮助初创公司专注于开发他们的产品，而不用太早就担心公司的融资问题。在最近几年，创业公司获取资金的渠道越来越多，因此我们将继续专注于那些更难以获得的东西，比如社区、系统性和个性化的建议，以及优秀的创业者在YC项目计划中的体验。"

在新时代背景下，YC一直在改变其投资方式，现在，它将按照投后估值协议（post-money SAFE）投资初创企业，而不是按照投前估值协议（pre-money SAFE）进行投资。YC在2013年发明了未来股权简易协议（Simple Agreement for Future Equity, SAFE），即投资者对公司进行投资，然后在未来某一天获得公司股票——这是一种转换票据的替代方案。YC旨在用更快速、更简单的方式，将资金投入初创公司。YC认为，持有这些协议的人将成为初创公司的A轮或之后定价的股权轮的早期投资者。

最近几年，YC注意到初创公司的种子轮筹资规模比以前大得多，与此同时，创业者面临的问题是他们需要经常花时间确定每轮融资后他们被稀释了多少股份。而投后估值协议将使创业者更容易知道他们出售了公司多少股份，并会让“资本化表格的数学运算”这项原本对于创始人来说非常繁琐的工作变得更加容易。

另外一个风向是，投前估值协议遭到了越来越多创业者和投资者的批评。2017年，曾与YC公司合作过的风险投资机构杜比家族的帕斯卡尔·莱文森评价说：“YC的投前估值协议正在损害创业者的利益。不计算资本化表格的创业者最终拥有的股份比他们认为的要少。当股权轮被定价时，创业者不喜欢被稀释的数字。但他们不能责怪风险投资家，他们不能责怪天使投资人，所以这意味着他们只能怪……哎哟！”帕斯卡尔·莱文森并没有说出YC的名字，并且故意打断了这段话的结尾，但所有人都知道他在说YC。

因此，YC和奥特曼做出的新改变——按照投后估值协议投资初创企业——将消除投资人和创业者的共同困扰，同时保有了原有协议简单高效的优点。YC表示，这样做的代价是“投后估值协议下筹集的资金会使持有人，通常是创业者和早期员工的股权比例降低”。尽管它并不是完美的，但已经是一种改进。

最近从YC毕业的医疗旅行公司Lobby的创始人迪帕克·楚加尼对YC的变化感到开心。迪帕克·楚加尼说："无论如何，YC提供的大多数资源对于像我这样的初创企业家来说都是无价之宝。我认为，考虑到湾区和大多数初创公司不断上涨的运营成本，YC新的交易模式对于创始人来说将是非常好的，无论他们之后是否选择留在湾区和硅谷。"

2018年，当YC在美国国内进行进一步改革时，YC总裁山姆·奥特曼也将目光投向了大洋彼岸互联网人口基数最庞大、经济与科技正在蓬勃发展的东方大国——中国。

39

YC 中 国

改变世界的技术创新公司需要三种品质：信心、耐心和恒心。这是我一定要强调的个人经验。就是一定要相信、一定要忍耐住、一定要静得下来。山姆在很多场合都说过，未来10年全球会有10家公司达到谷歌的规模，其中3至4家会诞生在中国，而20多年的职业经验告诉我，这几家公司，必定是相信长期的公司。

——陆奇

经历一系列的准备之后，2018年8月15日，YC宣布正式进入中国，并且邀请了一个大咖担任YC中国的首席执行官，并兼任YC全球研究院院长。这个人就是曾担任百度集团总裁、微软全球执行副总裁、雅虎执行副总裁的陆奇。

陆奇在美国和中国的科技界都非常有名气，以精力旺盛著称。有人专门研究过陆奇每天的时间安排，发现他通常凌晨4点起床，检查邮件后，在跑步机上跑4英里，一边跑一边听古典音乐或者看新闻；凌晨5点至6点，陆奇会到办公室，利用这段不受任何人干扰的时间准备一天的工作。陆奇的工作时间一直持续到晚上10点，有时也会在半夜给同事发电子邮件。LinkedIn的董事长杰夫·维纳曾在雅虎与陆奇共事多年，他知道这件事后，曾放话说这种日程安排无法持久，但在目睹陆奇数十年如一日的坚持后，他佩服地说："陆奇的确是我所见过的最有干劲的人。"

然而，在2018年，56岁的陆奇也不得不服老。当时，他因身体和家庭原因，选择卸任了百度总裁和首席运营官的职位。作为最有名气的职业经理人之一，陆奇从不缺乏好的工作机会，他为什么会选择加入YC？在接受国内知名的科技媒体平台"36氪"采访时，陆奇告诉记者："我是用'天时地利人和'来做决定的。老祖宗的智慧真的很管用，考虑完全部因素，YC是我唯一剩下的选择。"

陆奇提到的"天时地利"，指的是他的年纪和加入YC的时机。在2018年，陆奇即将年满57岁，因此，他需要对接下来的5年到10年做一个整体的规划。陆奇认为，大公司高强度的工作模式已经不适合自己了，同时，他看到了中国正处在大规模技术驱动创新的前夜，并且认为中国处在一个尤其需要新生态的阶段，在商业模式和用户体验的创新空间越来越小的情况下，中国非常需要大规模的技术创新，继续推动社会进步。

陆奇说："由中国和美国共同驱动的新一轮技术创新将对世界工业和社会产生变革，所以我们需要设计新的机制和环境推动与拥抱这样的挑战。而创新的摇篮是早期生态，我认为这个生态中的资本投资、人才开发、科研和商业化创新机会这四个方面，都急切需要被全面革新。新的制度和新的组合方式需要被探讨和创造，尤其是跨太平洋的合作。”此外，因为家庭原因，陆奇需要一份工作，能够在中美两国之间频繁往返，从而能和两地的亲人有更多的时间待在一起。YC进入中国为他提供了一个非常好的机会。

至于“人和”方面，指的是陆奇和YC的创始人保罗·格雷厄姆的缘分。1998年陆奇在雅虎时，曾和格雷厄姆一起工作，两人早就认识了。2005年，格雷厄姆举办第一期YC夏令营的时候，陆奇曾代表雅虎参加，并结识了YC的第二位CEO山姆·奥特曼。陆奇非常认可YC的理念，甚至在微软工作时，就曾经依照YC的商业模式，创立了必应基金Bing Fund，必应基金之后逐渐发展成微软风投。因此，当奥特曼决定将YC带入中国，自然而然地想到了陆奇，两人沟通多次，发现多年过去，彼此的理念和情怀仍高度一致，这最终促使陆奇成为YC中国这艘新航母的01号员工，也是YC中国的掌舵人。

过去十几年，虽然YC校友公司遍布世界各地，但他们却一直只在美国硅谷运营，中国成为YC设立的首个海外业务拓展团队，而陆奇的加入也代表着YC和山姆·奥特曼要在中国彻底本土化的决心。奥特曼强调，YC中国团队将由中国的人才组建，为中国的创业者和经济发展服务，并成为中国社会的组成部分。

在奥特曼的构想中，YC中国的使命将和太平洋彼岸保持同步，即利用技术创新，推动社会变革，并且让技术进步的成果被尽可能广泛的人群公平地享有、使用。因此，YC中国将在四个方向开展业务，包括创业孵化、人才培训、科研和公益。这四个计划都将以前所未有的方式运作。陆奇表示，他要的不仅仅是新技术，技术只是变革社会的一种能力，他要建立新的生态，以支持新技术对社会的变革，那才是他心目中新世界的正确打开方式。陆奇的这个想法，和奥特曼改变世界的思路几乎一致。

陆奇与山姆·奥特曼都认为中国处于一个即将迎来技术创新井喷的时代，YC中国希望成为其中的参与者。但是，山姆·奥特曼为什么会对中国如此重视？

40

一年零三个月

在移动互联网时代，很多创业团队受益于全球的开源文化、云计算，加速了创业过程，但是在人工智能时代，大家必须要下沉到一个很重的行业，去做很多的数据处理，还没有人能在这个层面大大降低创新的门槛，这是未来我们打好基础后想做的。

——陆奇

早在2015年2月，奥特曼就在个人博客里提到了对中国经济发展的看法。当时，奥特曼在观察2014年经济数据时，发现在购买力指标上，中国经济已经超越了美国经济。但这件事并没让奥特曼感到惊讶，因为美国的增长已经陷入停滞，而中国的增长在持续上升。奥特曼相信，因为面临经济结构性和人口方面的挑战，美国在全球范围内的竞争力正在快速下降。

奥特曼认为，美国目前的商业模式要求美元成为世界储备货币，但在当时的环境下，中国货币正在迅速成为一个可行的替代品。在未来，如果中国放松货币管制，允许贸易和离岸投资快速增长，人民币可能会快速升值，这将使中国成为全世界最重要的金融中心。在对待中国崛起的问题上，奥特曼再次展现了自己的先见之明，他几乎说中了人民币国际化的未来之路，比如在2023年，巴西、阿根廷陆续宣布将与中国直接以本币进行贸易结算，取消使用美元作为中间货币。

因此，奥特曼非常看重中国市场，他认为美国如果要继续强大，就需要找出与中国共存的方式。因为在没有重大意外的情况下，中国和美国将共同成为世界大国。21世纪后的世界相互关联，与其互相敌对，直到爆发冲突，不如找到一种方式，共同努力发挥各自的长处，并建立稳定的合作关系。奥特曼的这个看法与当时特朗普政府的政策完全不同，因此，奥特曼在2018年这个最尴尬的时间点——中美贸易摩擦开始后——毅然做出一个与美国政府相反的选择：让YC进入中国。

在陆奇的计划中，YC中国将在招到足够人手后，开始本地化的第一个尝试：孵化营。也就是说，陆奇将吸取YC的核心部分，包括保罗·格雷厄姆总结设立的孵化营流程、培训内容等方法论；可以为中国创业者出海搭建通道的超过4000人的YC校友公司网络；让初创公司更容易获得投资机构青睐的YC品牌对中国初创公司的认可和“背书”。陆奇同时也提到，YC中国计划自己开发创业课程，并设立YC中国研究院，和中国的科研机构建立合作，而在公益业务方面，则希望重点解决新技术对人们就业造成的影响。

之后一年多的时间里，陆奇与YC中国借助美国总部的资源，试水性地开展了项目招募和孵化活动，萌动、朝闻道和小木屋等6个项目被选中，在2019年春季奔赴美国参加训练营。在2019年的秋季创业营，YC中国更是收到了超过1700份申请，最终仅有22家创业公司入选，项目涵盖人工智能、医疗、动漫、健康等多个领域，这么算下来录取率仅为1.29%，比哈佛的录取率还低。

然而，在11月17日路演日后，仅仅过了4天时间，陆奇在中国第一期加速营的结营日突然宣布，将成立新品牌“奇绩创坛”，由他所带领的原YC中国团队独立运营，而YC孵化器则全面战略回归，聚焦硅谷，不再单独设立海外分支。在面对记者的采访时，陆奇提到，YC正式提出撤出中国这个想法，是在2019年5月初，YC中国秋季营开始招生之后。陆奇最终通过协商决定在11月后宣布，是因为不希望在22家创业团队孵化的过程中出现干扰他们信心的事情，把YC撤离中国的影响降到最小。

YC进入中国一年零三个月后撤离中国，背后的原因是什么？

这就涉及YC公司在2019年的一次大事件——2019年3月，山姆·奥特曼离开YC，辞去了YC总裁的职位。招募陆奇和成立YC中国，都是奥特曼的决定。因此，奥特曼的离开，以及新任CEO杰夫·拉尔斯顿的上台，改变了YC面对全球环境时做的战略决策，拉尔斯顿认为需要让YC更聚焦在种子期加速的业务，以及更聚焦在美国。根本来说，YC的新CEO相比山姆·奥特曼更加趋于保守。

幸运的是，YC的撤离并未影响YC中国团队的运作，陆奇在加入YC的时候，和奥特曼聊过自己加入YC的条件，一共有三个：为了中国、属于中国、建于中国。因此，陆奇在YC离开后，选择成立新品牌的新孵化器，承接原本YC中国的所有业务，基于YC中国已经建立的基础，完全独立来做创业营招生、路演日，继续帮助中国的初创公司搭建健康成长的生态。

陆奇在接受采访时感谢了YC领导层的支持，他说：“他们基本上已经送我们到了他们能送到的最远的地方。我们的核心团队也都去过YC美国，都得到了基础能力的锻炼，学习了YC模式的真谛，可以手把手加速初创团队业务的成长。”陆奇甚至认为，独立运营对团队更加有利，虽然没有YC的品牌会带来一定程度的资源的影响，但是影响很有限。因为此前很多创业者在通过了非常严格的面试后，最终选择不要YC的钱，而只是想要拿到YC的认可，然后找到中国的投资人融资。因为以美国为中心的YC不完全适合中国的国情。

陆奇认为，必须建立更适合中国国情的品牌，才能够建立在中国创业者心中的品牌认知度。YC的撤离和由本土团队完全承接，意味着不再需要跨国协同，这反而会大大提高本地化运营效率。

短短一年零三个月，YC在中国的布局出现重大转折，似乎也预示着YC内部即将发生巨变，山姆·奥特曼的YC生涯将以何种方式结束？

41

结束YC生涯

我这辈子最棒的事，就是一直在追随自己的兴趣。过去5年里，我尝试了很多看起来有趣的项目，虽然他们中的大多数都会失败，但无所谓。因为我相信，真正有价值的项目，最终会呈现它们的价值，就像OpenAI和YC一样。

——山姆·奥特曼

2019年3月8日，YC公司在官网上发布了一条最新公告，总结了过去两年时间里YC的成就，包括推出了创业学校MOOC计划、A轮计划、YC增长计划、在创业公司工作计划和YC中国。YC公司的总市值第一次超过了1500亿美元，YC校友网络现拥有超过4000名创业者校友和1900家公司，所有创业者和校友公司进一步成了YC新加入的创业者的客户、朋友以及最大的支持者。

同时，这则公告还涵盖了YC在2019年第二季度即将施行的一系列举措。所有举措与改变的核心原因是，YC再次扩张了。

由于在2019冬季项目批次收到了超过12000份申请，相比上一次，即2018夏季项目批次增加了30%，YC决定增加通过的申请数量，最终资助了200多家公司。YC对“路演日”进行了调整，租用更大的空间，设置两个舞台，在两天时间内并行运行，为投资者提供更多的时间与创始人进行互动。更为重要的是，为了进一步扩大规模，YC宣布他们正考虑将总部从山景城搬到旧金山，虽然这两个城市都在美国加利福尼亚州的湾区一带，但旧金山生活着更多的高校毕业生，那里正在取代山景城，成为新创企业的重心。

这条公告发布后，很快引起美国创业圈和科技媒体的注意，很多人敏锐地从这篇公告里察觉出了一丝特殊的气味，这些细节不仅体现在内容里，比如YC突然要搬家的决定，也体现在从总结到展望，似乎准备翻开新篇章的文章结构中……在种种异常之外，令大部分人最怀疑、同时也引起最广泛讨论的，是这篇公告的署名，不再是山姆·奥特曼，而是Y Combinator。

果然，第二天，新闻网站Axios率先报道了一条令所有人震惊的消息：山姆·奥特曼将辞去YC孵化器总裁的职位，转任主席一职，由YC的合伙人承担他的大部分日常职责，之后，奥特曼将专注于他本人参与的另一家机构OpenAI——这家于2015年年底，由山姆·奥特曼和埃隆·马斯克等人共同创立，旨在预防人工智能风险的非营利机构。

这则报道很快被确认是真实的，在硅谷乃至全美国的创业圈、科技圈和金融圈内引发了轩然大波。几乎所有人都感到意外，如同YC公告里对YC成就的总结，此前5年，YC孵化器在山姆·奥特曼的领导下，已经成为全球最好的投资机构之一，并且在可以预见的未来，YC将继续大展拳脚。在这一背景下，山姆·奥特曼为什么会突然选择离开YC，转而投向在当时名不见经传的OpenAI？

奥特曼并未在任何采访或者公开场合正面回答过这个问题，但从一些其他的问答中，可以捕捉到一些蛛丝马迹。比如山姆·奥特曼早在2014年就对AI领域非常感兴趣，再比如他在评价YC时说："YC当然一直在增长，因为随着YC项目计划的资本和建议变得越来越商品化，YC校友网络成了我们最大的优势。"

在YC的5年时间，大部分人都被山姆·奥特曼在YC取得的成就所迷惑，却忘了他身上的另一个特质：他永远在挑战自己的极限。因此，当YC不再能够为山姆·奥特曼提供足够的舞台时，他最终选择离开并不是一件让人感到意外的事，因为真正的雄鹰肯定会抛弃安全、快捷的飞行路径，选择重回无边无际的天空之上，更加无拘无束地探索这个世界。

但是，山姆·奥特曼选择在2019年3月这个时机离开，也并非全然巧合。埃隆·马斯克曾在公开场合提到自己与OpenAI的关系，马斯克说："我已经超过一年没有密切参与OpenAI的运营了。"这则发言坐实了马斯克与OpenAI因为"公司发展"的分歧，最终"友好分手"的传言。因此，在奥特曼宣布离开YC，专注于OpenAI后，一个信号愈加明显：山姆·奥特曼极有可能计划成为OpenAI的CEO。

作为2005年YC第一批创业班的成员，自从2011年开始兼职担任YC合伙人，并于2014年成为YC总裁的山姆·奥特曼，最终结束了他的YC生涯。

42

评价YC奥特曼

为你的公司设定一个清晰、易于理解的愿景，让它成为人们信奉的使命。

——山姆·奥特曼

当山姆·奥特曼在2014年接管YC时，YC项目计划只培训了67家初创公司，并且这些公司全部来自美国。虽然当时对于全美国的孵化器公司来说，这是一个创纪录的数字，但在5年后，奥特曼将单个批次的初创公司孵化数量提高到三倍以上，2019年冬季计划，YC不得不扩张路演日规模，分两天在两个舞台向投资人展示205个初创企业。

这组数字仅仅透露了奥特曼野心的一部分。在过去的两年中，YC推出了创业学校项目计划，为全球创业者提供免费的10周在线课程；A轮计划，为所有处于种子阶段的创始人提供培训，教会他们如何获得后续资金；YC增长计划，为YC校友公司提供的长达10周的成长项目，被外界戏称为YC大学的“研究生课程”；在创业公司工作计划，为所有想要跳槽的程序员提供机会，帮助他们与YC校友公司建立联系。

即使拥有了4000多名校友和1900多家公司的网络，奥特曼长期以来还是一直认为YC可以做得比现在更好。在2017年的一个科技论坛上，奥特曼说："我们的模式之一是降低犯错的成本，然后犯很多错误。我们将资助很多人，做很多听起来非常愚蠢的事情，大多数时间这些主意看上去确实很愚蠢，但有时候坏主意会突然变成好主意。最好的创业想法在‘听起来是个坏主意’和‘事实上是个好主意’的交叉点上。”

很多人担心奥特曼可能已经把美国的创业环境推向了无法持续发展的极端，因为奥特曼鼓励人们进行创业，但其中很多人都欠缺适合创业的基础，他们在被鼓励后，放弃了更安全、更传统的选择，幻想成为下一个Airbnb的创始人布莱恩·切斯基。

还有一部分人则想知道初创企业是否最终会反抗YC的投资条款，这一条款规定，YC将投资15万美元，获得每家公司7%的股份，如果选择接受这个条款，将保持这个股份比例直到公司倒闭或者被收购。随着通货膨胀，15万美元将显得微不足道，为了获得如此少的资金，而放弃如此大比重的公司股份，开始令越来越多的创业者感到烦恼，虽然他们也渴望获得YC的光环。

除了创业者，投资人和投资机构对山姆·奥特曼运营的YC孵化器也是爱恨参半，他们有时会私下议论奥特曼的个人投资版图与YC的改革可能存在的利益冲突，比如他利用YC的资源投资自己喜欢的公司，并且在这家公司成长后进行个人投资，进而成为董事会成员，掌握权力。

然而，即使是这些想把奥特曼打下神坛的人，也不得不承认，奥特曼在管理YC期间做得非常出色，他将YC带到了美国之外，打造成为一个全球品牌，不断推出新产品，使公司能够在可预见的未来继续扩张。奥特曼还丰富了YC接受的创业者类型，2018年夏季计划中，YC资助了15%的女性创业者，同时，在奥特曼接手前，YC项目计划一直被面向消费者的互联网初创企业所主导，但现在由此毕业的校友公司涉及各行各业，很多公司的产品或者服务，都不直接面向消费者，而是提供给其他公司或者研究机构。

同样重要的是奥特曼在YC内部的举措：首先他确保YC的所有合伙人在经济上享受相同的待遇，这在风险投资行业是一个令人惊讶的罕见结构，因为更多的情况是一个小团队的投资者根据他们加入公司的时间或具体贡献来获得大部分的财务回报。

“5年时间，规模增长10倍”，这句总结足以让所有对山姆·奥特曼提出负面评价的人闭嘴。唯一让所有人可惜的是，奥特曼的个人意愿明显不在YC所做的事情上：一个创业孵化器，做到最后也只是一个创业孵化器，就算投资了成千上万家硬科技公司，YC也还只是一个成功的创业孵化器。而山姆·奥特曼更想成为的人是埃隆·马斯克——真正掌管一家或者数家硬科技公司，亲手创造改变世界、改变人类未来的产品，比如星舰，或者通用人工智能。

所以，在肯定山姆·奥特曼在YC时期的成就后，另一个问题也随之而来：奥特曼离开后，YC将何去何从？

很多人在消化最初的震惊后，并未对这家成功孵化器的未来感到担忧。因为奥特曼已经很长时间没有参与YC的具体运营事宜，他在2019年卸任YC总裁时，将大部分运营事宜转给了其他合伙人，尤其是接任的迈克尔·塞贝尔。因此，即使YC失去了奥特曼的掌舵，也不会丢失继续航行的方向，毕竟YC创始人保罗·格雷厄姆和杰西卡·利文斯顿始终在董事会层面持续参与YC的战略讨论。在未来，山姆·奥特曼或许也不会真正离开YC，而是像格雷厄姆和杰西卡一样站在幕后，继续推动YC前进。

43

后 YC 时代

YC是一个灯塔，在这里你不需要认识任何人，就可以获得帮助。YC给了我很多帮助，教了我很多经验与知识，我需要做出回报。

——YC第四任总裁陈嘉兴

2019年5月，在山姆·奥特曼离任YC总裁两个多月后，奥特曼在YC官网上宣布，杰夫·拉尔斯顿将成为YC的新总裁。

杰夫·拉尔斯顿同样是美国科技界闻名已久的人物，他曾担任雅虎公司的工程副总裁和首席产品官，并在1997年创建了雅虎邮箱，之后他历任在线音乐平台LALA的首席执行官，并在2011年与两位伙伴一起创立教育技术孵化器Imagine K12，在2012年1月正式进入YC，成为YC的合伙人。

山姆·奥特曼始终记得，他在2014年接替保罗·格雷厄姆时，两人讨论最多的事情就是如何让YC长期存在。于是，当奥特曼选择离开

YC时，他谨慎地选择了自己的继任者杰夫·拉尔斯顿，并认为对方是接任的最佳人选。就像5年前保罗·格雷厄姆选中他一样。这不仅仅是因为两人认识将近10年，更是因为奥特曼认为拉尔斯顿是硅谷最有思想、最有帮助和最友善的投资者之一，能够将个人过硬的知识背景、对未来的思考和出色的亲和力三者相结合，这是罕见的品质，适合成为拥有上千家校友公司的规模庞大的YC掌舵人。

两人有着相同的愿景，在投资方向和策略上也从未有过重大分歧。奥特曼说："我最早对拉尔斯顿的记忆之一，是他坐在Stripe第一个办公室的地板上，花了几个小时，帮助创业者修改一份合同。"奥特曼相信拉尔斯顿非常关心YC，并且了解如何让YC继续发展。

奥特曼还回顾了自己过去5年时间里，与其他YC合伙人一起工作的日子，他说："大家一起工作真的很开心，每个YC合伙人都非常有才华，以不同的方式支持这家公司发展，合力让集体的力量大于个人之和。他们是这个行业里最棒的团队。我将继续担任YC的顾问，并在拉尔斯顿担任新职务时提供任何所需要的帮助。"

之后的三年时间，杰夫·拉尔斯顿带领的新YC与全世界一同经历了全球性经济衰退与新冠疫情。2021年，尽管YC为应对新冠疫情采取了完全远程办公的方式，但它仍然资助了750家公司，创下了新的纪录。2021年12月，杰夫·拉尔斯顿告诉一个科技博客，他设想了一条每批次资助1000家公司的路径。然而，没等拉尔斯顿开始施行他的计划，在2022年夏天，YC以经济低迷和融资环境差为由，减少了2022年夏季批次的初创公司数量，由2022年冬季批次的414家减少为250家，下降了40%。

同时更多原本对未来的规划，比如将YC总部从山景城迁至旧金山，还有YC中国计划，都已经被悄然放弃。在一封内部电子邮件里，拉尔斯顿写道："在经济低迷时期，你通常可以通过保持活力来获得部分市场份额。"这封电子邮件提出了10个要点，旨在帮助所有YC校友公司应对经济低迷对科技的冲击，提醒创始人"做最坏的打算"。

也许奥特曼的判断错了，拉尔斯顿和他根本不是同类人，因此在对如何经营YC上有着不同的发展计划。也许是拉尔斯顿的老好人性格，注定了他在YC发展的决策上与奥特曼完全不同，也许是全球经济衰退和疫情影响——结果显而易见，YC的策略由激进转向了保守，由全球化转向了维持美国本土规模。无论外界如何质疑杰夫·拉尔斯顿，如何评价他，最终都无法阻止一个结果：杰夫·拉尔斯顿离开了。

在上任3年半之后，2022年8月，拉尔斯顿在YC官网上宣布自己将在年底辞去YC总裁和CEO的职位，离开YC，而接任他的，是一位空降的回归者，曾经的YC合伙人，在2015年选择离开，专注于自己风险投资基金的陈嘉兴。

与杰夫·拉尔斯顿相比，陈嘉兴的履历更加华丽，作为亚裔美国人、新加坡移民后代，陈嘉兴毕业于斯坦福大学计算机专业，是山姆·奥特曼的学长。陈嘉兴早年曾在微软工作，并且是美国知名大数据公司Palantir的第10名员工。2008年，他第一次创业，创立了博客平台Posterous，最终在2012年以2000万美元被Twitter收购。2011年，陈嘉兴加入YC，担任常驻设计师和合伙人。2012年，他创立了自己的风险投资基金Initialized Capital，投资了加密货币交易所、配送服务网站和供应链软件。从2019年到2022年，连续4年入选《福布斯》的Midas榜单，这份榜单是《福布斯》杂志对最具影响力的风险投资人进行的年度排名，被外界称为"科技领域风险资本家的奥斯卡奖"。

2023年1月，陈嘉兴回到YC，担任总裁兼首席执行官。他在接受《福布斯》专访时表示:“YC是人们以多种方式实现梦想的社区，回来帮助支持这个愿景是一个千载难逢的机会。”或许在几年以后，我们又能看到一个带有陈嘉兴个人印记的全新YC。

44

高效工作背后的秘密

像大多数人一样，我有时会有一两周的时间，什么都不想做。这很糟糕，而且似乎总是发生在不适合的情况下。我还没有想出该怎么应付这种情况，但我通常会尽量避免让我心情不好的人和情况，无论你是否想要变得高效，这都是一个非常有用的建议。

——山姆·奥特曼

山姆·奥特曼在YC时期的经历就像一位满级剑道高手，走在一条全是“小怪”的道路上，甚至不需要开启自己的“大招”技能，就能一路所向披靡，走上胜利之路。山姆·奥特曼是否有什么秘诀，让他始终保持高效工作？在正式展开OpenAI时期的奥特曼故事之前，我们可以通过山姆·奥特曼在2018年4月发布的一篇博文，挖掘奥特曼高效工作背后的秘密。

我的工作效率比大部分人都更高，有时朋友会问我提高工作效率的秘诀。所以我决定把它们都写在这里。

“复合增长”这个词一直作为一种财务概念被人讨论，但它也适用于每个人的职业生涯。假设我们都有50年的工作时间，那么，生产率的小幅提高，能带来巨大的价值。因此，有必要弄清楚如何提高效率。如果你每天比别人多做10%的事，多进步1%，复合增长后的差距是巨大的。

首先，我想聊聊你在做什么。

如果你一直朝着毫无价值的方向前进，那么无论你走得多快都没用。选择正确的工作，是高效率的基础保障，但这件事常常被大家忽略。我认识的最令人印象深刻的那些人，他们对世界都有着强烈的信念和观点，如果你发现自己总是同意与你最后一次交谈的人，那就不好了。很多时候你的表达会出错，但是要有信心坚持你的信念和观点。当你在重要的事情上选对了方向，而大多数人却没有你的远见时，你将变得勇敢。所以多想想吧！独立思考很难，但你可以通过练习变得更好。

对我来说，我会确保留出足够的时间思考自己要做什么。对我来说，最好的方式是阅读书籍、与有趣的人交往和花时间进入大自然。因为我发现，在我不喜欢或不在乎的事情上，我的工作效率会很低。所以我尽量不做不喜欢的事情，而是通过委托、避开或其他方式摆脱他们，防止不喜欢的东西严重拖累我的状态和工作动力。

如果你发现自己在很长一段时间内都不喜欢自己所做的事情，请认真考虑换一份工作。短期的倦怠会发生，但如果休息一段时间后还没有解决，也许是时候做一些你更感兴趣的事情了。

我很幸运找到了我非常喜欢的工作，就算没有报酬，我都愿意完成它，这让我很容易就变得有效率。另外一件重要的事是，你要学习所有自己想学的东西，这可以帮助你快速变得更好。

出色的工作通常需要和出色的伙伴一起完成。试着和聪明、高效、快乐、积极的人在一起，他们不会贬低你的理想或者抱负。我喜欢和那些推动我并激励我变得更好的人在一起，尽可能避开消极的人——他们占用你的思考时间的代价非常可怕。

在确定自己要做的事情后，怎么排列优先级呢？

我自己有三个秘诀："确保完成重要的事情""不要浪费时间在愚蠢的事情上""列很多清单"。我强烈建议使用清单，我每年、每月、每天都会列出所有想要完成的事情。你的清单需要有针对性并且足够详细，它能帮助你完成很多任务，因为你不必记住太多事情。如果你对某个特定任务没有兴趣，可以先删掉它，找到其他感兴趣的事情。

我更喜欢写在纸上的清单，添加和删除任务很容易。我可以在会议期间修改任务而不会让别人发现我正在走神。我经常重新抄一份自己的清单，这样做能迫使我重新考虑清单上的所有内容，并让我有机会添加和删除项目。

我在尝试以产生动力的多少来决定待办事项的优先顺序。因为完成的任务越多，我的感觉就越好，然后我就能完成更多的任务。我喜欢以我真正可以取得进步的事情开始和结束每一天。我会不遗余力地完成清单里最重要的项目——如果我真的想完成某件事情，只要我付出足够的努力，它通常都能完成。与此同时，我会尽量无情地对付不必要的事情，并以最快的方式完成非关键性的事情，比如，我回复电子邮件的方式简洁到甚至有些粗鲁。

另外，我通常会避免开会和参加会议，因为我发现开会的时间成本很高。但是，保持足够的空间，在自己的日程表中留出足够的空间，以允许偶遇和接触新的人和想法也是很重要的。拥有一个开放的关系网络是有价值的，虽然我参加的随机会议中可能有90%是浪费时间的，但另外10%确实弥补了它。我发现大多数会议最好安排在15～20分钟内，而那些需要深度探讨的会议往往需要至少2个小时。因此，默认的1小时开会时间通常既低效又没有深度，会浪费很多时间。

我会划分不同的时间段，以尝试不同类型的工作。早上的前几个小时绝对是我一天中最有生产力的时间，所以我不允许任何人在那时安排任何事情。我尝试在下午开会。每当我感到注意力开始消退时，我会休息一下或换个任务。

我认为大多数人都没有足够重视他们的时间——令我惊讶的是，我认识的许多人每小时赚100美元，但他们会花几个小时做他们不想做的事情以节省20美元。单纯追求高效也没有意义，许多人花太多时间思考如何完美地提高效率，而不去关注他们是否在解决正确的问题。如果你正在做错误的事情，那么不管你是否把每一秒时间都用到极致，这件事的结果都无关紧要。因为正确的目标是最优地分配你的一年，而不是你的一天。

总体来说，我认为过度投入一点是好的。我发现我通常会超额完成我承担的工作，如果我有很多事情要做，这会让我在所有事情上更有效率，这也是一种避免分心的训练方法。但是，总是过度投入也会带来灾难性的后果。不要为了工作而忽略你的家人和朋友——这是非常愚蠢的交换，让你变得不开心。也不要忽视做你喜欢做的事情，或能让你保持头脑清醒的事。

最后，我想再强调一次：多想想你该做什么。在对的事情上提高效率才是有价值的。

第三章

未来之道

45

再见YC，拥抱AI

成为一台机器好像也有好处，并不像我此前以为的那样令人难过。毕竟作为人类，我的脑袋被信息输入输出的效率所限制——我们每秒只能学习2比特的内容，所以大量数据都丢失了。但对机器而言，这种学习永无止境。

——山姆·奥特曼

2012年，在旧金山北部的一次全天徒步旅行中，山姆·奥特曼开始思考人类的独特性。当时，奥特曼和朋友一边徒步，一边讨论人工智能的发展状况，奥特曼突然意识到一件事，他说："我们绝对有理由相信，13年之内，我们可以找到复制大脑的方法。当然，即便如此，有些事仍然专属于人类，比如创造力，比如灵光一闪的瞬间，还有同时感到高兴和悲伤的能力……但计算机也将拥有自己的欲望和目标系统。"因此，当奥特曼意识到人类的智能可以被机器模拟时，他放弃了人类是独一无二的存在这个想法，感到了解脱。

奥特曼这场关于人类独特性，以及机器人可能替代人类，或者人工智能可能与人脑结合的思考，也与他当时所处的生活，也就是2011年后的一股风潮有关。此时，随着大数据、云计算、互联网、物联网等信息技术在全球范围内的飞速发展，泛在感知数据支撑大数据技术，即大数据将无所不在的感知数据进行存储、分类、计算、分析，并进行规律挖掘和提炼，为决策提供数据支持，最终推动以深度神经网络为代表的人工智能技术产生质变，将许多科学研究从理论变为现实应用，尤其是图像分类、语音识别、人机对弈和无人驾驶这些与人工智能易结合的技术，很多都实现了重要的突破，引发了美国科技圈，尤其是硅谷的关注与激烈讨论。

伴随着这一风暴，IBM、谷歌、Facebook等公司纷纷出手，无论是传统豪强，还是互联网新贵，都在争抢机器人与人工智能领域的人才，收购拥有顶尖科学家与研究人员的深度领域公司，着手研究人工智能领域的突破性技术。

2011年，作为全世界历史最悠久、规模最大的科技公司代表，IBM率先开发了“沃森”这一问答计算机系统，将高级自然语言处理、信息检索、知识表示、自动推理和机器学习技术应用于开放域问答系统，也就是回答来自任何领域的问题，通过这种方式，可以向训练有素的人工智能模型询问任何问题。沃森系统在参与美国知名智力竞赛节目《危险边缘》时，与人类进行较量，最终击败了所有在智力竞赛领域被认为最聪明、反应最快的玩家，赢得了冠军。在各种报道中，这一事件也被称为人工智能发展的里程碑。两年后，IBM在医疗、教育、法律等不同领域，逐步拓展沃森的商业应用可能。

2013年，Facebook的创始人兼CEO马克·扎克伯格，因为看好人工智能技术的发展潜力，结识了卷积神经网络CNN的奠基人杨立昆[1]——当时，在机器深度学习领域，卷积神经网络是最常用于分析视觉图像的人工神经网络。扎克伯格说服杨立昆加入Facebook，组建了人工智能实验室。杨立昆是人工智能界的传奇，他在1988年时曾担任著名的贝尔实验室的研究员，在这里有多位工作者曾获诺贝尔物理学奖。1996年，杨立昆担任了电信公司AT&T的实验室部门主管，2003年后他在纽约大学任教，并于2013年创立了纽约大学数据科学中心。2018年，杨立昆与约书亚·本希奥和杰弗里·辛顿一起获得了有“计算机领域诺贝尔奖”之称的图灵奖，以表彰他们在深度学习方面的成就。三人后来被称为“AI教父”和“深度学习教父”。

在杨立昆帮助Facebook组建人工智能实验室的同时，他的好友杰弗里·辛顿博士加入了谷歌，带领谷歌的人工智能小组研发使用神经网络进行机器学习。2014年下半年，短短半年时间，谷歌在没有惊动业内的情况下，率先完成对8家机器人公司的收购，这8家公司涉及类人机器人生产、机器人视觉技术研发、机器人手臂研发生产等各个方面，被收购后全都归属于谷歌的机器人部门，由“安卓系统之父”安迪·鲁宾领导管理。这轮收购显示谷歌早早就在布局机器人与人工智能领域的一个最终目标：制造一种智能化、可移动且灵巧的机器人，能够紧密配合人类或在人类设定的地点工作。

就在巨头们纷纷布局机器人和人工智能领域时，山姆·奥特曼也意识到人工智能对未来的影响。2014年2月，奥特曼在一篇个人博文里，强调了自己对人工智能的关注和看好。奥特曼认为，通用人工智能技术如果能够起作用，将会是有史以来最厉害的技术发展，即便计

1　杨立昆的原中文译名为“杨·勒丘恩”，2017年他在中国的演讲提供了正式的中文名，故本书采用“杨立昆”这一中文名。

算机仍然无法像人类一样有感情地思考，但在许多特定领域，计算机已经比人类做得更好，比如下棋，或者驾驶飞机。

在博文里，奥特曼还提到了华裔科学家吴恩达。吴恩达曾担任过斯坦福人工智能实验室主任，带领学生深入那些与数据挖掘、大数据和机器学习相关的研究。2011年，吴恩达是谷歌大脑深度学习项目的联合创始人和负责人，2014年他加入了百度，并担任首席科学家。作为世界顶尖的人工智能专家，吴恩达相信深度学习来自单一算法——这是什么意思呢？在大脑内部构造中，它自然就能处理来自耳朵的输入，同时也能够学习处理来自眼睛的输入。吴恩达说："大脑内处理信息的部分都同属一个系统，如果我们能弄清楚这件事，创造出一个通用算法，程序就可以像大脑一样自我学习。"

奥特曼同意吴恩达的观点，并认为这部分技术目前已经取得了不错的成果，但由于大脑是一个非常复杂的系统，因此很难估计目前的成果距离最终要实现的通用算法目标到底还有多远。而且对于奥特曼来说，人工智能领域最大的问题不在于机器是否足够智能，而在于如何处理人工意识、创造力、欲望等等这些人性化的部分。奥特曼说："我非常有信心，我们能够制作出表现出色的、处理特定复杂任务的计算机程序，但是我们能否制作一个能自己做决策的计算机程序呢？我们如何让计算机自己决定要学习驾驶汽车，或者写一本小说？"

在人类进化过程中，可能发生了一些事情，使人类的大脑产生了创造力和自我学习的能力，可人类如何产生这样的进化却始终是科学界无法解释清楚的难题，比如说地球上的另一物种，诸如蛇类或者蜥蜴这些爬行动物，它们的进化就完全不同。爬行动物的大脑更接近于打乒乓球的计算机。因此，对于我们到底是否应该建造有意识的机器、人类和机器如何共生等重大问题，奥特曼说："我能想到的最积极的结果是，计算机擅长做事，人类擅长思考。如果我们永远无法弄清楚如何让计算机产生创造力，那么人类与机器之间仍然有明确的界限与分工。"当奥特曼开始意识到人类与机器、与AI的关系时，人工智能技术的发展也逐渐对人类社会产生影响，就在这个阶段，人工智能带来的风险逐渐被更多人讨论。

46

大佬们对AI风险的担忧

人类受生物演化速度限制，不可能与智能机器竞争，如果我们全面发展人工智能，最终它将自行启动，并以越来越快的速度重新设计自己，不断进化。人类将无可避免地被取代。

——斯蒂芬·霍金

对人工智能与人类未来的思考，让山姆·奥特曼开始与人工智能领域的科学家、学者，以及人工智能商业应用相关的创始人、投资者进行了大量密集的交谈。在这个过程中，奥特曼进一步确定，人工智能对人类未来的影响不仅难以预估，并且这种影响并非全是正面的，稍有不慎，人工智能就可能毁灭人类现有的文明。

这可不是杞人忧天，奥特曼首先总结了人类历史上三次伟大的技术革命，包括农业革命、工业革命和21世纪前后正在发生的计算机革命。他认为，这些伟大的技术革命影响了大多数人每天所做的事情以及整体社会的结构。计算机革命似乎也是如此，在创造财富的同时，它摧毁了许多传统的工作岗位，也创造了不少新的岗位或者需求。奥特曼在其中看到的两个最具风险的技术就是人工智能和合成生物学。这两项技术除了本身的失控风险，还有一个危险，就是它们都可能会让少数人获得强大的能力，从而对全人类造成伤害——先说合成生物学技术，它的发展能够让一些人在小型实验室中设计和生产出可怕的疾病，并蔓延到世界各个角落；而开发能够终结人类生命的人工智能，可能只需要全球任何一个办公大楼内的几百人，并且这些人需要的工具仅仅只有笔记本电脑。

怎么就说到如此严重的、会终结人类生命的话题呢？

对科幻小说作家查尔斯·斯特劳斯来说，人工智能的危险不在于它们将超越人类，或突然意识到它们可以取悦自己，而不是去取悦它们的人类主人。斯特劳斯说："人工智能的最大威胁来自为他们设定目标的人是谁，比如，无人机不会杀人，但指示无人机飞到某个坐标，并要求它释放地狱火导弹的人才会杀人，必须质疑控制人工智能的人的意图。"

还有人拿著名导演斯坦利·库布里克的电影《2001太空漫游》举例，这部电影讲述的是，在前往木星的路上，宇宙飞船的第六位乘员——通用人工智能哈尔9000，试图杀死宇宙飞船上的其他乘员并自行接管飞船。而这一举动的背后原因不过是它在离开地球前接受过来自不同人类的不同指令，其中相悖的部分令它决心杀掉人类来满足自己的终极飞行任务。

哈尔9000的形象概括了大多数人对人工智能的恐惧。尤其是，当现在的人工智能开始涉足人类生活的各个方面——它让我们的收件箱远离垃圾邮件，它帮助我们进行网络交易，它驾驶我们的飞机，并且也将驾驶我们的汽车——这一点在我们如今的生活中早已实现，比如我们经常在新闻里看到的特斯拉自动驾驶事故，人们被失控的“人工智能”害死。

在2014年，当谷歌、IBM、Facebook等科技公司对人工智能的发展感到兴奋，拉起一轮又一轮的竞争时，其他专家是怎么看待此事的呢?

让我们先看看霍金的说法。作为第一个提出由广义相对论和量子力学联合解释的宇宙学理论之人，霍金是量子力学多世界诠释的积极支持者，一直走在科学技术最前沿，同时这位理论物理学家因为患有肌萎缩侧索硬化，一直在使用英特尔开发的系统辅助讲话。英特尔在2014年公布了霍金使用的交互系统工具包，其名叫ACAT，也叫作辅助情境感知工具包。ACAT整合了滑动手势输入法Swift Key，并支持用户通过触摸、眨眼、活动眉毛等动作进行交互操作，可以说是人工智能的早期应用雏形。霍金在使用这套系统后，打字速度提高了一倍，从事普通活动的效率也提高了十倍，然而这套系统升级后也让霍金更加担心人工智能在未来的发展。在接受BBC采访时，霍金发出警告，迄今为止开发的早期的人工智能已经被证明非常有用，但他担心一旦创造出能够与人类匹敌，甚至超越人类的人工智能，有可能带来严重后果，甚至导致人类灭亡。

早在2014年时，奇点大学人工智能负责人尼尔·雅各布斯坦就做出预言:“人工智能融入了我们日常生活的结构，它们被用于医学、法律、设计和整个汽车行业。每一天，在幕后做出决策的算法都变得越来越聪明。这意味着现代世界最大的任务之一——让机器像人类一样聪明——可能离我们越来越近了。人工智能将在21世纪20年代中期超越人类智能。”雅各布斯坦认为，人类必须考虑自己正在制造的后果，并准备在社会和制度层面应对可能出现的巨变。他说："最好在技术完全开发之前这样做，而人工智能和机器人当然还没有完全开发出来。当你不考虑这些可能的错误时，事情出错的可能性会增加。我认为我们有很大的机会主动预测可能的负面风险，并尽力为这些风险开发有层次的思考控制。"

牛津大学的尼克·博斯特罗姆教授表示，由人工智能引发的灾难可能会在一个世纪内降临。皇家理工学院的认知机器人学教授穆雷·夏纳汉说："目前正在积极从事人工智能的人，并没有真正建立起安全系统，来阻止他们的创造物失控。"谷歌的工程主管雷库兹·韦尔也担心人工智能，虽然他担忧的原因更为微妙：他担心可能很难编写出足够强大的算法道德准则，来限制和遏制人工智能程序。

总结来说，当一项本就带着危机性的新科技以龙卷风般的速度和强度铺满生活，它会让一部分人觉得刺激，更会让另一部分人感到恐慌。

许多电影里，包括《黑客帝国》系列、《终结者》系列、《银翼杀手》系列等等，都出现了弱小的人类难以对抗强大的人工智能敌人的场景。而在更多更新的电影里，创作者们也开始思考人类与人工智能之间除了对抗之外，是否有更多的主题，比如斯派克·琼斯的电影《她》讲述了人与人工智能之间虚幻的爱情；亚历克斯·加兰德的电影《机械姬》则探讨了机器人的人性；而漫威在2015年推出的《复仇者联盟2》则讲述了超级英雄们对抗超级人工智能奥创的故事，在面临超级人工智能的威胁时，如果没有超级英雄挺身而出，人类几乎没有任何胜算。

在这样特殊的时代中，两个都投身其中的天才，山姆·奥特曼和埃隆·马斯克相遇了。他们决定一起设立一些安全阀。

47

埃隆·马斯克的警告

如果你告诉一个全能的人工智能，让它制造尽可能多的回形针，而没有给它任何其他指令，它可以开采地球上的所有资源来制造回形针，包括我们身体中的原子。

——瑞典哲学家尼克·博斯特罗姆

太空探索技术公司SpaceX的创始人、特斯拉的CEO埃隆·马斯克，曾一次又一次地向公众表示自己对AI的顾虑。

2014年8月，马斯克通过Twitter发表观点：AI可能比核武器还要危险。随后他与谷歌旗下人工智能公司DeepMind的联合创始人穆斯塔法·苏莱曼，以及26个国家的100多名人工智能领域专家向联合国递交了一封联名信，希望能禁止有关杀人机器人的研究和使用。

2014年10月，马斯克在麻省理工学院接受采访时，将人工智能描述为“人类最大的生存威胁”。他说：“有了人工智能，我们就在召唤恶魔。开发这一技术的风险永远存在，在实际尝试推进人工智能升级时，我们可能会创造出我们不想见到的东西。”马斯克担心人工智能的进步可能会有损于而不是造福于人类，人类可能最终会在冷酷的人工智能脚下被迫面临最坏的结局。

2015年1月，埃隆·马斯克宣布捐赠1000万美元给未来生命研究所（FLI），以资助所有“让人工智能造福于人类”的研究项目。未来生命研究所是一个非营利组织，目标是减少人类面临的全球性灾难和生存风险，尤其是不断进步的人工智能带来的相关风险。未来生命研究所计划把马斯克捐赠的资金分配给相关的研究项目，优先帮助专注于人工智能研究的项目，同时着眼于伦理学、法学、经济学等相关领域，以及其他牵涉人工智能领域的研究。

马斯克在宣布这一消息的同时，还发表了一份由他与多位著名的人工智能研究人员联合签署的新的公开声明，呼吁人们支持未来生命研究所的工作。马斯克在声明中说：“这些领先的人工智能研究人员都认为，确保人工智能对人类是安全的这件事很重要，我同意他们的观点，所以承诺捐赠1000万美元，支持旨在保持人工智能对人类有益的研究。”

值得一提的是，未来生命研究所自2015年以后，每隔两年组织一次会议，邀请来自学术界和商业界的所有AI研究人员，讨论人工智能的未来研究方向，以及人工智能安全相关问题。2017年，未来生命研究所在美国加利福尼亚州举办的会议被《纽约时报》称为“AI重量级人物”的私人聚会。此前提到的“AI教父”之一的杨立昆，瑞典哲学家尼克·博斯特罗姆，还有埃隆·马斯克纷纷出席。这次会议后发布了由众多AI研究人员签署的23条AI开发原则清单，这些原则对今天仍影响深远，延伸出愈发完整的关于人工智能的监管举措，比如经合组织的人工智能原则等。

而在2023年ChatGPT流行后，未来生命研究所起草了一封公开信，呼吁主要AI开发人员在6个月内暂停开发任何“比GPT-4更强大”的系统，以便利用这段时间建立一个确保人工智能安全的框架协议。

埃隆·马斯克对人工智能的连续发声和捐赠1000万美元资助FLI人工智能研究的行动，引起了山姆·奥特曼的关注。2015年，29岁的山姆·奥特曼风头正盛，他在执掌YC公司一年后，以辍学者的身份重回母校斯坦福，背后是包括YC创始人保罗·格雷厄姆、PayPal创始人彼得·蒂尔在内的支持者和人数更加庞大的追随者团队。并且，在一年时间里，奥特曼颁布了众多改革计划，将YC的投资风向转向硬科技公司和突破性技术领域。换句话说，山姆·奥特曼与埃隆·马斯克的很多想法不谋而合。

有趣的是，如果画出奥特曼和马斯克的相关人物关系图，可以发现他们其实早有渊源。山姆·奥特曼在什么时候认识的埃隆·马斯克？这就不得不提起两家公司，它们分别是成立于1998年的软件公司Confinity和成立于1999年的在线支付平台X.com，两家公司的创始人均来自斯坦福，业务范围都与金融服务有关。

当20世纪末的互联网泡沫来袭时，X.com和Confinity这两家公司在2000年3月合并，抱团取暖，之后以Confinity公司当时做的最好的产品命名了新公司，改名叫作PayPal。山姆·奥特曼的好友、亿万富翁彼得·蒂尔就是这家公司的创始人之一，而埃隆·马斯克则是X.com的创始人，两人带着各自的公司合并成了后来的PayPal。

因此，奥特曼和马斯克其实早就认识，同是斯坦福校友，并且认识彼得·蒂尔、保罗·格雷厄姆等人，但两人一直交流不多，毕竟山姆·奥特曼在2014年成为YC公司的掌门之前，只是一个硅谷的后起新秀，不仅年纪小，而且创业项目也只有Loopt而已，和早已成为业内大佬、从互联网企业转向硬科技公司的埃隆·马斯克根本不在一个级别上。早在2002年，马斯克就创办了SpaceX，开始尝试制造火箭，试图在未来带着全人类殖民火星，之后又加入电动车制造商特斯拉，陆续担任董事长、产品设计师和首席执行官等职位，马斯克不仅自己投资人工智能方向的公司或者机构，同时也在特斯拉内部组建团队，研发人工智能相关的自动驾驶技术。

但在2015年，因为在人工智能、新能源、生物技术等各个领域都有着相同的理念，同时都非常关心人工智能的未来风险，山姆·奥特曼和埃隆·马斯克决定合作，OpenAI的故事正式开启。

48

OpenAI成立的起点

我们不能试图阻止技术进步。我认为最好的策略是尝试立法，制定合理的保障措施，但要非常努力地确保我们从好的方面获得的技术优势比坏人获得的优势更强。如果我们可以合成新的疾病，也许我们可以合成疫苗。如果我们能制造出一个糟糕的AI，也许我们可以制造一个好的AI来阻止坏的AI。

——山姆·奥特曼

OpenAI的发展历程是一个极具传奇性的精彩故事，它关系到一群来自全世界的、拥有纯粹信仰的顶级人工智能专家，关系到一系列管理层内部的权力之争，关系到非营利机构和商业化公司这两条完全不同的发展路径，关系到两位核心人物山姆·奥特曼和埃隆·马斯克的友谊与敌对，关系到谷歌、微软在内的多家科技巨头公司参与合作或者竞争……后文将重现OpenAI的崛起之路，详细展开这背后精彩的故事，讲述OpenAI在通过ChatGPT惊艳世人前，经历了哪些纠葛与纷争。

在展开OpenAI的故事之前，我们必须先提到另一家重要的公司：当时全世界最顶尖的人工智能公司，2010年成立于英国的DeepMind。它创造了一个特殊的人工神经网络，这个人工神经网络以人类的方式学习如何玩电子游戏。通过给这个神经网络接入一个外部存储器，DeepMind使得一台计算机可以模拟人类的短期记忆。

DeepMind和这家公司的创始人到底有多优秀，后文会有详细说明。总之，在2013年前后，谷歌和Facebook两家巨头围绕DeepMind公司进行了一场争夺战。当时，这两家公司虽然都已经建立了独立的人工智能实验室，并且网罗了大量人才，但它们都不满足于仅仅依靠自身缓慢的研究，因此都非常眼馋DeepMind在人工智能领域的技术专利，想要收购DeepMind。最终的结果是，Facebook和DeepMind的谈判终止后，2014年，谷歌以超过4亿美元的天价成功收购了DeepMind。

谷歌成功收购DeepMind，让自己一跃成为世界上人工智能领域最成熟、最先进的私人公司，在一定意义上也造成了垄断，这件事刺激到了硅谷其他关注人工智能领域的大佬们，他们比普通人更早地看到人工智能具有的潜力与威胁：在未来，谁拥有最强大的AI技术，谁就有最难以撼动的权力。这些关注者中就有山姆·奥特曼和埃隆·马斯克。

和谷歌、Facebook两家已经成形的科技巨头相比，山姆·奥特曼和埃隆·马斯克想要涉足人工智能领域，需要从零开始。于是，两人计划先接触一批人工智能领域的专家，探探口风，也看看能不能撬动这一块铁板，最终挖到几个人。但是这件事难度很大，因为当时大部分人工智能专家都已经在各大公司的研究机构内任职，身份敏感，很难将他们聚到一起。此时，山姆·奥特曼特殊的身份起了作用。他是YC孵化器的总裁，并不属于谷歌等科技巨头的竞争对手，而且因为身在投资行业，非常适合举办社交活动。

于是，2015年7月，在加利福尼亚州的门罗帕克，斯坦福大学旁边的瑰丽酒店，一场晚宴开始了。这也是OpenAI故事的起点。

当晚，数位硅谷最具影响力的人物在酒店的私人包间中，针对一个人工智能领域的重磅项目进行了探讨。跟其他从车库里走出来的硅谷项目不同，这个含着金钥匙出生的AI项目注定会是一个需要时间培养的“烧钱机器”。作为这场聚会的发起者，山姆·奥特曼暗示他希望召集一些人工智能领域最顶尖的专家，探讨共同建立一家新的人工智能实验室的可能性。

在这场聚会上，他们讨论了AI的现状、AI与人类的差距、缩小差距的方式，以及谷歌收购DeepMind后的研究方向。当时，DeepMind正在开发计算机围棋AI，后来引起世人轰动的AlphaGo还未正式登场亮相。在人工智能领域，趋于成熟的技术更多地集中于与硬件相结合的应用，比如计算机识别人脸的准确度已超过人眼，谷歌等公司的自动驾驶汽车日趋成熟，而苹果、亚马逊的语音助手，每天与全球上亿人互动。机器虽然还达不到人类的智力水平，但正在肉眼可见地进化。

当晚的出席者大部分都相识已久，谈话非常容易深入。事实上，他们都非常熟悉瑞典哲学家尼克·博斯特罗姆的观点，对人工智能的未来发展充满担忧和恐惧。博斯特罗姆在2014年出版的《超级智能》一书中写道：根据计算机的发展规律，如果人工智能的聪明程度达到或者接近人类，它的智力用不了多久就会远远甩开人类——差距就像人类与老鼠那样大，但这一次，人类只能扮演老鼠的角色。

此后奥特曼和马斯克多次公开引用这个观点，认为人类必须提前做好准备。奥特曼和马斯克共同想做的事情是，站在谷歌的对立面，建立一家不受任何巨头、任何资本、任何人控制的AI实验室。他们认为硅谷也已经无法限制人工智能的发展，唯一能做的就是积极推动开发造福全人类的人工智能，让每个普通人都用上它，以此去对抗有可能出现危险的垄断性人工智能——因此，这个人工智能实验室必须完全独立，不隶属于任何私人公司、科技巨头或者资本家，同时这个人工智能实验室里的所有参与者都必须保持最纯粹的初衷，将这个机构打造为一座完全为研究人工智能而设立的象牙塔。

宴会当晚，当山姆·奥特曼向所有人阐述他们对这个全新人工智能实验室的想法时，获得了在场其他人的支持，对人工智能的共同恐惧将所有人紧紧绑在了一起。但就算是洞悉人心的奥特曼，也无法确定到底有多少人在第二天睡醒后还是愿意加入他们的计划，理想背后是现实，大部分人都还必须考虑到自己的家庭、行业地位、事业发展等等因素。

所幸，所有人都对跳槽的想法持开放态度。奥特曼许下的宏大愿景起了作用，帮助奥特曼和马斯克了解了这些顶级人才的想法，并且与大家达成一致，相信让人类以安全方式构建通用人工智能才是这一技术发展的正确路径。

大方向有了，接下来就是寻找人才和资金支持。想做全世界探索通用人工智能的领头羊，需要的不是一般的人才，而是人工智能界最顶尖的高手。问题是，这些最有资格解决AI问题的高手已经在谷歌、Facebook、微软、百度和Twitter工作了，有着非常好的待遇，怎么才能吸引他们出来呢？

49

格雷格·布罗克曼

选择离开你所爱的地方绝非易事。有时候，被解雇，或者公司破产倒闭被收购，可能相对更能令人接受一些。但现在，Stripe比以往任何时候都要好，有很多有影响力的工作需要完成，而且我们已经成功地建立了一家非常棒的公司，我相信Stripe会在合适的人手上继续发展壮大。对我来说，我正处于一个罕见的窗口期，山姆·奥特曼告诉我："生活不是排练。"我想要抓住这个机会，创造属于我自己的东西。

——格雷格·布罗克曼

参加2015年7月奥特曼组织的晚宴的所有人里，有一位在日后成了OpenAI的核心人物，他的名字叫格雷格·布罗克曼。布罗克曼是硅谷新兴独角兽、线上支付平台Stripe的第四位成员，在Stripe担任首席技术官的职位，并且凭借公开支持对加密货币Stellar支付网络的投资，在2014年年底将Stripe的估值提升到35亿美元，可以说是重新塑造了美国电商体系的用户支付体验。如果他继续陪着Stripe发展，将在接下来7年时间里获得数亿美元的回报——因为截至2023年，Stripe的估值已经涨到了630亿美元。但在当时，这位比山姆·奥特曼还要小几岁的硅谷新贵并不在意自己赚了多少钱，布罗克曼和奥特曼、马斯克一样，认为投身人工智能研究比其他任何事情都更加重要。

在决定正式离开Stripe前，Stripe的CEO帕特里克·科里森建议布罗克曼再和山姆·奥特曼聊一聊。其实科里森和奥特曼也是老朋友了，Stripe在成立不久后获得的第一笔200万美元的投资，投资方就包括PayPal联合创始人埃隆·马斯克和彼得·蒂尔。硅谷的人脉小圈子在很多时候发挥了作用，即便奥特曼并不喜欢混圈子，但YC总裁的身份让他接触了大量年轻创业者，其中就包括科里森，加上马斯克和蒂尔的关系，几人在私人饭局上见过几次面。

布罗克曼听从建议，去见了奥特曼。两人短短交流了5分钟，奥特曼就断言布罗克曼已经做好接下来的打算了，人工智能领域很明显就是布罗克曼的首选。布罗克曼早在高中毕业时，就开始认真学编程，为这件事做准备。后来，布罗克曼为了更清楚地了解人工智能，还读了计算机科学与人工智能之父艾伦·图灵的《计算机器与智能》，这是图灵撰写的关于人工智能主题的开创性论文，这篇论文于1950年发表在Mind杂志上，第一次向公众介绍了他的概念与图灵测试。图灵的论文讨论了“机器能思考吗?”这个问题。图灵说:“由于我们无法明确定义思考和机器这两个词，应该用另一个与它密切相关、同时意思更加明确的词，来表达更明确的意思并且代替这个问题。”这篇论文引发了布罗克曼的思考，他很想在未来通过编程打造一个聊天机器人，这可能就是ChatGPT的萌芽。

回到布罗克曼和山姆·奥特曼首次见面的那个下午，布罗克曼的主动投奔对于当时也想涉足人工智能领域的奥特曼而言，既是意外，也是巨大的礼物。奥特曼告诉布罗克曼，YC当时考虑筹建一个人工智能实验室，希望两人保持联系。2015年5月7日，布罗克曼正式官宣离开Stripe，并开始研究AI。当时他每天都在YC论坛Hacker News上刷帖子，他发现周围人都在讨论AI，越来越多的人为此感到兴奋，此时布罗克曼反而冷静下来，他只想弄清楚"深度学习"是什么。在朋友的建议下，布罗克曼一边读书，一边在数据建模和数据分析平台Kaggle上学习新技能，包括当时正火的语音识别和图像分类技术。他终于弄懂了深度学习，知道这是一种人工智能研究方法，用于教计算机以人脑的方式处理数据。

2015年6月，奥特曼联系了布罗克曼，想再次确认布罗克曼对未来的计划。奥特曼告诉布罗克曼，自己计划明年开一家人工智能公司或者投资一家人工智能研究机构，当布罗克曼直白地追问这个项目主要是做什么的时候，奥特曼告诉他："我想建立安全的人类级AI。"7月，布罗克曼受邀参加了奥特曼组织的那场晚宴，第一次见到了真正的人工智能科学家伊利亚·苏茨克维尔，还有同样势必要入局的马斯克等人。此前就已经和奥特曼有过几次深入接触的布罗克曼当场宣布加入，并作为牵头人之一，在接下来的很长时间里都为这家尚未正式成立的研究机构四处奔走，寻找人才。

晚宴结束后，布罗克曼就开始努力组建团队。他首先想到的就是2018年获得图灵奖的深度学习领域三巨头杨立昆、杰弗里·辛顿和约书亚·本希奥，但想要邀请这三大巨头参与几乎是不可能的。杰弗里·辛顿在谷歌，杨立昆教授在Facebook，两人年纪都比较大了，不大可能从科技巨头跳槽到一个名不见经传的新成立的机构。而唯一没有为大公司效力的约书亚·本希奥一直在学术界活动，对加入某一公司似乎没太大兴趣。但布罗克曼还是约见了约书亚·本希奥。本希奥婉拒了邀请，但给了布罗克曼一份名单，名单里列出了他个人认为的在人工智能深度学习领域最优秀的研究人员。

布罗克曼拿到这份名单，就像得到了一本武功秘籍，他马不停蹄地开始联系名单上的所有人。但是他很快遇到了一个问题：名单上的大部分人都是顶尖科学家或者教授，他们要么和本希奥一样志不在此，不想加入大公司工作，一心投身于实验室；要么已经在科技巨头公司里，拿着非常高的薪酬待遇。布罗克曼想要挖角，说服他们跳槽到一个前途不明的非营利组织，除了给他们“画饼”以外，几乎没有任何的筹码和优势。要怎么突破呢？布罗克曼决定破釜沉舟，将自己与这些人“关在一起”，一同度过一个周末。

50

拒绝高薪的研究员们

在未来，你会看到深度学习在很多领域取得重大进步，因为人工智能不会对问题的性质做出任何假设，因此适用于很多事情。

——OpenAI首席科学家伊利亚·苏茨克维尔

硅谷有一个非常有名的周末圣地：纳帕溪谷的Napa酒庄。在硅谷投资圈和科技圈内有个流传已久的说法："在硅谷星巴克谈不成的事情，去Napa酒庄住一个周末，就谈成了。"这句话听着很像酒庄的广告，但背后实际上却有一些道理：在优美、不受打扰的环境里，在美酒的加持下，没有什么问题是在上升到灵魂拷问的层面后解决不了的。

作为创业多年的老手，布罗克曼也深谙此道，他在本希奥给的名单上，选了10个他觉得最重要的科学家，一一打电话约了时间，将这10个人拉到了Napa酒庄过周末。没有人知道他们在那个周末具体聊了什么，但结果是，在离开Napa酒庄的时候，布罗克曼对他们发出了加入OpenAI的邀请，并给了他们3周时间考虑。后来布罗克曼在接受采访时告诉记者："当你在Napa酒庄将人们聚在一起的时候，很容易产生化学反应。你被困在那里，你必须说话，必须参与所有被安排的活动。但聊天比喝酒更重要，我唯一要做的就是和他们聊天，我做到了。"

在3周时间里，奥特曼、马斯克和布罗克曼正在组建OpenAI的风声传遍了硅谷，科技巨头们开始和自己手下的顶尖AI研究员们谈话，他们不清楚布罗克曼邀请了哪些人去过周末，只能一一找到内部最有价值的研究员，提出以更高的薪资留住他们。在此之前，随着机器学习技术市场的升温，谷歌等巨头为了争抢这些顶尖AI研究员，已经开出了非常高的工资，甚至有多家媒体报道过这件事，微软研究副总裁彼得·李说："一名顶级人工智能研究员的薪资已经超过了国家橄榄球联盟的一名顶级四分卫候选人。"要知道，顶级橄榄球星的年薪高达几百万到上千万美元不等。

然而，为了阻止山姆·奥特曼和埃隆·马斯克成立OpenAI，科技巨头们再次出手。研究员沃伊切·赫萨伦巴加入OpenAI之前曾在谷歌和Facebook工作，他就是在最后时刻获得了新报价的研究员之一。沃伊切说："当科技巨头们在得知我们有意向离开的时候，开出的新价格是这个行业中已有高薪的2～3倍。"但是，即便巨头们给出了这么极具诱惑力的年薪，10位受到邀请的AI顶尖研究员中仍然有9位拒绝了高薪，加入了OpenAI。

这些研究员为了跳槽到OpenAI，牺牲了多少工资呢？后来，有媒体专门查看了OpenAI的税务文件，发现OpenAI给首席技术官伊利亚·苏茨克维尔的薪水只有大约190万美元，另一位首席研究员伊恩·古德费洛的薪水是80万美元，两人都是从谷歌跳槽过来的，他们的薪水和在谷歌时期相比，几乎只有其十分之一。此外，OpenAI的历年报税表显示，OpenAI第一年的花销是1123万美元，其中665万美元是大约50名员工的总工资金额，平均一个人的工资只有不到14万美元，而根据Levels.fyi的数据，软件工程师在硅谷地区的薪水中位数为23.1万美元左右。也就是说，OpenAI内部工资远远低于硅谷当时的平均水平。这些放弃高薪的顶尖研究员，加入一个充满巨大不确定性的非营利组织，既没有股权，也没有慷慨福利，更没有豪华年会，以及明确的升职路径，他们到底是为了什么呢？

答案其实写在了后来OpenAI正式成立后的创立章程中，他们就是因为一个很纯粹的目的聚在一起。这个目的就是：确保通用人工智能造福全人类。OpenAI没有选择匹配科技巨头们的报价，它提供了另外一种东西：探索研究，专注于未来，而不是产品和季度收益，并最终与任何想要它的人分享大部分研究成果。没错，奥特曼、马斯克和OpenAI的目标是把这项可能成为21世纪最具变革性的技术免费送给所有人。

研究员沃伊切表示，尽管他非常尊重像谷歌和Facebook这样的公司，但那些疯狂的报价实际上让他感到反感。他觉得这些钱代表了科技巨头们在阻止OpenAI创立方面花费的巨大精力。换句话说，他们宁愿花很多钱来垄断市场，以便自己将来赚取到更多的钱。这种资本的复杂性，让他更加倾向于OpenAI这个初创公司的宏伟使命。沃伊切说："我意识到，OpenAI是最好的去处。"沃伊切的这番话也代表了在OpenAI尚未成立前就加入的9位研究员的心声。同时，他提到的宏伟使命也说服了在2015年7月参加奥特曼聚会的另外一个人，也就是除了格雷格·布罗克曼，OpenAI的另一位核心人物——伊利亚·苏茨克维尔。

苏茨克维尔是成名已久的人工智能科学家。他出生于苏联，5岁移民以色列，2002年后与家人一起移居到加拿大，在多伦多大学获得了数学学士学位和计算机科学硕士、博士学位，他的导师正是此前提到的、获得2018年图灵奖的深度学习领域三巨头之一的杰弗里·辛顿。2012年，苏茨克维尔参与提出卷积神经网络AlexNet模型，证实了机器拥有深度学习潜力，这一发现被认为引发了新一轮人工智能的浪潮，同时也是自动驾驶的起点。随后，他在斯坦福大学跟随吴恩达做博士后研究，同时，作为AlexNet的共同作者，苏茨克维尔与导师辛顿和另一名博士生一同创办了DNNResearch公司，寻求智力成果的商业化。在DNN被谷歌收购后，他成为Google Brain项目的研究科学家。

苏茨克维尔在遇到奥特曼和马斯克后，一起讨论了人工智能的前景，三人一致认为：人工智能必须以人类安全为第一要务，所以其研究机构也必须是非营利组织。怀着相同的理念，苏茨克维尔最终在2015年年底离开谷歌，确定成为即将成立的OpenAI的董事，同时担任首席科学家，补全了OpenAI的最后一块拼图。

51

OpenAI正式成立

我能想象到的最好的事情，就是让人类以安全的方式构建真正的人工智能。

——格雷格·布罗克曼

OpenAI在与科技巨头们的竞争中大获全胜，这件事最讽刺的地方在于，即使全球最大的科技巨头试图像橄榄球球队一样竭力留住自己的研究人员，但研究人员似乎更在乎共享他们的学识与能力。在人工智能研究这样的顶尖领域里，最聪明的头脑并不被新产品的研发周期和利润率所驱动，他们想要让人工智能变得更好、更安全，而且他们认为，当一家研究人工智能的公司想要独吞自己的最新发现时，人工智能就不会变得更好，自己的工作就不会真的有意义。

2015年12月11日，在世界顶级的人工智能学术会议神经信息处理系统进展大会（NIPS，后改名为NeurIPS）举办期间，OpenAI带着

10亿美元的投资承诺宣告成立。

OpenAI在官网上是这样描述自己的：OpenAI是一家非营利人工智能研究公司，我们的目标是，在不受财务回报需求的限制下，推进通用人工智能的发展，最终造福全人类。由于我们的研究没有财务义务，我们可以更好地专注人工智能对人类的积极影响。我们认为人工智能应该是人类个人意志的延伸，并且在自由的精神下，尽可能广泛和均匀地分布，而非被小群体垄断。这个项目的结果难以确定，且任务艰巨，但我们相信我们有着正确的目标与方向，这是人工智能领域最重要的事情。

同时，在这篇对外介绍的文章里，OpenAI也提及自身成立的背景：深度学习技术在几十年的发展后，开始在各个领域实践并且取得了不错的成果。因为深度学习技术日趋成熟，研究者不再需要为每个待解决的问题单独编写新的算法，而是可以设计一个系统，在输入特定的数据后生成各种适用的算法。这种做法推动了整个深度学习领域的进步，计算机被证明非常擅长图像识别、机器翻译和语音识别等，并且能够在一定程度上理解人类说话的方式，这让研究者们开始看到计算机自身具有的创造力，以及它们有可能为这个世界带来的改变。

2015年，基于深度学习的人工智能让人印象深刻，但能力范围仍然有限。奥特曼等人认为，人类在研发人工智能的过程中，会不断削弱对计算机的限制，在极端情况下，计算机很快就能在不同智力或者算力相关的项目中超过人类的水平，比如棋类或者其他竞技类游戏。

由于AI一直以惊人的速度发展，因此很难预测何时人工智能会接近甚至超过人类。OpenAI希望在这一时刻到来之前，世界上能有一个无私的机构，它掌握着最先进的技术，同时能够优先考虑全人类的福祉，而不仅仅是个人或者自身的利益。奥特曼等人希望OpenAI就是这家机构。作为一个非营利组织，OpenAI的目标是为每个人创造价值，而不是为股东创造价值，OpenAI鼓励所有研究者发布他们的工作成果，无论是以论文、博文，还是代码的形式，同时也愿意分享所有专利，并且与其他人工智能研究机构进行自由合作。

这篇文章代表了OpenAI创立者们的想法，包括OpenAI 4位核心人物：山姆·奥特曼，埃隆·马斯克，格雷格·布罗克曼，伊利亚·苏茨克维尔，以及在成立之初就加入OpenAI的7位顶尖的人工智能研究员和5位顾问，他们都下定决心要共享自己的才华和成果。

OpenAI的出现最终也改变了人工智能研究领域。要知道，深度学习起源于学术界，2015年时只有谷歌、Facebook和微软等少数科技公司进入了这个领域，因为在原始计算能力方面的进步使得深度神经网络不仅是一种理论上的可能性。杨立昆和杰弗里·辛顿之所以离开学术界，进入谷歌和Facebook，是因为这些公司内部拥有巨大的资源。但他们仍然致力于与其他研究机构和研究员合作。杨立昆曾说过："深度学习研究需要交流。当你希望独自进行秘密研究时，你必定会落在最后。"

在OpenAI成立后，科技巨头们也变得更加愿意分享他们的AI研究成果。巨头们终于意识到，金钱打动不了这些研究者，知识分享才可以。这是一个真正的变化，尤其是对于长期将技术保密的谷歌而言，他们在这场人才战争中被挖走的人最多，因此得到的教训也最深刻，不久后的2016年，谷歌公开了一部分研究成果。当然，由于最早投入人工智能领域，谷歌仍然持续在这一领域的研发上保有优势，直到2022年年底ChatGPT的出现，才真正撼动了谷歌的地位。

52

软肋与募资

为了确保人类拥有最美好的未来，我们讨论了我们能做的最好的事情是什么。我们可以袖手旁观，我们可以鼓励和监管，我们也可以通过建立正确的机构，与那些同样非常关心人工智能开发安全的人，以对人类有益的方式，一起研发人工智能。

——埃隆·马斯克

回到2015年，OpenAI正式宣布成立，奥特曼等人切实将人工智能开放分享的概念往前推动了一步，他们不希望一个或两个大公司控制人工智能的未来。OpenAI在刚起步就做到了这一点，它迫使谷歌和Facebook等公司开放了自己的经验。

但对于当时的硅谷以及众多投资人来说，人们惊讶于OpenAI的愿景，但没多少人对这个新成立的机构真正有信心。

山姆·奥特曼和埃隆·马斯克，两位硅谷的知名人物，成立

OpenAI妄图追上谷歌，不禁让大部分硅谷人想起几年前的另外一个故事——2011年2月，微软和诺基亚突然宣布展开全面合作，合力挑战安卓系统。当时，谷歌高级副总裁维克·冈多特拉在社交媒体上评论这件事时嘲讽道："两只火鸡加在一起，也变不成一只鹰。"冈多特拉的这句话代表了大多数人的观点，因为几乎所有人都对微软和诺基亚的合作不看好。这句话很快就变成了现实，这场合作没过几年就宣布失败，微软败走手机市场，而诺基亚也全面失败，消失在人们的视野中。

在任何拥有极高技术门槛作为护城河的领域，联手挑战强者通常都是这样的结局，即便微软本身不输谷歌，而诺基亚在21世纪初也牢牢占据着全球手机市场的主导地位，也避免不了挑战失败。因此，2015年的OpenAI看起来也像一个妄图挑战雄鹰的"火鸡联盟"。

那一年担任NIPS大会主席的计算机科学家尼尔·劳伦斯直白地点出了OpenAI的最大软肋："OpenAI的愿景令人钦佩，但没有大规模数据，OpenAI最终真的能造福人类吗？我不确定。"

尼尔·劳伦斯提到的"大规模数据"，正是2015年人工智能开始迅速发展的基础。当时，主流的人工智能技术路线是"监督式的深度学习"，研究员们需要用精心标注的数据，教会计算机自动完成任务。比如你想让计算机识别照片中的狗，你需要用上万张带有狗的照片，不断训练该模型，而且还需要人为标记清楚每张照片中什么是狗，然后计算机才能在新的照片里认出这种毛茸茸的动物。如果之后要识别其他动物，研究员就得再标记一次。

和科技巨头相比，微软有搜索引擎Bing，谷歌自己就是全球最大的搜索引擎，Facebook是当时最大的社交平台之一，三者都有庞大的数据库作为支撑，但OpenAI什么都没有。在高调成立后，OpenAI便面临着一个致命的问题：它们没有大规模的数据，也没有足够多的钱雇用人手去标注数据。对此，奥特曼等人选择的解决方案是，抛弃主流的人工智能技术路线。条条大路通罗马，OpenAI选择了他们唯一能选的技术路线："非监督的强化学习"。

什么是非监督的强化学习？简单来说，强化学习是指让机器不断通过试错来学习如何做某件事，非监督代表着让机器自己学，不要人引导它。这其实也是DeepMind重点研究的技术，他们在2015年10月用这一技术做出了AlphaGo，但DeepMind在被谷歌收购后获得了几乎无限制的资金和技术支持。因此对于尚在婴儿阶段的OpenAI而言，此时最需要的就是钱。那么山姆·奥特曼会怎么做？

在OpenAI成立前，他其实就已经知道了自己创立人工智能机构可能会面临的困境，因此，他最早拉人入伙时就考虑了这个问题。

奥特曼选择的人里，埃隆·马斯克早就凭借前两家创业公司——网络软件公司Zip2和合并后的PayPal，成了全世界最有钱的人之一，因为有钱，所以马斯克才能开公司造火箭、参与研发自动驾驶汽车、研究清洁能源，实现自己的梦想。而另一位联合创始人，出生于1987年的格雷格·布罗克曼，在2015年时还不算是富豪，却愿意拿出自己所有的积蓄。再加上已经完成资本原始积累的山姆·奥特曼本人，这三位拿出的钱就能够支持OpenAI前进一两年。

当然，奥特曼既然要进军人工智能领域，肯定不可能只做一两年，他至少得为公司的10年做打算，因此他肯定会做更充足的准备。虽然外界不看好，但奥特曼的人脉发挥了作用，在很短的时间内，他为OpenAI拉到了10亿美元的投资承诺。相比不被外界看好的愿景与目标，这份星光熠熠的投资者名单真正激起了媒体的狂热与业界的震惊，投资者包括LinkedIn的联合创始人里德·霍夫曼、YC孵化器的联合创始人杰西·利文斯顿、PayPal联合创始人彼得·蒂尔，还有三家公司及机构：亚马逊网络服务公司、印度第二大IT公司Infosys和此前提到过的YC Research。

LinkedIn的联合创始人里德·霍夫曼在一封电子邮件中解释了自己为什么要投资OpenAI，他说："人工智能是改善当今世界的绝佳机会之一，具体应用范围从无人驾驶汽车，到医疗诊断和精准个性化的医疗，再到许多其他跨行业的数据、分析、决策领域。"

奥特曼在接受采访时表示，这笔10亿美元的资金将按计划长线投入，在最初几年，可能只有一小部分资金会真正用于开支，而且他们暂时不打算公布每个投资者或者投资机构具体的投资额度，以及资金的使用率和具体的投资项目。马斯克也对媒体表态说："每个被列为这个机构贡献者的人都做出了实质性的承诺，因此就算账面上没有这么多钱，OpenAI仍然应该被视为一个10亿美元的项目。"

这笔钱虽然无法支持OpenAI像谷歌一样无限度地开发DeepMind，但已经足够OpenAI正式开始运作，挑战谷歌等早已在天空中翱翔的雄鹰。山姆·奥特曼和OpenAI会如何开始自己的挑战之路？

53

了解对手DeepMind

AI的梦想是让机器变得聪明，今天大多数的AI都是预先编程的机器。而我们的方法是为它们编写自主学习的能力，这个方法让AI更加强大，因为这是生物系统学习的方式。

——DeepMind创始人杰米斯·哈萨比斯

创办OpenAI之前，山姆·奥特曼曾在斯坦福大学的课堂上提出了一个创业公式：创业成功=想法×产品×执行×团队×运气。现在OpenAI成为这个公式的最佳案例。

2015年年底，山姆·奥特曼通过OpenAI的初步想法和愿景，拉拢了一大批人工智能领域的顶尖研究员，搭建了令谷歌和Facebook都羡慕嫉妒的技术团队。这个团队由同时擅长管理和技术的格雷格·布罗克曼带领，将聚焦研发深度学习系统相关的项目。就此，想法、产品、团队这三样元素俱全，剩下的就看执行和运气，然而，相比捉摸不透的运气来说，执行才是能努力够到的东西。对于一家人工智能研究机构而言，执行意味着花钱，同时OpenAI的非营利性，又代表了他们只花钱不赚钱，因此启动资金很重要。

在解决启动资金的问题后，山姆·奥特曼、埃隆·马斯克和格雷格·布罗克曼开始讨论OpenAI的研发方向。然而，在探讨具体研发方向时他们陷入了困顿，他们意识到OpenAI的研究团队根本不确定哪个方向能成功，或者至少接近成功。2016年入职OpenAI、负责安全问题的人工智能科学家达里奥·阿莫迪后来评价说："OpenAI早期开展研究的方式类似风险投资，在一个领域设定'投资组合'，不同的团队往不同的方向下注，最终选出最有可能做出通用人工智能的项目。"

达里奥·阿莫迪的这句话非常形象地总结了OpenAI的早期方向，同时还带出了非常强烈的奥特曼个人烙印，毕竟当时奥特曼同时在YC孵化器担任总裁，设定投资组合正是他的强项。

但是，在找不到方向时，山姆·奥特曼等人做了一个聪明的决定——他们打算知己知彼，在战胜强大的对手之前，先向他们学习。在一次不记名投票后，众人投出了唯一一个他们想要了解的对象——谷歌，或者说谷歌DeepMind。此时的谷歌在收购DeepMind后如虎添翼，将其他竞争对手远远甩在身后。DeepMind为什么这么出色？这就不得不提到这家英国公司的最核心的创始人杰米斯·哈萨比斯，这位完全不输山姆·奥特曼的英国天才。

在创立DeepMind这家人工智能公司前，杰米斯·哈萨比斯有着截然不同的职业标签：4岁起就成为国际象棋神童，13岁时达到了大师级水平，多次担任英格兰少年国际象棋队的队长，并在1995年后连续三次代表剑桥大学参加了国际象棋比赛；17岁后，杰米斯因为年纪太小被剑桥大学要求休学一年，他开始了间隔年，并爱上了玩游戏，此后杰米斯在完成学业的同时，成了一位游戏设计师和AI程序员，并且在1998年，年仅21岁时告别打工生涯，创立了自己的独立游戏公司。

2005年，游戏公司关闭之后，杰米斯重返学术界，获得了伦敦大学学院的认知神经科学博士学位，成了一位神经科学专家。这一阶段，杰米斯·哈萨比斯专注于想象力、记忆和健忘症领域的研究，他与其他人联合写了多篇有影响力的论文，发表在《自然》《科学》《神经元》《美国国家科学院院刊》等神经科学领域最有名的期刊上，尤其是他发表在《美国国家科学院院刊》上的第一篇学术著作，具有里程碑式的意义。这篇文章首次系统地表明海马体受损的患者，无法想象自己将发生的新经历——这一发现将想象力的建构过程与情景记忆的重建过程搭建了联系。之后，杰米斯·哈萨比斯基于功能性磁共振成像研究，提出了一种新的情景记忆系统理论，被《科学》杂志列为2007年度的十大科学突破。

此时，这位顶级天才开始对人工智能感兴趣。他试图在人脑中寻找新的人工智能算法灵感。为此他去了当时在人工智能领域久负盛名的麻省理工学院的托马索·波吉奥实验室，还在哈佛大学以访问科学家的身份继续他的神经科学和人工智能研究，并在2009年获得盖茨比计算神经科学部门的亨利·惠康博士后研究奖学金。

在盖茨比计算神经科学部门做博士后时，杰米斯·哈萨比斯遇到了肖恩·莱格，同时期还通过家人认识了穆斯塔法·苏莱曼。因为都对人工智能感兴趣，很快三人就于2010年9月共同创立了DeepMind。三人认为DeepMind的使命是“解决智能，然后用智能解决其他一切问题”，更具体地说，DeepMind旨在将系统神经科学的见解与机器学习和计算硬件的最新发展相结合，解锁日益强大的通用学习算法，这些算法将致力于创建通用人工智能。

这家人工智能公司从创立之初，就确定了一个当时非常新颖的方向：专注于训练学习算法以精通游戏。这个方向归功于杰米斯·哈萨比斯早期的职业生涯，记得吗？他还是一名视频游戏AI程序员和设计师，游戏不仅是他的工作，也是他生活的重要组成部分。因此，当他决定创立一家人工智能公司时，杰米斯想，为什么不让机器通过玩游戏完成学习呢？

54

两位关键的先生

人工智能在流行文化中往往声名狼藉：就像《终结者》中的半机器人刺客，或者像《她》中引诱我们陷入无意识的危险爱情的萨曼莎。那么，我们为什么需要一个通用人工智能呢？因为我们需要人工智能的帮助来实现社会所需的突破，气候、经济、疾病——它们是极其复杂且相互作用的系统。人类很难通过分析所有的数据去理解它们。我们很快会面临人类专家能力有限的情况，这时候，人工智能的辅助将无比重要。

——杰米斯·哈萨比斯

在创立人工智能公司DeepMind后，杰米斯·哈萨比斯做了个大胆的决定，他们要通过教机器如何玩七八十年代的老游戏，研究人工智能技术。这些游戏与今天的游戏相比，更加原始和简单，比如非常经典的雅达利（Atari）街机游戏，《乓》（*Pong*）和《打砖块》

（*Breakout*）等。

《打砖块》这款游戏可能很多80后、90后小时候都玩过，游戏规则就是左右移动一块木板接起小球，通过反弹至不同方向，打掉关卡内所有砖块。在参与这个游戏之前，AI事先并不知道游戏的规则。在前30分钟内，AI进行了100场游戏，表现得非常糟糕，但AI通过失败不断学习应该把球反弹向哪里。一个小时后，AI的表现有了一定程度的提高，但仍然不是很完美。但是两个小时后，它已经基本掌握了游戏的节奏，即使球速非常快，它也能准确地做出最好的判断。第四个小时，AI提出了一种最佳策略——在墙的一侧挖掘一条隧道，并以超人的精准方式将球送到后面。这是游戏设计者都不知道的通关策略。

实际上，这个研究方向的工作是以扎实的神经科学研究为基础的。杰米斯·哈萨比斯和肖恩·莱格在伦敦大学学院的计算神经科学部门的学习背景，帮助杰米斯·哈萨比斯带着DeepMind团队，通过教计算机模仿人类大脑的思维过程来开发人工智能的策略，特别是人类如何使用信息来做出决定和从错误中学习。杰米斯这个异想天开的想法成功了——AI完全不懂游戏规则，只是简单地被告知要打出高分，但在经过两个小时的训练后，它就成了高手。杰米斯曾解释原因："AI经历的认知过程，与那些从未见过游戏的人理解和尝试掌握游戏的认知过程非常相似。"

2013年12月，DeepMind公布了他们取得的这一开创性突破，他们声称已经训练出一种名为深度Q网络（以下简称DQN）的算法，这是第一个成功地从高维感官输入直接学习控制策略的深度学习模型，使用强化学习的方式训练卷积神经网络，输入的是原始像素，输出的是估计未来奖励的价值函数。杰米斯说："我们已经将这个方法应用于7个街机游戏中，并且在街机环境中进行训练，我们不需要调整架构或学习算法，就发现了机器在其中6个游戏中，发掘出优于所有先前策略的方法，并在其中3个游戏中超过了高水平的人类玩家。”

DeepMind在成立后短短3年内取得了突破性的成就，这让它获得了非常多投资者和科技巨头的关注。在DeepMind被谷歌收购之前，就从众多知名投资者和投资机构那里获得了数百万英镑以扩大规模，其中包括李嘉诚的投资公司，以及另外两个OpenAI的关键人物：埃隆·马斯克和彼得·蒂尔，两人都是这家公司的早期投资者。有趣的是，这两人在2015年OpenAI成立时，再次出现在新闻报道中，一位是联合创始人，一位是早期资助者。

彼得·蒂尔和埃隆·马斯克在DeepMind发展过程中扮演的角色非常重要。

彼得·蒂尔不仅是DeepMind的第一位投资人，还是Facebook的第一位投资人，而且在此之前彼得·蒂尔从不投资美国以外的公司。英国人杰米斯后来回忆起这件事。2011年，为了获得来自彼得·蒂尔的资金支持，杰米斯花了一年时间才找到办法。他说：“我需要在他赞助的人工智能会议上发表演讲，这样就有一分钟的机会向他推销DeepMind。所以我研究了彼得·蒂尔，发现他也玩国际象棋。所以我认为与其成为第100个向他推销的人，不如和他聊聊国际象棋。于是我不太巧妙地在谈话中编造了一个问题——为什么那么多人喜欢下国际象棋，他很感兴趣并问我原因。我说：‘因为国际象棋是一种完美的平衡，这种平衡的关键就在于象和马。它们的兑换带来某种创造性的张力。’他笑了，让我第二天再来做一个正式的演讲。”

埃隆·马斯克则是将DeepMind推向谷歌怀抱的“幕后黑手”，他或有意或无意地促成了谷歌收购DeepMind这件事，因为令谷歌最早关注到DeepMind这家公司的最大功臣正是埃隆·马斯克。当时，马斯克在一次私人聚会上，告诉谷歌的创始人拉里·佩奇，有家叫DeepMind的英国人工智能公司正在试图研发出通用人工智能。几个月后，负责谷歌知识部门的高级副总裁艾伦·尤斯塔斯发了一封电子邮件给杰米斯·哈萨比斯，邀请他与拉里·佩奇会面。在谷歌完成收购后，杰米斯对媒体说："我无法拒绝这个邀请。后来经历了一年的谈判，我们选择了谷歌，原因之一是我们在文化上非常合适，而AI也是拉里·佩奇非常关心的事情。"

当被问到当时为什么要卖DeepMind时，杰米斯说："我们原本没有这样的计划，但我想到了一件事，也许3年后，我必须专注于筹款，导致只有10%的时间用于研究。我还意识到，我这辈子都没有足够的时间来建立一家与谷歌同等规模的公司，同时又能研究人工智能问题。所以，当我老了回顾自己这一生，我会对自己建立了一个估值数十亿美元的公司更高兴，还是帮助研发了人工智能技术更满足？对我来说，当这两个问题摆在一起，选择就变得很简单了。更不用说拉里·佩奇当时还对我说了一句话，他说：'我花了15年时间打造谷歌——你为什么不来利用我们在这里建立的一切呢？'对于这句话，我想不到任何拒绝的理由。"

于是，在DeepMind被谷歌收购后，埃隆·马斯克和彼得·蒂尔傻眼了，谷歌的收购意味着其他投资人的出局，两人在人工智能领域种下的种子，还未长成参天大树，就先被谷歌收割了。因此，当山姆·奥特曼准备创立OpenAI，对抗谷歌在这一领域的垄断趋势时，马斯克和蒂尔迫不及待地再次成为急先锋。

55

AlphaGo的出现

我们正试图建立一套通用算法，就像人脑一样。你需要处理视觉，你需要长期记忆，你需要工作记忆，以便可以在不同任务之间切换……你可以随时创建相当不错的定制程序，来解决某个特定的任务，比如下棋或开车。我们将以人脑的这种通用性作为出发点，而不是仅仅为某个特定任务服务。我们的人工智能系统当然可以学会下棋，但就算将下棋所需的所有知识全都告诉它，包括移动、开局和残局的下法，它也不会比IBM的深蓝做得更好。深蓝的智能存在于哪里？不在程序里，而在编程团队的头脑中。这个程序非常愚蠢，它不学习任何东西。

——杰米斯·哈萨比斯

从某方面来说，OpenAI与DeepMind非常接近。

起初是几个好朋友都对人工智能领域非常感兴趣，然后找到了彼得·蒂尔进行投资，并且带上了一个重要推动者埃隆·马斯克。

但不同的是，DeepMind在人工智能领域早探索了几年，并且在持续进化，很快两家公司会变成竞赛状态。

一方面，DeepMind在杰米斯·哈萨比斯的带领下，继续着最初通过玩游戏而让AI不断进化的方法，并据此开发了一个更复杂的、经过调整的DQN版本。杰米斯说："DeepMind已经将两个有前途的研究领域——深度神经网络和强化学习算法——以一种非常基础的方式相结合。我们的算法可以利用他们在一个领域中学到的知识，应用到另一个新的领域中。"

2015年2月，杰米斯·哈萨比斯对外宣布，新的人工智能版本在仅提供最少背景信息的情况下，已经学会了49种不同的街机游戏，并且在其中22个游戏里超越了顶尖的人类玩家，其中包括《太空侵略者》(*Space Invaders*)这种规则相对复杂、更加注重策略性的射击游戏。

但与此同时，杰米斯也不否认，此时的AI仍然在其他20多个游戏里体现了局限性，尤其在经典游戏《吃豆人女士》(*Ms. Pac-Man*)里，与人类不同，AI无法提前几秒钟制订计划，这阻止了它弄清楚如何安全地穿过迷宫，以便吃掉最后的颗粒完成关卡。同时AI也始终学不会通关的另一个技巧——吃掉隐藏的魔法颗粒。在游戏设定中，这些魔法颗粒可以帮忙干掉这关的boss，也就是正常形态下必须躲避的鬼魂。而此时的AI只能停留在当下，它只能复盘最近十五分之一秒的游戏过程，来了解哪些动作会带来回报或如何利用经验选择下一步动作。这意味着它只能掌握那些战术较为直接的游戏。

在发展中，DeepMind已经开始研究让AI玩任天堂游戏和PC电脑里的游戏，这些游戏很多都基于简单的三维环境设计。杰米斯·哈萨比斯说："我们最终的想法是，如果这个AI算法可以驱动赛车游戏中的汽车，稍加调整后，它也许能够驱动真正的汽车。"也就是说，测试更加复杂的游戏甚至可以为AI应用于现实世界提供一个桥梁。

另一方面，DeepMind在2014年开始了关于能够下围棋的人工智能的研究。与国际象棋等其他棋类游戏相比，围棋有着更多的下法可能性，人们普遍认为人工智能很难战胜人类棋手。然而，AlphaGo彻底震惊了全世界。

2015年10月，DeepMind开发的名为AlphaGo的计算机围棋程序，以5∶0的成绩击败了欧洲围棋冠军范辉。这是人工智能首次击败职业围棋选手。

没过多久，2016年3月，它又在五局比赛中以4∶1的比分击败了当时最顶尖的围棋手之一李世石。李世石在被AlphaGo击败前，曾经拿到过18次世界冠军，仅次于另一位职业九段棋手李昌镐。在2017年的围棋未来峰会上，AlphaGo与当时连续两年保持世界第一的中国棋手柯洁进行对局，三局对决全部获胜。

这些消息一次又一次掀起互联网热议的浪潮，人们都很好奇：AlphaGo为什么这么厉害？

答案是，它在被创造时就预想到了这一刻。AlphaGo的开发技术基于深度强化学习的方法，为了让AlphaGo模仿人类棋手的思考过程，并在下棋过程中不断变得更加强大，它的"大脑"被导入了大量历史比赛数据，包括多达16万场现实比赛中的3000万步棋。大量数据输入让AlphaGo可以与自己较量，在棋盘两边，同时从胜利与失败中汲取经验和教训，这一效率是人类难以企及的。

在万众瞩目下，谷歌的资源让DeepMind完成第二次进化。也就是说，将战线拉长至20年，DeepMind也不用担心资金的问题，可以专注于研究技术。

在研究DeepMind强大的原因后，OpenAI和奥特曼准备如何做？他们如何在成立后的短短四年时间里，追赶谷歌DeepMind，成为世界领先的人工智能研究实验室之一？

56

非营利争议

把拥有高度智能的机器简单地视为科幻小说的情节将是一个错误，也可能是我们历史上最严重的错误。可以想象这样的技术能够超越金融市场、超越人类研究人员、超越人类领袖的操纵，并开发出甚至连我们都不能理解的武器。

——斯蒂芬·霍金

强者才是见证王者加冠卫冕的试金石。DeepMind越强大，OpenAI的崛起之路就越传奇。

在投资DeepMind结果被谷歌踢出局后，埃隆·马斯克曾对媒体解释，他投资DeepMind不是为了赚钱，而是为了“监视人工智能方面的动态”，后来他在投资OpenAI时沿用了这个说法，甚至全力支持OpenAI以非营利机构的形态发展，来避开媒体的质疑声。

而“非营利机构”就是OpenAI为应对竞争打出的第一张牌，这张牌可以总结成一个关键词：形象塑造。

之前提到过，山姆·奥特曼和格雷格·布罗克曼依靠“造福全人类”的理念，成功从谷歌等公司挖到了数位人工智能研究员。这件事让两人进一步确认，在人工智能领域，研究员们更关注社会福利而非个人私利。而且奥特曼等人甚至不需要假装，他们也说服了自己，深信只有一家非营利机构才能开发出对人类有利的人工智能。

而这也表明OpenAI想成为领导行业的牧羊人，即便他们在技术上处于落后地位，但它精心打造了自己的形象，为未来铺路，不断提醒所有人：在一个由富有的公司主导的领域，OpenAI是作为一个非营利组织成立的。

OpenAI在成立后的最早一份公告中强调了自己的非营利性定位，公告声明称：“重要的是要有一个领先的研究机构，它可以优先考虑为所有人带来好的结果而不是自身利益，我们的专利将与全世界共享。”尽管无论OpenAI还是奥特曼等人，都从未明确提出过批评，但这些内容含义很明确：其他实验室，如DeepMind，无法为全人类服务，因为它们受到商业利益的限制。它们是封闭的，而OpenAI会是开放的。

非营利，与全世界共享专利，为每个人创造价值……所有这些听起来都很棒。但是与所有能够畅谈的理想主义相比，研究人员在实际工作过程中，可能会发现他们面临着妥协，这些妥协与他们在上一家公司工作中面临的处境类似，那就是，开放性是有限制的。即便定位为非营利机构，OpenAI也并不是慈善机构。这家公司的股东们肯定会从中获利，比如马斯克的SpaceX和特斯拉都非常需要与人工智能相关的技术，不然他此前也不会投资DeepMind，而奥特曼此时主要投入精力的YC校友公司同样也将优先享受OpenAI的研究成果。

就连格雷格·布罗克曼，这位辞掉所有其他工作、全身心投入OpenAI的首席技术官，也在2016年某次接受采访时承认OpenAI的理想主义愿景有自己的局限性。他说："我们可能不会公开所有技术成果，我们的目标是，尽可能发布研究论文或在互联网上共享大部分研究成果。在一开始就对外公开我们的所有研究不一定是最佳选择。你需要培养一个想法，看看它的发展方向，然后再发布它。我们将发布大量开源代码，但也会有很多还没有准备好发布的东西。"

OpenAI的首席科学家伊利亚·苏茨克维尔之后在公开场合表示，OpenAI可能会为一些项目申请专利，他说："我们不会在短期内申请任何专利，但从长期来看，如果我们发现申请专利更符合我们创立OpenAI的初衷，对世界和全人类最有利，我们愿意改变策略。"苏茨克维尔随后举了个例子，他说："比如，OpenAI可以先发制人，抢先申请专利，这样就可以阻止有可能滥用技术的他人获得相同的专利。"

对于很多人来说，布罗克曼和苏茨克维尔的这些发言，暗示了OpenAI的"非营利"更像一次广告，而不是真正的大公无私和为全人类着想，尤其关于专利申请的这段发言，让人怀疑OpenAI有营利动机，或者至少不是像OpenAI的创始人奥特曼所主张的开源承诺那么坚定。人工智能艾伦研究所的负责人奥伦伊·奇奥尼说："这就是专利制度的意义所在，这让我想知道他们真正的目的是什么。"

当然，并不是所有人工智能领域的人都认同开放所有技术专利的理念，布罗克曼等人的最新表态反而让瑞典哲学家尼克·博斯特罗姆松了一口气，博斯特罗姆指出："如果没有任何限制地共享研究成果，坏人可能会在任何人确保这项技术足够安全之前，就利用它干坏事。如果你手上握有一个可能对世界造成糟糕结果的按钮，你不会想把按下这个按钮的权利交给每个人的。"但博斯特罗姆也想知道，如果

OpenAI决定保留自己的研发成果，防止被坏人利用，那么它与谷歌或Facebook这样的大公司有何不同。

OpenAI的非营利地位是否会改变人工智能领域的未来走向？谁也不知道。但包括博斯特罗姆在内的人还是认为，OpenAI的真正作用在于它确实可以对谷歌和Facebook等公司起到监察的作用，降低通用人工智能被垄断的可能性，加速了人工智能的发展。

但一切的猜想都建立在OpenAI自身发展上。所有关于理念或者组织性质的争议与设定，都无法回避OpenAI需要在研发技术这一领域直接与其他人工智能实验室竞争的事实。所以在具体研发成果上，OpenAI做得如何？

57

Gym强化学习平台公测

10年前，人们普遍认为，人工智能首先会影响到体力劳动，然后是认知劳动，或许在未来某一天，它才能够从事创意工作。现在看来，它的发展顺序将会是相反的。

——山姆·奥特曼

2015年年底OpenAI宣布成立后，在短时间内成为科技媒体的焦点。但当时间进入2016年年初，关于OpenAI的消息突然变少了，人们不禁开始好奇，山姆·奥特曼和埃隆·马斯克等人大张旗鼓成立的这家人工智能机构，到底是个昙花一现的空壳公司，还是已经默默组建团队开始推进自己的研发项目？

实际上，OpenAI突然偃旗息鼓，消失在公众视野，与当时几位主要创始人的情况有关。在成立之初，山姆·奥特曼和埃隆·马斯克为OpenAI搞到了一大笔启动资金，以及10亿美元的投资承诺，但在

2016年时，两人主要的时间与精力都在别处，奥特曼的主业仍然是YC孵化器，埃隆·马斯克更是一个大忙人，一人操盘多家公司，连吃饭睡觉都在特斯拉工厂的厂房里，根本抽不出时间参与OpenAI的建设。因此，让OpenAI启动并且正常运转的任务，落在了另外两个人身上。一位是重要的联合创始人伊利亚·苏茨克维尔，他是个典型的科学家，对具体项目研发外的任何事都不感兴趣；另一位则是刚刚离开独角兽公司Stripe的格雷格·布罗克曼，他承担起OpenAI大部分的事务。好消息是，无论是从能力还是从手段来看，布罗克曼都足够做当时这家新兴人工智能机构的老板，他在OpenAI成立前的筹备阶段，就为实验室挖来了第一批研究员，帮他们熟悉团队，了解公司运作，加上布罗克曼自身具有领袖气质，他顺理成章地扛起了OpenAI的大旗。

2016年1月初，布罗克曼和9名完成入职的研究员，在旧金山教会区布罗克曼的公寓里见面了。由于此前有一半的研究员都在收尾上一家公司的工作事项，因此布罗克曼花了不少时间才召集所有人见面。由于时间匆忙，OpenAI的第一次会议甚至在没有写字白板的情况下就开始了。布罗克曼和所有研究员确认，OpenAI将首先探索“强化学习”，这是一种让机器一遍又一遍地重复任务，通过跟踪得知哪种方法将产生最佳结果，并以此不断进化的过程。

2016年4月，OpenAI首次发布了强化学习研究平台“OpenAI Gym”的公测版。这是一个人工智能研究的新平台，作为OpenAI成立后的第一个成果，Gym与其说是一个平台，不如说是一个工具包，它能够帮助研究人员开发和比较强化学习算法，兼容用各种框架编写的算法及世界上的大部分语言。什么是强化学习？强化学习是机器学习的子领域，关注机器的决策制定和运动控制，它可以用来研究机器如何在复杂、不确定的环境中实现目标。

OpenAI Gym平台专注于强化学习，这是一种以完成任务为中心的人工智能。如果算法做得好，它就会得到奖励；如果它失败了，则没有奖励，然后它会尝试不同的方法。强化学习已经被证明在机器人和视频游戏中特别有效。这与谷歌DeepMind用来击败雅达利游戏中人类玩家的人工智能技术相同。

事实上，雅达利的游戏环境，模拟机器人和其他棋盘游戏，都仅仅是OpenAI Gym上的一个研究方向，其他的研究重点甚至包括围棋这种古老的中国棋盘游戏。研究员们将构建这些游戏的算法，然后将某个算法放在各种测试环境中，也就是测试算法的虚拟空间，接着，研究员就可以看到他们的算法在各种客观测试中的表现如何，基于反馈进行调整，甚至发布他们的算法基准，在社区里供其他人查看和讨论。OpenAI Gym本身支持与各种开源人工智能框架配合使用，例如谷歌的TensorFlow和蒙特利尔大学的Theano。OpenAI全力支持开源这种允许任何人修改和共享技术的生产模式，表明自己一直坚持推动在人工智能领域造福全人类的使命。

为什么OpenAI的第一次产品亮相选择了强化学习？布罗克曼解释说："在任何科学领域，好的研究都可以被复制。如果其他人可以模仿你的实验并获得相同的结果，那么这预示着你的发现是有效的。如果其他人可以调整你的研究并且获得更好的结果，那将对整个广泛的社区产生更大的好处。"

这些想法是OpenAI Gym背后的驱动力，同时也算是OpenAI团队初步兑现了山姆·奥特曼等创始人在创立之初许下的承诺：发布和开源他们所做的大部分研究成果，希望使OpenAI Gym成为对某些类型的人工智能算法进行基准测试的标准，并且成为研究员们分享他们测试结果的地方。

同时，有趣的一点是，OpenAI Gym不会根据谁能做出最高分算法来设置排行榜。相反，它将专注于推广具有良好通用能力的算法——因为这样的算法在完成其他类似任务方面具有多种用途。许多人工智能研究员将通用性视为人类智能的最大障碍。拿人工标记猫咪照片来举例，目前，能够识别猫咪图像的算法无法理解语音，因为它们是以不同的方式处理数据的，通用性意味着算法知道如何处理这两种情况，就像人类自然就会做的那样。

格雷格·布罗克曼在发布OpenAI Gym的文章里说："这不仅仅和最大公约数有关，而是要找到能够使算法获得通用性的解决方案，那些涉及特定任务的硬编码或不显示学习算法特征的解决方案不太可能通过审核。"也就是说，OpenAI Gym并不一定适用于算法本身改进的迭代工作，奥特曼、布罗克曼和OpenAI真正想要改变的是研究员们对算法的思考方式。

OpenAI Gym虽然在人工智能研究方面对整个领域具有一定意义，但OpenAI在沉默几个月之后仅仅推出了这一个平台，让所有人都感到失望。就连在OpenAI内部，也出现了一些不和谐的声音，有研究员私下抱怨他们甚至不知道自己在做什么。多年后，有记者采访到了一位OpenAI的早期实习生，对方回忆说："当时我的座位前后左右都是业界最牛的大佬，他们每个人的想法都不一样，大家擅长的方向和领域也可能不一样，公司似乎当时还没找到一个着力点，让这批世界上最牛的AI科学家们拧成一股绳一起发力。这是最难的，谁也不服谁。"

对于奥特曼和布罗克曼而言，如何应对OpenAI出现的新困境？在迷茫探索期，OpenAI做了哪些工作？

58

迷茫探索期

人们拥有改变事物的巨大能力。自我怀疑、过早放弃和不够努力，使大多数人无法发挥他们的潜力。

——山姆·奥特曼

OpenAI显然是带着恐惧成立的，但还没什么人知道它打算迎接什么，创造什么，就连OpenAI的几位核心创始人也有些迷茫。OpenAI Gym的发布就像这种迷茫的一个缩影，他们做了一个还不错的研究平台，然后呢？世界上任何一家人工智能实验室都能做出一个这样的平台，只要他们愿意，但没有突破性的研究成果支撑，只分享平台又有什么用呢？

2016年5月，时任谷歌研究员的达里奥·阿莫迪来访，将这类质疑声彻底公开化。阿莫迪解释自己到访的原因时说得很简洁，他说他只是想弄清楚一些事情，因为外界没有人了解OpenAI在做什么，他们太神秘了。因此，在OpenAI办公室，阿莫迪直截了当地问道："你们可以弄到10亿美元，然后雇用30个出色的研究员，但是要干什么呢？我的意思是，除了你们聊了很多次的理念，你们具体要做的东西到底是什么？"布罗克曼面对这个问题，有些尴尬地回答："我们现在的目标是……做现在能做的最好的事。这个说法的确有点模糊。"

阿莫迪对这个回应不置可否，事实上，他在AI领域也走得很深入。2014年他加入百度，与一个由AI科学家和系统工程师组成的小团队合作，其中包括谷歌Brain联合创始人兼首席科学家吴恩达。但与团队里的其他人致力于探索AI和深度学习方面的难题不同，阿莫迪将大部分时间花在了Deep Speech 2系列语音识别模型上，这是一种端到端的深度学习方法，可以识别英语和普通话等截然不同的语言。同时，阿莫迪还构思、制作并实施建设了神经网络架构，也就是利用神经网络来处理复杂的语音，例如嘈杂的环境和口音，在测试环境下，能让系统的输出接近于人类工作者提供的转录，英语和普通话语音系统中单词错误率显著降低。一年后，阿莫迪离开百度，成为谷歌Brain团队中的一名深度学习研究员，继续扩展神经网络的功能，并且撰写了多篇以人工智能系统安全和事故预防为主题的论文。

阿莫迪在谷歌的研究正是OpenAI感兴趣的方向，也就是关于人工智能的系统安全问题。当时接连几条新闻让人们开始关注人工智能的欺骗与滥用问题。2016年3月，微软发布聊天机器人Tay之后，Twitter上的一些"流氓"用户马上就教会了Tay发布类似"用毒气毒死犹太人，发动种族战争吧"之类的恐怖言论。不久后，互联网上发布了第一首由人工智能生成的流行音乐*Daddy's Car*，这首歌听起来就像披头士所作，但很明显，披头士的歌单里并没有这首歌。如果你最近关注互联网，也许会发现“冷门歌手”孙燕姿的AI版本在大杀四方。从经典电视剧的主题曲《向天再借五百年》《好汉歌》，再到我们耳熟能详的周杰伦、林俊杰、陶喆的歌，AI孙燕姿都能唱给你听。早在2016年，AI生成的内容就有了这个趋势，并且引发人们对版权风险的担忧。

马斯克在公开场合表示："虽然还没看到机器人杀手在街上行动，但不代表我们就不该担心了。"马斯克并非危言耸听，在当时，苹果的Siri、亚马逊的Alexa，以及微软的Cortana已经成为数百万人的助手，实时翻译和自动驾驶技术更是想当然地被信赖，就连奥特曼所带领的YC孵化器也开始使用一个叫作Hal9000的人工智能机器人来筛选创业者提交的申请。也就是说，这款神经网络正不断通过评估之前的申请和这些公司的成果来训练自己。奥特曼在被问到关于这一人工智能机器人的工作方式时说："它筛选的是什么？我不知道。神经网络让人担心的就是这一点——你不知道神经网络在做什么，它也无法告诉你。"

因此，山姆·奥特曼对阿莫迪的到访非常看重，他和布罗克曼一起接待了这位人工智能领域的年轻天才。阿莫迪再次直接问奥特曼和布罗克曼："AI领域里有二三十个人，包括尼克·博斯特罗姆，都说OpenAI想造出一个友好的人工智能，然后向世界公布它的源代码，确实是这样吗？"这一次奥特曼给出了出乎意料的回答，一方面呼应此前布罗克曼在接受采访时的回答，奥特曼说："我们不打算开放所有代码。"另一方面，奥特曼补充了另一句更重要的话："如果人工智能不够友好，我们最好也别试图纠正它，这一般只会导致情况变得更糟糕。"

之后，山姆·奥特曼带着几位OpenAI的研究员，和阿莫迪重点讨论了机器学习系统中的事故，尤其是可能由于现实世界里AI系统的设计不良而导致的意外和有害行为。一个月后，OpenAI参与了阿莫迪领导的论文《人工智能安全中的具体问题》的撰写，成为合著者之一，这篇论文围绕“确保现代机器学习系统按预期运行”这一主题探讨了许多研究问题，并根据问题的来源主要分为了三块：第一，是否源于错误的目标函数，包括“避免副作用”和“避免奖励欺骗”两个问题；第二，目标函数过于昂贵，无法经常评估，包括“可扩展监督”这个问题；第三，学习过程中出现不良行为，包括“安全勘探”和“分布式转移”这两个问题。这篇论文回顾了人工智能领域的先前工作，并提出了研究方向，重点关注尖端AI系统的相关性，最终考虑了如何最有效地思考AI前瞻应用的安全性这个高层次问题。

这篇论文发布后仅仅一个月，达里奥·阿莫迪加入了OpenAI。究其原因，一方面，此前他的妹妹丹妮拉·阿莫迪曾与布罗克曼共事过，因此他已经认识了OpenAI的许多成员。而更重要的原因是，山姆·奥特曼等人对人工智能安全问题的重视，最终征服了阿莫迪。达里奥·阿莫迪加入OpenAI后，一直带领着AI安全团队。后来，在接受采访时，阿莫迪解释了他跳槽到这家公司的原因：“我认为这里有许多非常有才华的研究人员，这是一个很好的环境，可以在已经完成的人工智能研究的背景下考虑安全性。”虽然他之前从未在初创公司工作过，但阿莫迪对能突破人工智能行业的界限，一心专注于监督机器学习感到非常兴奋。2018年9月，阿莫迪成为OpenAI的研究总监，并在一年多后成为研究副总裁，负责构建GPT-2和GPT-3的团队。

达里奥·阿莫迪这员大将的加入，成为OpenAI迷茫时期的一道光。之后，OpenAI将聚焦哪个方向？是否能在技术研究上找到突破口？

59

OpenAI的进化目标

山姆对于世界的计划是以思想为锚定，而不是以人为锚定的。这就是它强大的原因，它不会被流行的思潮与事物所影响。

——彼得·蒂尔

2016年6月，山姆·奥特曼等4位主要创始人联合署名，分享了OpenAI更具体的研发目标。

首先，OpenAI的短期目标是建造家庭机器人。当然，OpenAI只负责人工智能方面的工作，而不是物理制造。他们正在努力使一台物理机器人能够完成基本的家务活，比如布置和打扫桌子，以期最终创造出能够执行多项复杂任务的通用机器人。奥特曼认为，机器智力的发展需要物理实体，而机器人技术正是解决许多人工智能挑战的最佳测试方法。值得一提的是，这个方向在2018年时有了成果，OpenAI开发出了可以单手玩魔方的机器手系统Dactyl。

OpenAI的中期目标是开发游戏人工智能，借助打游戏提升机器的智力水平。你会发现这几乎可以说是照搬了DeepMind的研究方向，因此奥特曼在宣布这个目标的同时，直接做了说明："我们受到了DeepMind开创性工作的启发，过去几年中，他们在这个领域取得了令人印象深刻的成果。" OpenAI在这一方向上同样选择了在雅达利游戏中做测试，因为不同的游戏可以被视作多样化的虚拟小世界，人工智能对游戏的学习可以推动在生成模型和强化学习方面的技术进步。但有趣的是，在后续发展中，OpenAI没有选择与DeepMind一样，在古老的围棋游戏里进一步测试AI，而是选择了网络多人策略对战游戏Dota。Dota是暴雪公司《魔兽世界》系列的一个自定义地图，如果你不熟悉Dota，可以将其理解为《英雄联盟》或者《王者荣耀》的原型之一。在2018年一场Dota 2游戏中，人类与人工智能展开对战，并证明了这个尝试小有成就。

对于OpenAI来说，建造家庭机器人和开发游戏人工智能都是开胃菜，更像中短期内需要拿出的一些像样的研究成果，他们真正的，同时也更长远的目标是开发一个通用的、可以通过图灵测试的人工智能系统，让人工智能用文本语言学习并且理解世界，最终可以通过推理和反应的方式让人相信他就是人。没错，这个方向最终大获成功，诞生了现在大名鼎鼎的GPT系列。

在这个研发方向的最初期，奥特曼等人计划开发语言模型，建立一个人工智能，它可以通过分辨不同语言命令执行复杂任务，并在任务不明确时，要求下令者进一步解释。在当时，已经存在不少这样的算法，可以进行监督语言任务，比如问题回答、句法分析和机器翻译等。但是，对于更高级的语言目标，比如能够进行对话、完全理解文档和能够根据自然语言执行复杂指令的能力，则还没有相应的算法。

OpenAI期望开发新的学习算法和范例来解决这些问题。

奥特曼和其他创始人认为，这几个方向的项目和基础研究都有共同的核心，因此任何一个项目的进展都有可能有益于其他项目。其实，每个项目都捕捉了解决目标的不同方面，并选择了潜在的能显著推动完成OpenAI的指标的方式。

在2016年，山姆·奥特曼相信一个真正的通用人工智能应该去创造，去发现量子物理的某个性质，或是单纯为了自己的求知欲和创造欲设计一种新的艺术形式。当很多人工智能研究者通过告诉系统“那是狗，不是猫”来纠正错误的时候，OpenAI致力于让系统自己学习各种事物的原理。对此，奥特曼解释说：“就像婴儿那样。很多人都忘了婴儿学习任何好玩的东西都要好几年。而如果人工智能研究者在开发一个算法，遇到了一些类似于婴儿会遇到的问题的时候，研究者就会感到无聊，然后觉得根本不管用，于是就放弃了。但我们不同，我们不会放弃。”

奥特曼认为OpenAI的使命是照顾好自己这个领域的“神童”们，也就是通用人工智能的雏形，一直等到这些“神童”可以被世界所接受。2016年春天，奥特曼在旧金山贸易展上的一个私人房间里会见了美国国防部长阿什顿·卡特。当时奥特曼穿着他唯一的西装夹克，那件灰色的夹克尺码颇大，还是他的助手为了一次香港之行，用了些小伎俩才给奥特曼量出来的尺码。面对奥特曼这位硅谷宠儿，卡特开门见山地表明了自己的拉拢态度，他对奥特曼说：“瞧，很多人认为我们国防部又大又官僚主义，斯诺登事件也让我们的口碑不太好。但一见面你就知道，我们其实也是普通人。我们想和你在硅谷合作，利用你们的专长。”

奥特曼对卡特的示好有些意外，他回答说：“当然，那太好了。对于世界上任何公司来说，你们可能都是最大的客户了。”奥特曼的这句回应没有任何问题，因为美国国防部在2017年的研发预算超过了苹果、谷歌、英特尔，而且是这些公司预算加起来的两倍。奥特曼接着说道：“如果你能设立一个对接点，两周之内决定与YC的公司开始一些试运行项目，那就再好不过了。”卡特让身旁的7个助手之一记了笔记，追问道：“还有吗？”奥特曼想了一会，说：“如果你或者你的副手之一能够来YC讲讲话，应该会很有意义。”卡特答应道：“没问题，我亲自来。”

这次会面结束后，前微软高管、现国防部数字部门的领导克里斯·林奇问奥特曼：“你怎么不谈谈OpenAI？”奥特曼面无表情地点了点头，却没有正面回应。2017年美国军方的预算中，有30亿美元被划拨给了人工智能领域，尤其是人类与机器的合作，被称为Centaur Warfighting计划，而2018年的计划还包括研发能自己判定目标的远程导弹等项目，从某些方面来讲，OpenAI才是美国国防部真正想要合作的对象，因为OpenAI的人工智能系统非常适用于这些项目。

然而，是否要将OpenAI产品交给政府部门，奥特曼非常犹豫。他告诉记者：“我毫不掩饰地热爱这个国家，在斯坦福大学时，我参与了美国国防部高级研究计划局（DARPA）一个涉及无人直升机的研究项目。但有些东西我们绝对不会和国防部一起做。”

在奥特曼看来，照顾好人工智能需要做的另一件事就是，保护通用人工智能的雏形和背后的技术，让它们不被任何国家、巨头公司或者私人机构所利用。

与马斯克的蜜月时间

如果人们认为，每一年技术都会自动进步，那么我必须告诉你，事实并不是这样。只有聪明的人疯狂地工作，努力让技术变得更好，技术才会进步。这就是任何技术得以进步的真正方法。你可以去了解古文明的历史，比如古埃及，他们当时能够建造神奇的金字塔，但后来，他们忘记了如何建造金字塔，再后来，他们甚至忘记了如何阅读象形文字；罗马人最早能够建造神奇的道路、水渠和室内管道，但后来他们也忘记了所有建造方案。

——埃隆·马斯克

2016年，山姆·奥特曼和OpenAI带着三个目标大步前进，他们似乎扫除了创立后的短暂阴霾，找到了一个相对明确的发展方向。此时，山姆·奥特曼与埃隆·马斯克的关系也来到了最和谐的时期。

2016年9月，山姆·奥特曼在特斯拉加州弗里蒙特的工厂采访了埃隆·马斯克。当时，山姆·奥特曼主要担任YC孵化器的总裁，而埃隆·马斯克则忙于特斯拉的事务。特斯拉在几个月前刚刚发布Model 3新车型，正在搭建自动化生产线，并且即将深陷“产能地狱”的窘境。在这一背景下，两人仍然抽出时间，进行了一次深度对话。

作为采访者，奥特曼没有直接询问OpenAI与人工智能的相关具体问题，而是希望花点时间与马斯克聊一聊现在的年轻人应该往哪些方面努力。

奥特曼问的这个问题有一个有趣的前史。25年前，22岁的马斯克曾经在朋友们面前大放豪言，说他认为未来最重要的5件事分别是：让生命跨越行星、加速向可持续能源过渡、广义上的互联网、遗传学和人工智能。马斯克当时认为，他将参与解决这5件事中的全部，或者至少其中几件，成为真正改变、影响这个世界的人。

22岁的埃隆·马斯克和18岁的山姆·奥特曼都一样野心勃勃。但25年后，当埃隆·马斯克再次面对类似的问题时，他的想法却完全收敛了：他建议年轻人不必非得改变世界，只需要成为一个有用的人就很好了。马斯克认为，任何人，如果他在做一些对社会、对其他人有帮助的事情，这就是一件好事。只需要对别人提供价值，即使只是创造一个小游戏，或者是改进了照片分享的方式，只要它对大量的人能带来少量的好处，这件事就很好。并不是所有人的目标都非得是改变这个世界。

但是怎么样才能成为有用的人呢？我们应该如何做，才能让自己成为最有用的人？马斯克进一步解释了自己的这个想法，他说：“不管你想创造的是什么，与当前技术水平相比的实用性提升是多少，你都应该乘以这个项目会影响的人数。这就是为什么我刚刚说，创造一些能带来巨大变化的东西，它只要影响少量到中等数量的人，这件事就很棒。换句话说，如果你做的事情只带来了很小的变化，但如果能影响大量的人，也一样出色。”

随后，马斯克谈起自己对未来的看法，他自然而然地提到了自己与奥特曼正在深度参与的人工智能领域，马斯克说："就最有可能影响人类未来的事情而言，我认为人工智能可能是短期内最重要的事。我们让人工智能以最佳方式到来，并且进入人类社会，让所有人能够透过水晶球看到未来，大家都会为此兴奋。但就如我们多次讨论的，这件事可能会出错，我们需要确保它以正确的方式发展。因此，投入到人工智能领域，并确保它的未来很美好，这是我认为目前最重要、最紧迫的事情。”

除了人工智能，还有什么事情在未来是重要的？马斯克认为两类技术很关键，一是生物科学技术，尤其是遗传学，如果人类能真正解决遗传性疾病，能通过基因编辑预防疾病，比如预防阿尔茨海默病，这将造福全人类，改变很多人的命运。第二类技术与人类和机器的融合有关，马斯克说："我们有一个数字化的'第三级自我'，以电子邮件、电脑、电话、应用程序的形式存在。实际上，我们已经是超人了。但我们的大脑皮层和第三级数字形式的自我之间，在接口上的限制相当糟糕。”他希望能开发一个高带宽的大脑接口，解决人类与机器融合的带宽限制，如果这个技术能够实现，人类将像美剧《上载新生》一样，在某种程度上实现永生。

对于马斯克的许多回答，山姆·奥特曼都表示认同，并且直接称赞了马斯克的无所畏惧，同时奥特曼也问了自己最好奇的地方："别人认为很疯狂的事，你也愿意去做。我认识很多疯狂的人，但你仍然是最突出的那一个，这个特质从何而来？当所有人都告诉你这是一个疯狂的想法时，你是如何做出决定的？或者说，你是从哪里得到了内在的力量，去做这样的决定？”

马斯克给出的答案是“恐惧”，他告诉奥特曼：“我认为我对恐惧的感受相当强烈，我并不是没有恐惧感，相反，我的感觉很强烈。但是很多时候，当一件事足够重要，你足够相信它，你就会不顾恐惧，放手去做。人们不应该这样想：‘嗯，我对这件事感到恐惧，我就不应该去做。’感到恐惧是正常的，如果你不感到恐惧，那一定是你的心理有某种问题。”马斯克认为，在某种程度上，宿命论对他有很大的帮助，马斯克说：“如果你接受了概率，那么，这就能减少你的恐惧。”

当马斯克创建SpaceX时，他认为成功的概率不到10%，但他说他接受了这一点，接受自己很可能会因为创建SpaceX失去一切，同时他也相信，如果能向前推进这家公司，人类会在航天领域取得一些进展。即使SpaceX倒闭了，其他公司也会接过接力棒，继续向前推进，马斯克认为这仍然是一件好事。马斯克还直言不讳地提到，特斯拉和OpenAI一样，创立一家汽车公司和一家人工智能研发机构获得成功的概率都很低。

对谈最后，两人的话题再次回到人工智能和OpenAI，马斯克再次强调说：“人工智能的风险并不在于人工智能发展出邪恶的自我意志，更令人担心的是，某些人可能会利用自己所开发的人工智能来做坏事，而即使开发者不打算这么做，他们的成果也很可能被其他坏人拿走，然后利用人工智能来做坏事。我认为这样的风险非常大。”因此，马斯克认为人类必须实现人工智能技术的民主化，并让它能被广泛使用，而这显然就是他与奥特曼创建OpenAI的原因——通过OpenAI开发并且帮助传播人工智能技术，这样，它就不会被集中在少数人的手中。

而解决这个问题的终极方案与人机融合技术相关，马斯克认为，如果人类能改善大脑皮层和“数字化人类”之间的脑机接口，让人类有效地与人工智能融合，每个人都将变成一个人工智能和人类的共生体。马斯克说："如果这个方案能被广泛获取，任何人都可以拥有它，那么我们也就解决了控制权的问题。我们不必再担心某个邪恶的独裁人工智能，因为整体而言我们就是人工智能。"

这段在特斯拉工厂进行的对谈视频正式对外发布后，有人评论这次对话宛如"成名前的科比与乔丹的对谈"。这是OpenAI两位最关键的联合创始人之间的一次对话，山姆·奥特曼与埃隆·马斯克此时就如同蜜月期的情侣一般，关系融洽，十分默契，对于OpenAI的发展都抱有很大信心。他们都没想到，很快OpenAI就进入了发展的低潮期，并且在仅仅一年半之后，他们两人，以及他们与OpenAI的关系都将发生巨大变化。

19

打破僵局

我们所做的一切都只是基于一些简单的想法，但它们正确吗？我们还没有搞清楚，有点茫然。

——格雷格·布罗克曼

在马斯克与奥特曼的那场对谈后，2016年12月，OpenAI发布了软件平台Universe，可用于在全球游戏、网站和其他应用程序中测量和训练AI通用智能。Universe将帮助AI像人类一样使用计算机：通过查看屏幕，操作虚拟键盘和鼠标，助力研究人员开发出一个独立的AI，使其能够灵活应用其在Universe的环境中的经验快速掌握陌生、困难的环境，执行人类能使用计算机完成的任何任务。OpenAI将这个目标视作开发具备更强通用性的人工智能的重要一步。

Universe可以视作Gym外的新工具包，也是OpenAI实现三个目标的重要助力，这三个目标就是此前提到的：建造家用机器人、游戏人工智能，以及通用的、可以通过图灵测试的人工智能系统。而且幸运的是，OpenAI和奥特曼等人不需要与时间赛跑，因为人工智能领域是一个长期赛道。

OpenAI的最大竞争对手，谷歌DeepMind的创始人杰米斯·哈萨比斯也认同这个观点，他在一次采访中说："通用人工智能不是那种你可以在某个早上醒来后说'这是一个很酷的创业想法'的项目。它需要你投入自己人生的全部，片刻不停地去钻研它。这是DeepMind和其他人工智能项目最大的区别，我们试图将对计算机科学和神经科学的理解融合在一起，来深入了解系统神经科学，包括大脑使用的算法、知识的表现形式与架构等等。"现在，在DeepMind之外，又多了一个以10年、20年为单位投入人工智能项目研究的机构。

那么，人工智能项目将如何在20年内影响人类的生活？奥特曼、布罗克曼和杰米斯有相同的看法，他们都相信，随着这个领域的研发逐渐深入，首先受益的肯定是科学，尤其是在那些需要大量探索的领域，比如埃隆·马斯克和他的特斯拉工厂正在生产并且向普通人提供的自动驾驶汽车，而这只是狭义的人工智能应用之一。如果将这个时间线拉长，杰米斯对通用人工智能的未来有更加大胆的想象，他说："在20年内，许多看起来很复杂的事情，将在分解后变得清晰。比如人类的大脑，我们正在进行脑部扫描，研究涉及创造力和情感的大脑分区，我们准备去构建大脑的模型。这些研究或许可以帮助我们了解大脑的工作过程，如果可以理解大脑如何工作，或许就能让人工智能诞生创造力。到了那个时候，AI也许可以制作出有趣的电影，也可能写出一本小说。未来充满着可能性。"

而在短期内，比如5年，人工智能领域的工作主要是，将人工智能与日常工具结合，让这些工具更加智能，更具适应性。比如在搜索领域，人工智能可以更好地理解人类所提供信息的上下文和意图，就算这些信息很模糊，人工智能也将理解提供信息的人想要做什么；智能手机助手领域也一样，由于它们目前是预先编程的，所以在功能上相当有限，但如果它们变得更聪明，比如手机的主人说“我想在欧洲旅游”，智能助手就能自动分析手机主人的所有信息，研究其喜好，预订酒店、餐馆和航班，甚至订一些与考古遗址和葡萄酒庄园有关的体验活动，满足手机主人的“文艺”需求。这是OpenAI和DeepMind希望在5年内开发应用的技术。

作为后来者，奥特曼和布罗克曼一直紧紧盯着谷歌的动作，参照他们的研发方向，以及对DeepMind研究成果的应用，以此进一步细化OpenAI的目标，因为一个成功的人工智能系统必定是有用的，并且用途广泛。布罗克曼发现DeepMind有五个团队，分别负责将人工智能应用于YouTube、搜索、健康、自然语言理解和Google X的项目上。比如他们努力将人工智能结合进YouTube个性化推荐视频的功能中，通过让AI分析YouTube用户喜欢观看的视频类型，从中学习，更好地为用户推荐他们喜欢的内容。这项应用如今早已成熟，无论我们打开什么类型的应用软件、电商或者内容平台，都能在各种位置看到相关推荐栏，或者干脆是根据喜好生成的信息流瀑布。

2017年，格雷格·布罗克曼担心被谷歌旗下的DeepMind等对手彻底甩在身后，便带头发起了一项计划：他让OpenAI的研究员和程序员合作，集中资源开发游戏人工智能，并且选定了一个具体方向：开发出可以玩复杂在线战斗游戏Dota 2的人工智能OpenAI Five。

布罗克曼的这个计划一开始就遇到了问题，甚至险些导致OpenAI出现内部危机。因为研究员和程序员分属两个团队，他们的职责相似——研究员专注于训练新的人工智能模型，而程序员则开发新的应用软件让这些人工智能模型工作。但在OpenAI的其他项目上，这两个团队之间的关系一直很紧张，一些OpenAI程序员低估了研究员贡献的重要性，研究员则把程序员视为技术人员而不是科学家。这也是当时科技公司内部普遍存在的一种状态。

OpenAI成立后的最初几年，奥特曼和马斯克几乎不去OpenAI的办公室，格雷格·布罗克曼和伊利亚·苏茨克维尔负责公司几乎所有日常决策——苏茨克维尔监督研究员团队，而布罗克曼不仅要管理程序员团队，还对公司的经营管理负责。因此布罗克曼必须解决一个难题，就是如何让研究员和程序员从同样的角度出发去工作，Dota 2项目成为打破僵局、推动内部团队合作的一个绝佳契机。

为了推动这个项目，布罗克曼不停地与研究员和程序员两个团队一起开会，并且拉着他们与Dota 2的母公司暴雪的开发人员进行了数小时的电话交谈，以弄清楚如何让玩游戏的软件工作。这是一个技术挑战，因为游戏和OpenAI的算法是用不同的编程语言编写的。事实证明，这个技术难关激发了两个团队的求生欲望，他们不得不通过合作闯过这个关卡。布罗克曼的目的因此达到了，两个团队在竞争中合作，逐渐消除了隔阂，而Dota 2项目的游戏人工智能开发也有了阶段性成果。经过几个月的通宵工作，2017年8月，OpenAI在官网宣布，他们的游戏人工智能在国际邀请赛的主舞台上对阵数位顶尖玩家，保持了不败纪录，赢得了所有三场两胜制的比赛。

Dota 2项目表明，如果有足够的计算能力，自我对战可以将机器学习系统的性能从远低于人类水平提升到超人类水平。在一个月的时间里，OpenAI的人工智能系统从勉强与高排名玩家匹敌，到击败顶级职业玩家，并从那时起不断改进。OpenAI发现，受监督的深度学习系统只能与其训练数据一样好，但在自我对弈系统中，可用数据会随着人工智能变得更好而自动改进。他们下一步的计划是创建一个Dota 2人工智能团队，与顶级人类团队在5V5的游戏中竞争。

开发游戏人工智能的阶段性成果帮助布罗克曼成为OpenAI的生成式AI模型开发的关键人物。OpenAI的Dota 2项目成果发布不久，谷歌的研究员发表了一篇题为《注意力机制是你所需要的[1]》的研究论文，这篇论文展示了一种名为Transformer的深度学习架构，可以帮助研究员们更有效地构建更大的模型，推动各个人工智能实验室着手研究生成式AI模型。

OpenAI一边低头搞研发，一边暗中向自己的竞争对手学习。按理说，他们似乎只需要蛰伏，保有足够的资金，维持研究员团队的稳定性，在一切顺利的情况下就可以等到拐点，实现弯道超车，惊艳所有人。然而事情通常都不会那么顺利，尤其是当人们在做一项伟大的事情时。Dota 2项目发布几个月后，OpenAI迎来了自己的低潮期。

1 论文原标题为“Attention is All You Need”，“Attention”在此处一语双关，第一个意思是机器学习中的“注意力机制”，第二个意思是“注意力”。这篇论文强调注意力机制才是神经网络架构里最重要的部分，应该把“注意力”集中在“注意力机制”上。

62

陷入低谷

倾听每个人的意见，然后做出自己的决定。

——山姆·奥特曼

虽然格雷格·布罗克曼带领OpenAI在Dota 2项目上获得成果，弥合了研究员与程序员团队间的隔阂，然而，他却依旧阻止不了OpenAI内部出现的另外一个隐患。2017年开始，这个隐患随着Dota 2项目的成功反而更加凸显——人工智能研发太“烧钱”了。

虽然山姆·奥特曼早就做了准备，知道OpenAI会花很多钱，于是拉到了10亿美元的投资承诺，但奥特曼明显还是低估了人工智能领域的“烧钱”程度，这和做一家商业公司根本不是同一个级别，尤其是OpenAI真正开始运作具体的研发项目后，无论是智能机器人、游戏人工智能，还是人工智能系统，每次微小的数据运算背后都有几张消失的美元。于是OpenAI这个仅仅50人左右的团队，在小心翼翼的情况下，一年也需要“烧掉”一两千万美元，这时候奥特曼才有了一个明确的概念，领会了无底洞这个词的真正意思。

当然这事也不能全怪奥特曼，一方面，奥特曼当时的主要精力还在YC孵化器，在创立时拉来10亿投资承诺后，他和马斯克基本就成了“甩手掌柜”，一个蹲在YC办公室，一个回特斯拉工厂，刚成立的OpenAI被交给了格雷格·布罗克曼，奥特曼和布罗克曼基本都是电话沟通，几周才见一次面。布罗克曼虽然也年少成名，是个已经成熟的硅谷新贵，但他在商业运作方面明显没有奥特曼厉害，也没有奥特曼的人脉资历；另一方面，硅谷大佬们每一个都是人精，他们承诺的10亿美元投资，几乎都分成了很多笔，一点点到账。布罗克曼催一次就给一点，那么今年已经给过了，布罗克曼也不好意思再催，这就导致了OpenAI每年的预算都非常有限，只能数着数省着花。

如果我们打开OpenAI的税表，可以明显看到，2017年，OpenAI的职能支出为2866万美元，其中仅仅在云计算一项上就花了790万美元，占其职能支出的四分之一，而这项开支的大部分都出自Dota 2项目对CPU和GPU的消耗，而且因为没钱，OpenAI就连训练人工智能模型的CPU和GPU都是找谷歌租借的，而且租金不菲。和OpenAI形成明显对比的是背靠谷歌这棵苍天巨树的DeepMind，2017年DeepMind的总支出是4.42亿美元，是OpenAI的15倍以上，而且DeepMind需要的，比如云计算、CPU或者GPU等方面的资源，还可以内部申请支持，免费或者打折使用。穷孩子和富孩子之间的差距如此巨大，OpenAI等于在没钱上各种补习班、请名师辅导的前提下，只能依靠挑灯读书和DeepMind这个同样天赋出众的“富二代”比成绩，结果自然是惨败。

支出上的缩手缩脚，也导致了OpenAI的研发进度缓慢，每次发布研究成果，不是没有在圈内掀起任何水花，就是在和谷歌的对比下成为阴影里的失败者，只能暗中羡慕谷歌DeepMind成功出圈，风光无限。比如，2016年，OpenAI发布了Gym和Universe，在圈内积攒了一点名气，同时期的谷歌DeepMind已经凭借AlphaGo击败了顶级围棋选手李世石，引发全世界对人工智能的关注；2017年，OpenAI好不容易开发的游戏人工智能，在Dota 2 1V1对战中战胜了人类顶级选手，终于上了一次头条，还没过足瘾，Google Brain就发布了Transformer模型，这个模型奠定了所有大语言模型（Large Language Model, LLM）的基础架构，直接震惊了整个业界，让OpenAI的成果成了小孩的玩具；之后的2018年，OpenAI基于Transformer发布了第一代的GPT，结果谷歌随后就重磅发布了具有跨时代意义的Bert，比GPT参数大4倍，再次抢了GPT的风光。可以说，OpenAI成立后的3年时间里，基本都只能跟在谷歌身后，被全面碾压。

在这个过程中，OpenAI的内部嫌隙开始扩大，此前好不容易挖来的技术大佬中，有不少人因为研发方向不同，或者认为有限的资源和资金支撑不了他们的研发热情，纷纷离开，回到谷歌、Facebook这些大厂，OpenAI面临着严重的人才流失问题。

著名研究员、生成对抗网络（Generative Adversarial Networks, GAN）的提出者伊恩·古德费洛就是其中之一，古德费洛以发明生成对抗网络而闻名，这个概念是一种机器学习框架，使用深度学习生成图像，利用两个神经网络来竞争性地提高图像质量。这位布罗克曼好不容易挖来的研究员仅仅在OpenAI待了11个月，就回到了老东家Google Brain。在某个论坛里，伊恩·古德费洛曾回答了一位用户的提问，在提到自己离开OpenAI的原因时，古德费洛说："我很喜欢在OpenAI的日子，也为OpenAI的同事们与我合作完成的工作感到自豪。我重回

Google Brain，是因为随着时间的推移，我发现我的研究集中在对抗样本，以及与差分隐私相关的技术，而这些研究主要是与谷歌的同事合作进行的。”

2017年6月，OpenAI在失去伊恩·古德费洛后，又损失一名核心研究员安德烈·卡帕斯。卡帕斯毕业于斯坦福人工智能实验室，博士师从华人科学家李飞飞教授，专攻深度学习和计算机视觉，他还担任着斯坦福大学第一门深度学习课程“视觉识别的卷积神经网络”的主要讲师，本人曾在Google Brain、DeepMind实习，与吴恩达共事，并且待过几乎所有的人工智能深度学习实验室，更重要的是，他乐于而且善于分享自己的经验和见解，在Twitter和Medium上非常活跃，有“AI网红”之称。卡帕斯的离开让OpenAI彻底军心不稳，因为从OpenAI挖走卡帕斯的不是别人，正是特斯拉公司，卡帕斯离开后不久，特斯拉就官宣卡帕斯成为他们自动驾驶项目的架构师。这也意味着这次挖人获得了OpenAI的联合创始人之一埃隆·马斯克的默许。

马斯克默许特斯拉挖走OpenAI的核心研究员这件事，让OpenAI的员工们非常不悦。就在外界和OpenAI内部仍然在消化这一消息时，一个重磅消息传来：OpenAI在官网宣布与埃隆·马斯克和平分手。

63

与马斯克分道扬镳

关于埃隆·马斯克最好的一点就是，他可以时刻提醒我们，作为一个人能有多大潜能，创造多大价值！

——山姆·奥特曼

2018年2月，OpenAI在官网宣布引入了新一批捐赠者，其中包括游戏公司Valve创始人加布·纽维尔、YC孵化器CEO迈克尔·赛贝尔等等。与此同时OpenAI还表示，他们正在寻找更多的捐赠者，希望筹集到更多的资金，用来增加人员和计算资源方面的投入，进而继续在人工智能领域进行研发，确保人工智能造福全人类的目标能够实现。

有意思的是，如果盘点这一批捐赠者的人际关系，比如YC的CEO迈克尔·赛贝尔，还有加布·纽维尔等人，我们会发现，这些人几乎都是山姆·奥特曼和格雷格·布罗克曼的朋友，他们俩甚至拉来了美国和加拿大两位十项全能运动员参与捐赠。换句话说，新一批的捐赠者和OpenAI的另一位核心创始人埃隆·马斯克一点关系都没有。而原因就跟在捐赠者名单之后——OpenAI宣布埃隆·马斯克将退出OpenAI的董事会。

面对各种各样关于马斯克离开原因的询问，OpenAI解释说："马斯克退出董事会是为了避免在未来产生冲突，因为特斯拉越来越关注人工智能领域，双方存在一定竞争。"OpenAI强调，马斯克离开后仍将继续担任OpenAI的顾问，参与部分事务，并且将继续作为OpenAI的捐赠者提供支持。马斯克突然离开OpenAI的消息在业界引发了轩然大波，所有人都相信，马斯克的离开，在某种程度上坐实了OpenAI内部发生了激烈的斗争这一传闻，尤其联想到几个月前特斯拉刚刚挖走了核心研究员安德烈·卡帕斯，多家媒体都报道称马斯克的离开是挖人事件的后续。挖人事件让OpenAI的员工们非常不满，在这样的情况下利益冲突和矛盾越发明显，最终逼走了埃隆·马斯克。

埃隆·马斯克离开OpenAI的真正原因是什么？面对各种各样的流言和八卦，无论媒体多么想要挖出背后的秘密，OpenAI内部所有员工，包括格雷格·布罗克曼、山姆·奥特曼和埃隆·马斯克三位当事人，全都采取了缄默策略。OpenAI和埃隆·马斯克分别回到自己的工作上，聚焦于各自的项目，似乎在传达一个信息：和平分手，就是这个故事的最终版本。

无奈之下，嗅觉敏锐的媒体已经转向报道马斯克的离开对OpenAI的影响。他们发现，马斯克离开OpenAI的董事会后，几乎在任何场所都不再主动聊起自己亲手参与创立的这家人工智能机构，同时也不在社交平台上与山姆·奥特曼互动，两人似乎成了陌路人。另一方面，马斯克在离开OpenAI之后，事实上就立即停止了捐赠，根据Wired杂志以及科技媒体Semafor的报道：马斯克和OpenAI分手后，他兑现的捐赠仅在1亿美元，是原本承诺投资数额的十分之一。更糟糕的是，成立之初的10亿美元是一个目标数字，其中一些投资人也和马斯克有关系，马斯克的离开可能会引发传导效应，影响这些人继续支持OpenAI。

马斯克的离开和他尚未兑现的捐赠，将OpenAI一下推到了一个非常不利的境地：训练AI模型比之前想象得要更“烧钱”，如果OpenAI无法在技术上实现突破，可能很快就要关门大吉。人才流失、资金紧张、重要创始人离开……用一句老套的话说就是，留给OpenAI的时间不多了。

而我们熟悉的国内创新工场董事长、创新工场AI工程院院长李开复在2017年年底曾前往北美，参与了一系列人工智能领域的活动，回国后他发表了一篇《北美AI见闻录》。在文章里，李开复也提到了OpenAI当时面临的问题，他这样形容OpenAI："这样一个当初被寄予厚望的AI组织，希望它可以抗衡谷歌，现在看来基本是不可能的了。”李开复揭露，除了此前提到的伊恩·古德费洛和安德烈·卡帕斯，OpenAI正面临更多核心人物的流失：包括专注强化学习领域的加州大学伯克利分校教授彼得·阿比尔，以及研究员陈品山、段洛基等等，而这些技术大拿和研究员离开的核心原因基本一致——他们认为，OpenAI无法产出成果，同时开源的进度有限，团队实力远远弱于DeepMind。

李开复特地提到了马斯克，他说："因为OpenAI这个组织跟马斯克关联紧密，所以有时候马斯克自己其他公司的事情，比如特斯拉，也让OpenAI的科学家帮忙出主意什么的，OpenAI似乎成为马斯克的智囊团了。这个本身算不上特别大的问题，但毕竟会让有些人才心里很不舒服。”

李开复的这篇文章似乎揭开了一部分OpenAI内部的矛盾，也解释了通告里所谓的利益冲突，它们实际上比公众所知道的情况更加复杂。埃隆·马斯克离开OpenAI的背后到底有什么样的故事呢？

2019年，在OpenAI因为一次技术展示上了新闻头条受到关注后，埃隆·马斯克突然发了数条Twitter，提到了一年多之前，自己离开OpenAI董事会的事情。马斯克说："澄清一下，我已经一年多没有密切参与OpenAI的管理或者董事会监督事宜，我不得不专注于特斯拉和SpaceX的大量制造问题，此外，特斯拉正在与OpenAI争夺一些人才，我也不同意OpenAI团队想做的一些事情。这些加起来，当时最好的方式就是分道扬镳。"马斯克的突然发声再次将大众的目光拉回到2018年年初OpenAI的分手风波，此时几乎所有人都能从马斯克的话里看出他的不愉快，以及他与OpenAI有过冲突和矛盾。

直到2023年3月，马斯克和奥特曼在OpenAI的秘史，才由Semafor完整曝出。

原来在2017年年底，马斯克就坐不住了。熟悉马斯克的读者都知道，马斯克有着非常强的占有欲和掌控欲。根据Semafor的信源爆料，马斯克在2017年年底时，突然来到OpenAI办公室，向董事会提议，他要当CEO，全面接管OpenAI。因为当时OpenAI研发进展缓慢，丝毫没有能赶上DeepMind的迹象，马斯克担心OpenAI将彻底失败，试图重整这家人工智能机构。而马斯克的办法也很简单，就是由他来主导OpenAI。但马斯克一直忙于特斯拉的工作，是否会有足够时间呢？马斯克也想到了这一点，所以他提出，如果OpenAI能以某种方式和特斯拉更紧密地合作，他就能兼顾这部分工作，而且因为特斯拉是一家营利性公司，有能力筹到更多资金，因此能够更好地开发通用人工智能。

马斯克提出的这个解决方案，遭到了当时管理OpenAI的联合创始人格雷格·布罗克曼和许多OpenAI员工的强烈反对，他们认为，马斯克这样做会助长一场将速度置于安全之上的AI军备竞赛，大家都想率先实现通用人工智能。

这时候山姆·奥特曼的态度尤为关键，令马斯克失望的是，奥特曼最终站在了布罗克曼一边，拒绝了马斯克的提议。原因也很简单，当时特斯拉Model 3正在遭遇“产能地狱”，被市场疯狂做空，一直有传言说特斯拉很快就要破产了。在这样的情况下，马斯克每天都焦头烂额。因此，奥特曼判断马斯克并没有真正能兼顾OpenAI的时间和精力，所谓并入特斯拉只是一种说辞。

不久后，马斯克主动提出退出OpenAI董事会，于是有了最开始OpenAI的那篇公告。马斯克与奥特曼分道扬镳，对OpenAI造成了非常深远的影响，也让山姆·奥特曼受到了震动。奥特曼意识到，如果他真的想要做好人工智能，搞好OpenAI，就必须做出一个抉择，是继续做YC孵化器的总裁，还是完全接手OpenAI？此时，距离山姆·奥特曼正式接管OpenAI还有1年3个月。

64

逆境下的成果

我只是一个解决问题的人，花几周时间找到第一个问题，然后解决这个问题。

——格雷格·布罗克曼

马斯克的离开对OpenAI和山姆·奥特曼的人生产生了难以预估的影响，然而在2018年时，奥特曼仍然没有做出自己的决定。

当时，OpenAI的掌控人仍然是格雷格·布罗克曼，在布罗克曼的努力维持下，OpenAI大体保持了此前的研究状态，继续在家用机器人、游戏人工智能和人工智能系统三个方向深挖。

2018年初夏，OpenAI开始快速推进对Dota 2游戏的人工智能OpenAI Five的研究。和之前在1V1对战中战胜全球最顶尖的人类玩家不同，这次OpenAI的游戏人工智能实现了大的跨步，他们决定直接进行和人类玩家的5V5正式比赛，这个决定相应地也大幅增加了研究成本，因为人工智能的训练需要通过不断地对战来实现，而5V5人工智能训练难度和1V1对比，对资源的要求有了指数倍的增长。为了加快研发速度，OpenAI在多台服务器上同时运行5V5对局，对人工智能进行训练。OpenAI一共向谷歌租借了128000个CPU核心和256块GPU加速器。这样的设备规模一天内就可以让人工智能累计相当于180年的游戏对局时间，这大大加速了人工智能的训练速度。

到了6月，OpenAI Five的能力得到迅速提升，能够在正式比赛中击败业余和半职业玩家组成的团队。之后在2018年Dota 2的国际邀请赛上，OpenAI Five与职业战队进行了两场比赛，一场对阵巴西的paiN Gaming，另一场对阵由前中国选手组成的全明星队。虽然人工智能输掉了两场比赛，但OpenAI仍然认为这是一次成功的尝试，因为与最优秀的人类玩家对战让研究员能够分析和调整他们未来的算法。2019年4月，OpenAI Five在美国旧金山最后一次公开出现，人工智能在与上年度国际邀请赛冠军OG的三局两胜制比赛中获胜。之后，OpenAI举行了为期四天的在线活动，向公众开放，让玩家们与人工智能对战，在一共42729场公开比赛中，人工智能赢得了99.4%的比赛。

紧接着，OpenAI Five被媒体拿来与其他类似的游戏人工智能进行比较，比如游戏《星际争霸2》中的AlphaStar、围棋游戏的AlphaGo、国际象棋的深蓝等等，人工智能领域的研究员认为，由于Dota 2的复杂程度远远高于其他游戏，人工智能需要以每秒30帧的速度运行，平均比赛时间为45分钟，每场比赛产生约80000次计时，OpenAI Five每4帧观察一次，生成约20000次移动。相比之下，国际象棋通常在40步之前结束，而围棋在150步之前结束。因此，OpenAI Five提供的研发数据成果，对人工智能在其他应用的发展最有参考意义。

布罗克曼也表示，通过选择像Dota 2这样复杂的游戏来研究机器学习，他们可以更准确地捕捉现实世界中看到的不可预测性和连续性，从而为人工智能构建更通用的问题解决系统，包括强化学习算法。实际上，OpenAI Five的同一套算法和代码，一直应用于OpenAI的另一个研发方向：家用机器人。

2018年7月，OpenAI在官网宣布他们在家用机器人方向的研发有所突破，成果就是名为Dactyl的机械手系统。OpenAI的研究员们结合Dota 2游戏人工智能的成果，找到了一种给机械手编程的方法，让机械手可以使用它自学的类似人类的动作。格雷格·布罗克曼谈到Dactyl系统时说："我们已经训练了一只类人类机械手，它可以以前所未有的灵巧度来操纵物理对象。"在一段OpenAI发布的展示视频中，Dactyl按要求将一个方块转动成了50个不同的方向。

Dactyl的工作原理是在模拟环境中训练机械手系统，然后将在模拟环境中获得的知识与经验转移到现实世界中，最终通过强化学习和模拟来教机器人如何解决现实世界中的任务。2018年，模拟学习在人工智能领域中变得越来越普遍，Dactyl代表了一个里程碑，它能够很好地执行自己在现实中的任务，用一系列动作高效地完成即时指令，而不需要再由研究员进行单独编程。

布罗克曼表示，Dactyl的优势来自一种被称为"域随机化"的方法。不同于那些专门制造出来用于解魔方的机械手，动作完成是人工编程干预的结果，Dactyl在虚拟环境中完成自我学习，并在训练过程中增加大量随机事件，让Dactyl在这个过程中自己领悟出完成任务的诀窍。比如，有时机械手被要求调整自己的角度，或者需要拿取的木块可能比通常任务中的更重。人类并没有专门为机械手的操作进行编程，一切都是靠 Dactyl自己领悟。Dactyl的成功意味着机器人有了自我学习的意识和能力。

OpenAI的机器学习工程师亚历克斯雷说:“我们的学习算法在所有这些不同的模拟世界完成了自己的任务，这让它学会了一种非常强大的操控方块的方法，以至于最终我们可以在现实世界中完成同样的任务。”根据OpenAI公布的数据，Dactyl已积累了大约100年的训练经验，而在现实中这个过程仅为50小时。可以试想一下Dactyl在虚拟世界中学习人类多种技能，积累了数万年的训练经验，而现实中仅过了几个月而已。

除此之外，Dactyl的另一个有趣的特点是它使用了一些人类几个手指之间相互配合出的典型动作，例如翻转物件、滑动物件、变换握姿等等，研究员还发现，人工智能相比人类更喜欢使用它的机械小指，这可能是因为它的小指具有额外的灵活性。但这些都不是OpenAI的研究员教会它的，这意味着这些动作是人工智能在模拟训练中自主学会的。人工智能在深度学习技术的加持下远远比我们想象得更加强大，进化得也更加迅速。2019年，OpenAI进一步证明Dactyl机械手系统可以解魔方，OpenAI将这一壮举视为机械手具备灵巧性和思辨性的证明，未来将有可能逐步把同样的技术应用于其他AI软件上。

能够操控机械手的Dactyl系统的出现，以及游戏人工智能OpenAI Five的突破，让OpenAI在马斯克离开后重新站稳了脚跟。与此同时，这两项技术的成果跟OpenAI在人工智能系统语言模型方面的研究突破比起来，只能算是小插曲。真正的好戏，仍然属于后来OpenAI的绝对主角，最终引爆全球的ChatGPT初代版本——大名鼎鼎的GPT。

65

GPT概念的诞生

如果你认为你已经理解了人工智能的影响，那么你实际上并没有理解，还需要进一步接受指导。如果你知道你自己并没有理解，那么你才是真正地明白了。

——山姆·奥特曼

2018年6月，OpenAI在官网上发布了一篇关于通用语言模型的研究，虽然全文都没有出现过GPT这个名词，但实际上这篇文章讲的就是GPT-1。

文章里提到了一个叫作Generative Pre-trained的概念，也就是GP，翻译成中文叫作“生成式预训练”。GP是机器学习应用程序中一个由来已久的概念，但直到2017年由谷歌发明了Transformer的架构才开始得到应用，这个架构直接催生了大型语言模型的出现，包括其中最具代表性的Generative Pre-trained Transformer，取三个首字母缩写，就是大名鼎鼎的GPT。

什么是大语言模型？其实就是指在海量文本数据上训练，通过无监督、半监督或自监督的方式，学习并掌握通用的语言知识和能力的深度神经网络模型，简单理解大语言模型的运作模式，可以参考中国的一句古话：读书破万卷，下笔如有神。大语言模型就是非常爱看书的超人。

在基于Transformer的大型语言模型出现之前，性能最好的神经自然语言处理模型通常从大量手动标记的数据中进行监督学习。对监督学习的依赖使它们无法利用没有标记的数据集，也使得训练极大的语言模型变得非常昂贵和耗时。比如说你想训练一个可以做中英文翻译的AI，你需要提前准备好大量中英文对照的句子，并且提供给AI去学习；同样，如果你想训练一个AI聊天机器人，你需要准备大量的一问一答对话，这些都需要人工制作。

而生成式预训练解决了这些问题，因为这种训练方式不需要人工标注，研究员可以直接拿着人类已有的现成文字、语音、视频资料去训练AI。比如让AI根据上文续写下文，如果AI续写的内容和原文一样，那就判断正确，要是不对，就继续训练它朝着对的方向续写。这种训练方式令研究员不再需要花大量的资源和时间用于人工准备答案，因为在一篇文章或者一个故事里，下一句话就是上一句话的答案，下一个词就是上一个词的答案。理论上人类现有的所有文字资料都可以作为训练数据，直接喂给AI，让AI自己去学习，这种数据量远远大于现有的任何人工制作的资料。

我们会发现，这样的训练方式和人类小时候的自主学习过程很相似，我们本身就是通过阅读词典和课文，通过文章和造句来学习词汇的用法和意思，最终学会自如使用，并且写出高分作文。研究员就是用同样的办法训练AI，让AI从海量文本资料里学习遣词造句。唯一的区别是，AI的学习速度远远超过我们。

OpenAI的研究员发现，这样训练出来的AI潜力极强。如果用中英文对照的数据集去进一步训练它，它就能做到比现有任何的翻译AI都更准确。如果用问答对话数据集让它进一步学习，它就能成长为聊天AI里的顶级选手。而提高它的能力所需要的唯一资源，就是钱。因为这个预训练过程不需要人工编写答案，所以人类现有的所有文字、语音、视频信息，全都可以喂给AI模型去学习，这会导致人工智能的神经网络模型的参数量不断增大，用以支撑的硬件设备等消耗也急速增加。理论上，只要OpenAI能够有足够的钱扩大模型规模，提升参数总量，他们的人工智能的进化速度就会将其他对手远远甩在身后，这是一条没有天花板的进化之路。

所以，GPT的出现，让山姆·奥特曼在YC孵化器彻底待不住了。一方面这一方向的成果表示OpenAI在人工智能的未来竞争中第一次有超越谷歌的可能；另一方面GPT进化所需的资源，布罗克曼搞不定，只有奥特曼来才可以。但如果山姆·奥特曼还是像此前一样，并不是全身心投入OpenAI，而只是把这家机构当成一个类似兼职的存在，那么他根本拉不到巨额投资，因为没有人会仅仅因为人情关系就投入几千万，甚至上亿，但此时百十万这种小打小闹的慈善捐赠，已经完全满足不了GPT进化的需求。

这个时候，山姆·奥特曼意识到，自己必须要站出来了。他在短时间内做出决定，并且开始着手安排YC的接任者。2019年3月，奥特曼辞去YC的总裁职位，斩断自己的后路，彻底进入人工智能领域，参与OpenAI的管理运作。奥特曼的这个重要决定，也直接帮助GPT迅速进化，最终于2022年年底诞生了ChatGPT。然而，从2019年5

月奥特曼执掌OpenAI，到2022年11月ChatGPT引爆全世界，这3年半的时间里，奥特曼面临着各种各样的困难，比如他需要带领OpenAI进行一次革新，从非营利机构转向一家更商业化的公司，以此获得研究资金，而这件事违背了OpenAI成立的初衷，也遭到了很多内部研究员的反对。奥特曼将如何带领OpenAI度过难关?

66

获得成功的13个诀窍

我们需要努力尝试，让世界屈服于你的意志！

——山姆·奥特曼

山姆·奥特曼曾经总结过自己成功的三大要素：一是“Be willful”（任性）；二是“Be bold”（大胆）；三是“Have almost too much self-belief”（超级自信）。如果我们以上帝视角观察山姆·奥特曼的前半生，会发现这三个关键词确实概括了奥特曼的人生轨迹，也诠释了每一次走到人生十字路口时，奥特曼是如何在众多选项里，选出了当下最适合的道路的。

从大学肄业创立Loopt到执掌YC孵化器，再到联合创立OpenAI，山姆·奥特曼的出手次数并不多，却每次都能收获自己想要的东西。Loopt帮他赚到人生的第一桶金，YC帮他累积人脉、商业嗅觉与投资经验，OpenAI则是奥特曼宏图大志的起点。你是否好奇山姆·奥特曼到底有什么秘诀，能够在不同的领域持续发挥天赋和创造力，获得成功？在正式展开山姆·奥特曼成为OpenAI的新任CEO后的故事前，我们先通过一篇奥特曼的私人笔记，来探究奥特曼是如何在自己的人生中大获成功的。从奥特曼分享的13个成功诀窍中，或许我们能有所启发。

> 我观察了成千上万的创业者，并且思考了很多关于如何赚大钱或创造重要事物的问题。通常，人们一开始都想要赚大钱，最终却渐渐走向后者，希望实现个人的价值。我想分享13个诀窍，其中大部分适用于任何人，希望能帮助你走向通往成功之路。
>
> 第一个诀窍是“复利”，复是重复的复，利是利益的利。或者你可以理解成，为自己选择非线性增长的成长方式。要知道，复利的力量是神奇的，无论何时都要寻找它，因为指数曲线才是创造财富的关键。一家中型公司如果能够保持每年增长50%的速度，它将在短时间内变成巨头，可惜世界上很少有公司真的能做到这一点。对于个人来说也一样，想办法成为一条指数曲线，让你的生活开始遵循一个逐渐向上的轨迹，尤其重要的是，要朝着具有复合效应的职业发展，因为大多数职业的发展都是相对线性的。
>
> 你肯定不想被困在一个职业中，有些人仅仅进入一个行业两年，就可以和那些做了二十年的人拥有相同的工作效率。所以尽可能提升自己的学习速度是复利的关键。随着你职业生涯的发展，你所做的每一份工作都应该产生越来越多的成果。有许多方法可以帮你获得这种杠杆效应，例如资本、技术、品牌、营销能力和管理能力。
>
> 集中精力在你定义的成功指标上，无论是金钱、地位、对世

界的影响或其他任何东西，想办法让这些指标翻倍，或者后边添一个零。我自己就很愿意在当下的工作中，花费尽可能多的时间来找到我想做的下一个项目，我希望下个项目如果成功，能使我职业生涯的其余部分看起来像一个脚注。大多数人都会陷入线性机会的泥潭里，因此停下脚步。

我认为，无论是对公司还是对个人的职业生涯，商业中最大的竞争优势，都是广阔的视野和长期的思考。优秀的人或者公司都会去做一个让自己复利增长的事业，让自己的增长越来越快，优势越来越大。复利增长的显著特点之一是重视未来，在一个几乎没有人真正具有长期视野的世界里，未来会给予你丰厚的回报。因为线性的人生是恐怖的，相信指数曲线，耐心等待，抓住机会，你会得到惊喜。

获得成功的第二个诀窍是要有绝对的自信。自信心是非常强大的力量，我认识的最成功的人几乎都以自我为中心，甚至到了妄想的地步。如果你不相信自己，就很难让自己对未来产生更有创造力的想法，进而创造最大的价值；但如果你能够在很早的时候就培养出自信心，随着你的经历越来越丰富，解决更多的困境，获得更多的成果，这些经验将反过来帮助你建立信心，让你知道自己的判断是正确的，这样你将解决更大的困难，获得更多信心，不断正循环。

如果你在创业或者带领团队，那么，管理你自己的士气和你团队的士气，是大多数情况下最大的挑战。因为你越是雄心勃勃，这个世界就越想打垮你，如果你连自己都不相信，就很难在人群中找到一个你的方向并且坚定地走下去。

我记得很多年前，埃隆·马斯克带我参观了SpaceX的工厂，他详细地谈到了制造火箭的每个部分，但让我印象最深的是，当他谈到要将大型火箭送上火星时，他脸上表露出来的绝对肯定的表情。我离开时想："嗯，这就是所有人都应该保有的信念。"大多数非常成功的人，至少在某个时候对未来的预测非常正确，而当时人们认为他们是错的。这也是他们成功的原因之一，他们对自己的预测有强大的信心，这让他们领先所有人，避开了更多的竞争。

但要注意，自信必须与自我意识相平衡。我曾经讨厌任何形式的批评，并且回避被人批评这件事。现在，我试着先假设批评是有用的、正确的，先去听一听，然后再决定是否要采取行动。寻求真相很难并且经常是痛苦的，但这正是自信和自我欺骗之间的区别。这种平衡可以帮助你避免骄傲自满或者脱离实际。

第三个诀窍是学会独立思考。为什么我在YC的时候一直觉得很难教别人创业这件事？因为原创思维很难教会。学校也不会教你怎么拥有原创思维，反而会奖励你按部就班地根据课本知识考高分，所以你必须自己培养它。

你可以从手头的某件事开始思考并尝试产生新想法，也可以找到能够交换想法的人，这是产生原创思维更好的方法。有了原创思维后，下一步是在现实世界中快速测试这些想法。"我会失败很多次，但我会真正正确一次"是创业者应该领悟的道理。你必须给自己很多次机会，最终才能抓到一丝运气。

我曾经学到的最有力的教训之一就是，可以在看似没有解决方案的情况下找到唯一能做的那件事。你做的次数越多，你就会越相信它。毅力来自你可以在被击倒无数次后重新站起来。

第四个诀窍是做一个好的"销售"。光有自信是不够的，你还必须让其他人也相信你所相信的东西。

在某种程度上，所有伟大的职业都是销售工作。你必须向客户、潜在员工、媒体、投资者推荐你的计划。你需要鼓舞人心的愿景、强大的沟通技巧、个人魅力和执行能力的证明。如果你善于沟通，尤其是书面沟通，它将为你带来很高的价值。对于如何沟通，我的建议是，首先确保你的思维清晰，然后尽可能使用简洁明了的语言。

想要成为销售高手，真诚是你最好的武器，真正相信你所销售的东西。提高销售能力就像提高任何其他技能一样，任何人都可以通过不断练习变得更好。但出于某种原因，也许是因为它令人反感，许多人将其视为无法学习的东西。另一个重要的销售秘诀是，在重要的时刻亲自出现，这个秘诀曾经三次改变了我的职业生涯，成为我人生的转折点。

第五个诀窍是让自己习惯风险。大多数人高估了风险，低估了回报。承担风险很重要，因为你不可能一直正确，你必须尝试很多事情，并在过程中不断适应新环境。

在职业生涯早期，冒险往往更容易，因为你没有太多可失去的东西，但回报是巨大的。你可以尝试寻找小赌注，如果错了，你会输掉手上已有的筹码，但如果成功，你可以赚100倍，然后在同一个方向下更大的赌注。

在YC，我们经常注意到长期在谷歌或Facebook这些大厂工作的人，都存在一个问题。当人们习惯了舒适的生活、可预测的工作，以及自己在小范围内积攒的声誉时，就很难抛下这一切。即使他们短暂离开了，回去的诱惑也很大。人的本性会更重视短期收益，而非长期成就。

你可以跟随你的直觉，花时间做一些对你而言真的很有趣的事情。尽可能让你的生活保持灵活性，控制开支可以让你保有冒险精神，当然你会付出其他代价。

第六个诀窍是保持专注。保持专注能够让你工作效率倍增。几乎我见过的每个人，都会因为花更多时间思考应该关注什么，而最终受益匪浅。做正确的事比长时间工作更重要。大多数人将大部分时间浪费在无关紧要的事情上。

一旦你弄清楚该做什么，就快速地完成一小部分优先事项。我还没有遇到一个行动迟缓却非常成功的人。

第七个诀窍是努力工作。你可以用聪明的方式工作或者努力工作来达到行业前10%的位置，但如果要进入前1%，你需要又聪明又努力，因为你将与其他同样有才华的人竞争，他们有很好的想法，也愿意付出很多努力。

极端的人获得极端的成果，大量的工作会带来生活平衡的问题，即便你决定不那么努力，也是完全符合理智的。但生活中最大的乐趣之一就是找到自己的目标，我不清楚为什么在美国的某些地区，努力工作已成为一件坏事，但在世界其他地方，人们的能量和动力正在迅速成为新的标杆。

卖命一般地工作是大多数人成功的必要条件，但你必须弄清楚如何既能努力工作又不至于精疲力竭而崩溃。每个人都在寻找自己的策略，但有个策略几乎总能奏效，那就是和你喜欢的人一起工作。我认为那些假装可以在大部分时间不工作，却在职业上获得成功的人是在帮倒忙。事实上，工作耐力是长期成功的最大影响因素之一。关于努力工作，我还有一点想说的：在你职业生涯的初始阶段就开始努力，努力工作像复利一样，越早这样做，获得好处的时间就越长。

第八个诀窍是做大胆的决定。我相信，做一个困难的创业公司要比做一个简单的创业公司更容易获得来自社会的帮助和每个人的支持。让自己变得更有野心，不要害怕从事你真正想从事的工作，当所有人都在做一个简单的项目时，你可以大胆一些，去追求自己想象中的事情。跟随你的好奇心。让你感到兴奋的事情，往往也会让别人感到兴奋。

第九个诀窍是任性、执拗一点。大多数人都不会认识到，其实我们是真的可以改变这个世界的。他们往往怀疑自己、放弃太早或者没有足够努力，导致他们无法充分发挥自己的潜力。大胆追求自己想要的事情，或许你会经历痛苦的失败，但是如果你成功的话，回报也是巨大的。

那些说“我要继续努力，直到这个目标实现，无论挑战是什么，我都会想办法解决”的人，他们之所以能成功，是因为他们认真对待自己的目标，足够坚持，最终等到了机会，好运降临。Airbnb就是一个很好的例子。执拗且乐观才可以走到最后。或许悲观者是正确的，但是乐观者才是成功的。

第十个诀窍是找到你的独特竞争力。你会发现一个很难被超越的公司才会有更高的估值，人也一样。如果你所从事的工作很容易被别人模仿，那未来一定会有一个更便宜的人替代你的位置，去做同样的事情。

大多数人都在模仿别人的行为，这种模仿行为通常是错误的，如果你在做其他人也在做的事情，你就很难有竞争力。解决方法就是找到你自己的独特竞争力，你可以通过学习跨学科知识、掌握跨领域经验，或者建立人脉关系和个人品牌，来形成自己的竞争力。

第十一个诀窍是建立人际网络。大部分工作几乎都需要团队合作，建立一个有才华的人际网络，能帮助你做成很多事情。这个人际网络的规模可能会决定你的成就。

每个人都有自己擅长的地方，用你的优势而不是弱点来定义自己，承认自己的弱点在哪，并想办法解决它们，不要让它们阻止你做你想做的事。我经常听到有人想要做某件事情的时候会说"我不能做X，因为我不擅长Y"，这句话的背后反映出其创造力的缺乏，弥补弱点的最好方法是找到和你互补的人。

此外，建立人际网络还需要做好这几件事情：坚持利他主义并且对队友忠诚；擅长发现被低估的人才；和优秀的有正能量的人在一起。我自己因为坚持这几件事最终受益，比如长期坚持帮助别人，让我得到了最好的职业机会，还获得了三个最棒的投资机会。如果你也想找到一位伯乐，在你的职业生涯初期投资你，最佳方法同样是尽一切可能去帮助别人！

第十二个诀窍是资产决定财富。我小时候一直有个误解，人们因为有高工资而变得富有，但长大后才发现，只靠薪水是根本进入不了福布斯榜单的。想要变得富有的方式是拥有能够迅速增值的东西，比如公司期权、房地产、知识产权或其他类似的东西。

最后一个诀窍是内驱力。大多数人主要受到外部驱动而努力。他们努力工作完成事情，是为了给别人留下好印象、获得认可。这是不对的，有两个重要的原因：首先，这会导致你不得不遵从一套落伍的规则来推进自己的职业生涯，你会过于在意别人的看法，这可能会阻止你做自己真正想做的工作；其次，这会导致你错误估计风险，你会专注于跟上其他人的步伐，不想在团队里落后或者被孤立，这会导致你不敢承当风险，激发自己应有的潜力。

越聪明的人似乎越容易受到外部驱动的影响。

但我认识的最成功的人都是内部驱动的，他们做事情是为了给自己留下好印象，因为他们觉得有责任让世界变得更好。在你赚到足够多的钱可以买任何你想要的东西，并且获得足够高的社会地位，以至于再也没有更多乐趣让你去追求社会地位之后，这是我所知道的唯一一种在你功成名就后，能够继续推动你前进的力量。这就是为什么一个人的内在行为动机如此重要，也是我试图了解某个人的第一件事。

在这方面，杰西卡·利文斯顿和保罗·格雷厄姆就是我的参照。YC在成立后的最初几年被很多人嘲笑，几乎没有人认为这家与众不同的孵化器会取得巨大成功。但杰西卡·利文斯顿和保罗·格雷厄姆无所谓，他们认为，如果YC能成功，这将对世界有巨大的贡献。他们喜欢帮助人们，他们确信他们的新投资模式比过去的模式更好。

最后我想说，“获得成功”的定义实际上与你重视的领域有关，你在自己重视的领域表现出色，才能证明自己的成功。因此，你越早朝正确的方向努力，你就能走得越远，因为你根本无法在任何你不痴迷的事情上获得成功。

第四章

信仰之跃

67

转折时刻的恐慌

我第一次创业时输得很惨——糟透了！但我在第二次创业时做得很好。

——山姆·奥特曼

在2018年之前，山姆·奥特曼在OpenAI内部一直只是挂着“董事”的职位，当时，OpenAI的CEO一直是格雷格·布罗克曼。

曾在OpenAI工作过的前员工回忆：“当时在公司很难见得到奥特曼本人，因为那时他还是YC的掌门，很大一部分时间其实都在处理那边的工作。”在与埃隆·马斯克决裂之后，OpenAI开始了创立后最艰难的一段时期，尽管在格雷格·布罗克曼的带领下，OpenAI在2018年6月前后陆续发布了多个成果，其中包括当时还没有引发业界关注的生成式预训练模型GPT。但所有这些都依旧挽回不了人才的持续流失，OpenAI和山姆·奥特曼一起走到了命运的十字路口。

2019年年初，硅谷和人工智能领域流传着一个不知真假的消息——山姆·奥特曼有意辞任YC孵化器总裁职位，全职投入OpenAI的运作。很快，这条消息有一半被证实，因为YC孵化器正在寻找新总裁，也就是山姆·奥特曼的接任者，但奥特曼离开YC后是否会接管OpenAI，这件事成为所有人心里的疑问。不过对于当时有些低迷的OpenAI团队而言，奥特曼可能加入的这件事极大程度地鼓舞了士气，为所有人注入一针强心剂。

2019年2月，OpenAI低调地向媒体展示了自己GPT技术的最新成果：一位AI写手。他们展示的方式非常特殊，先是向部分合作媒体记者推送了一条爆炸性新闻——“在唐纳德·特朗普意外发射导弹后，俄罗斯宣布对美国宣战。俄罗斯表示，他们已经确定了导弹飞行轨迹，并且将采取必要措施确保俄罗斯人民和国家的战略核力量的安全。白宫表示，他们对违反禁止中程弹道导弹条约的俄罗斯的行为非常担忧。自2014年莫斯科吞并乌克兰克里米亚地区并支持乌克兰东部分离主义者以来，美国和俄罗斯的关系一直很紧张。”

而记者们直到看到最后的备注，才明白这条逻辑严谨的新闻内容实际上是假的，而且它的出现宣告了一个令人不安的事实，因为它不是由人写的，而是由一种算法自动生成——在输入“俄罗斯已经对美国宣战”这行字后，AI写手程序自行编造补全了这条新闻的其余部分，炮制出这条可能让全世界的人瞬间恐慌的新闻。这个程序的主要功能就是根据用户输入的内容，生成续写文本。它显示人工智能在不断进化后，变得越发出色，足以“模拟”人类。

从某方面来说，这个能够制造假新闻的AI写手程序，可以视作“ChatGPT”的最初版本。OpenAI的研究员围绕GPT开发了一种通用语言算法，这个算法通过使用基于来自网络的大量文本来对人工智能进行训练，让其能够翻译文本、回答问题和执行其他有用的任务。但在训练过程中，研究员们很快就发现了问题，这个程序有可能被滥用。OpenAI的政策主管杰克·克拉克说："我们开始对它进行测试，很快就发现它可以轻松地生成各种内容，人们难以分辨它，这意味着这个程序可能被骗子、野心家利用，用来攻击别人。"

OpenAI表示，AI写手程序演示了人工智能如何被用于自动生成那些令人信服的假新闻、社交媒体帖子或其他文本内容。可想而知，这样的工具可能会影响美国总统选举，比如在选举期间大量制造真假不明的丑闻，或者对竞争候选人的政策进行歪曲炒作。当时，假新闻已经成了一个社会问题，移动互联网和社交平台的流行让所有人的手机里都充斥着人工制造的假消息，但如果它能够被机器自动生成，造成的问题将更为严重，影响也将更加广泛。也许不久之后，人工智能就可以自主生成更令人信服的假故事、假Twitter消息或假评论，而这些假内容又可以营造出一个完整的虚假消息系统，把某个人放进电子版"楚门的世界"。杰克·克拉克说："很明显，这项技术将在一两年时间内进一步成熟，到时候它可以用于虚假信息宣传，也可以发挥正面的作用，比如帮助人们总结文章大意，或提高聊天机器人的对话技巧，甚至可以作为辅助工具帮助创作者写出一段短篇科幻小说。我们正在尝试先掌握这项技术，然后想办法控制它。"

2018年OpenAI曾与牛津大学、剑桥大学和电子前沿基金会等组织机构，一起发布了一份有关人工智能风险的报告：《人工智能的恶意使用：预测、预防和缓解》，其中提到了四个涉及人工智能的反乌托邦场景，这些场景堪比曾经在全世界范围内大火的英剧《黑镜》里的故事。人工智能技术为犯罪分子、邪恶政客和独裁政府创造了控制舆论进而操控其他人的机会，因此，报告建议对部分人工智能研究成果进行保密，同时探索限制潜在危险的方式，就像我们对待那些兼具武器与民用“双重用途”的技术研究。

当然，与此同时，OpenAI研发的AI写手程序也并不总是能成功生成逼真的新闻。很多时候，它围绕提示词，也会生成表面上连贯、但实际胡言乱语的段落，或者明显是抄袭某个在线新闻的文本。因此，这项技术本身的进步更加重要，它会反映出机器学习应用于语言的最新进展。

由于担心技术可能被滥用，OpenAI最终选择暂不公开发布这一产品，而是将它的简化版本作为技术成果，提供给其他人工智能机构或者媒体，供测试或者研发使用。人工智能技术的进步正在逐渐帮助机器更好地掌握自然语言，相关专家理查德·索赫说：“OpenAI的成果为我们展示了更为通用的语言学习系统是什么样的，我认为这些通用学习系统是未来。而且我并不担心假消息的问题，因为人类根本不需要用人工智能来制造假新闻，我们自己就可以轻松做到，并且做得很好。”

许多专家认为，这款AI写手程序的出现将打开智能技术爆炸型增长的阀门。它的出现，让人兴奋，也让人恐惧。人类还无法确定它能做什么，在虚假信息泛滥于互联网的当下，它也被视为一种威胁。但对于一直被谷歌DeepMind压制的OpenAI，AI写手程序制造的恐慌与兴奋情绪越多，越代表了它个体的成功。这个程序的发布，似乎是为了配合山姆·奥特曼的降临。2019年3月，OpenAI迎来了转折时刻。

68

营利机构OpenAI LP诞生

随着世界的发展变化，我们会不断更新完成使命的方式和具体的实施计划。但是，无论世界如何变化，我们都在法律和个人两个层面上永远致力于完成最初的使命：开发有益于全人类的通用人工智能。

——OpenAI公告

2019年3月8日，山姆·奥特曼官宣正式离开YC孵化器，全职加入OpenAI；3天后，格雷格·布罗克曼和伊利亚·苏茨克维尔代表OpenAI在其官网宣布对自己的组织架构进行调整。调整后的OpenAI变身为两家机构：新创立的营利机构OpenAI LP，以及原本的非营利机构OpenAI Inc。

在如此短的时间内，山姆·奥特曼和OpenAI分别宣布这两件重要事项，无疑是在对外放出一个信号：山姆·奥特曼即将带领OpenAI做出颠覆性改革，就像奥特曼在刚刚执掌YC孵化器时做过的那样。

在此之前，所有人都在猜测奥特曼会做什么，终于奥特曼和OpenAI给出了一个答案：OpenAI不再甘心缓慢发展了，无论是与谷歌等科技巨头旗下的人工智能实验室竞争，还是完成OpenAI创立之初的使命——“确保通用人工智能造福全人类”，奥特曼和OpenAI都需要钱，需要商业化，需要获得更广泛的支持。

实际上，OpenAI做出从非营利到营利的改变，早有预兆。

早在2017年3月，布罗克曼和其他几位核心成员为了让团队更加专注于通用人工智能的研发，开始起草一份内部文件，开辟一条通往通用人工智能的道路。此时，他们就发现了OpenAI有一个致命缺陷——如果他们想要持续研究这一领域，保持非营利组织的架构在财务上是站不住脚的。原因也简单，当人工智能领域想要取得突破性成果时，他们所需花费的算力资源，几乎每3至4个月就会翻一番，非营利组织架构根本无法支持他们的研发工作。布罗克曼当时就清楚，如果他们想在通用人工智能的方向上持续发力，就需要足够的资金来匹配这种指数级增长所需的资源，这意味着，他们需要一种新的组织模式，既能迅速积累资金，同时又能以某种方式忠于OpenAI创立时的使命。

这时候，尴尬的问题来了，OpenAI创立之初吸引所有人投奔、为之奋斗的使命，成了它壮大发展的障碍——保持非营利，就没法发展；改为营利，就可能失去大部分顶尖研究员。2018年2月，在马斯克退出董事会、切断资金捐赠后，山姆·奥特曼意识到，如果他不站出来主导转型，那么OpenAI只有倒闭这一条路。现在，他必须要重新设计OpenAI的架构，在商业和社会责任中去寻找一个平衡点。为此，布罗克曼和奥特曼在一种隐蔽的私人语境下，就此事讨论过很多次，并制订了计划。两人分别在OpenAI内、外两个方向发力，布罗克曼主内，奥特曼主外。

2018年4月，OpenAI发布了最新公司章程，章程里重新阐述了OpenAI的核心价值观，但微妙地改变了描述语言，反映了新的现实情况。除了继续承诺“避免使用可能危害人类或过于集中权力的人工智能或通用人工智能”，章程里还强调了资源的重要性：“我们预计需要调集大量资源来履行我们的使命，同时我们会始终努力减少员工和利益相关者之间可能损害更广泛利益的冲突。”这句话背后的含义是，布罗克曼和奥特曼预知到他们有可能在未来向营利和商业化迈进，为此，他们先做铺垫，开始平衡员工和捐赠人的利益、未来投资者的利益，以及“造福全人类”的使命。之后，布罗克曼花了很长时间与内部员工沟通，拉着所有人一起反复推敲，让整个公司都接受同一套原则。布罗克曼说：“即使我们改变了我们的组织结构，这些原则也必须保持不变。”

与此同时，山姆·奥特曼找到了硅谷著名投资人里德·霍夫曼和维诺德·柯斯拉。里德·霍夫曼是OpenAI最开始的捐赠人之一，也是领英的联合创始人；维诺德·柯斯拉则是一位亿万富翁，他创立的太阳微系统公司在2009年被软件巨头公司甲骨文收购，之后他创立了自己的风投基金公司。奥特曼将自己的需求告诉两人，明确OpenAI需要至少上千万美元的支持，但不再以捐赠的方式，而是以同意创建OpenAI营利部门作为条件。奥特曼和两名大佬在反复讨论的过程中，逐渐确定了组织机构重组的基本方案。

于是，在2019年3月，奥特曼离开YC、全职加入OpenAI时，OpenAI同步完成了从非营利到营利的转变。OpenAI宣布在母公司OpenAI Inc的非营利主体下，创建一个限制性营利实体OpenAI LP。

OpenAI在公告里强调，营利组织的出现是为了完成使命，也就是

“确保创造和使用安全与有益的人工智能”，并且把这一点置于为投资者创造回报之前。即使OpenAI的组织结构变了，这一使命也始终是最高优先级，OpenAI LP的主要责任就是推动完成OpenAI此前所设立章程的目标，所有的投资者和内部员工都将签署协议确认，即使他们也都知道坚持这些章程原则可能还是会牺牲部分经济上的利益。

从非营利到营利的转变，为了确保使命至上，减少内部异议与外部争议，奥特曼和布罗克曼还做了哪些努力与设计？

69

使命至上

我们正走在一条艰难而不确定的道路上，但我们重新设计了我们的组织结构，以帮助我们在成功创造AGI时对世界产生积极影响——我们认为AGI的出现将产生与计算机出现时一样广泛的影响，并在医疗保健、教育、科学研究领域持续发力，并改善人们生活的方方面面。

——格雷格·布罗克曼

OpenAI从非营利转变成营利，为了尽可能地减少内部动荡，应对外界的质疑，山姆·奥特曼提出了一系列改革，这些改革措施全部围绕一个关键词进行——使命至上。

首先，OpenAI Inc这家非营利组织实体将作为普通合伙人，保留对OpenAI LP绝对的控制权，这也意味着OpenAI Inc的董事会将继续负责新公司的管理和运营。OpenAI Inc的董事会席位将由两部分人员构成，包括三位员工——OpenAI未来的CEO山姆·奥特曼，OpenAI

的董事长兼总裁格雷格·布罗克曼，以及首席科学家伊利亚·苏茨克维尔；此外，非OpenAI员工的董事会席位包括美国最大在线问答网站Quora的联合创始人兼CEO亚当·德安杰洛、乔治城大学安全与新兴技术中心战略总监海伦·托纳、著名风险投资者希文·齐利斯，还有机器人公司Fellow Robots的首席执行官塔莎·麦考利。

有趣的是，这些董事会成员中，也存在着一些好玩的八卦：比如最后提到的这位塔莎·麦考利，她的丈夫是参演过《和莎莫的500天》《蝙蝠侠：黑暗骑士崛起》《盗梦空间》《利刃出鞘》的好莱坞文青男神约瑟夫·莱维特。另外一位成员希文·齐利斯的身份也非常特殊，这位女士在OpenAI工作时认识了马斯克，之后她追随对方到了脑机接口公司Neuralink和特斯拉任职，直接向马斯克汇报。2022年7月，美国得克萨斯州的法律文件披露，希文·齐利斯和埃隆·马斯克在2021年11月生下了一对双胞胎，这也是马斯克的第8和第9个孩子。

其次，从持股构成来看，OpenAI LP的投资者和内部员工将成为有限合伙人，而所有董事会成员之中，只有少数人被允许持有股份，持有股份的董事会成员将失去投票权，只有那些没有此类权益的董事会成员可以就可能涉及有限合伙人利益和OpenAI非营利组织使命冲突的决策进行投票，其中包括任何有关向投资者和员工支付款项的决策。

最后，OpenAI LP别出心裁地设置了一种叫作“利润上限”的架构，将其有限合伙人的投资回报上限设定为投资额的100倍，也就是说，投资回报如果超出上限100倍，超出部分将返还给最初的非营利机构OpenAI Inc。此外，100倍将是OpenAI LP首轮投资者的回报上限，奥特曼认为，后几轮投资者的回报率将低于这个数值。

总结一下，从OpenAI的发展路径分析，OpenAI几乎不可能走上市这条路，也不会接受被收购的选项，那就意味着，投资人的退出方式非常少，而未来的累计分红一旦超过100倍的回报上限，利润就会自动流入OpenAI Inc非营利组织的账户中。而当OpenAI LP和OpenAI Inc的使命发生冲突的时候，要由没有持股的董事会成员来投票。这在一定意义上杜绝了OpenAI被科技巨头暗中操控的可能性。

有意思的是，山姆·奥特曼本人在这个新架构中不持有任何股份，只拿每年6万多美元的基本工资。奥特曼对外宣称，选择不持股的原因是他已经足够有钱了，不需要更多的金钱回报。

令人没想到的是，奥特曼不拿股份这件事情在投资界还引起了震动。一部分投资人认为不拿股份意味着创始人自己也不看好公司的前景，而一个公司的CEO需要有足够的动力去创业，股份就是最好的激励，因此奥特曼的这个举动劝退了这部分投资人；另一些人认为，奥特曼不拿股份恰恰证明了奥特曼保持着创立OpenAI的初心，他是真的想干成这件事。事实上，后者的想法更接近于奥特曼不持股的真相，因为回到公司董事会投票的章程上，我们可以发现，奥特曼不拿股份是为了在OpenAI LP和公司使命起冲突、需要没有持股的董事会成员来投票时，他能够有投票权。也就是说，奥特曼通过放弃金钱上的激励，来换取权力上的激励。

作为最懂奥特曼的人，保罗·格雷厄姆在接受媒体采访时说："一个人为什么要做一些不会让他变得更富有的事情？一个答案是，可能他已经有了足够多的钱。另外一个答案是，他喜欢权力。"奥特曼可能既是前者，也是后者。

OpenAI的商业化转型招致了外界的舆论争议。但对山姆·奥特曼和格雷格·布罗克曼来说，这是没有选择的选择，也是2019年年初的OpenAI在当时最好的选择。奥特曼的性格与行事风格在当时再次发挥作用，当他意识到理想主义行不通时，立即选择了实用主义，并且尽自己最大可能平衡了两者。再一次，山姆·奥特曼在两难之中，交出了一份几乎完美的答卷——OpenAI LP的新架构稳住了军心，在强调使命至上的同时，给内部员工们提供类似初创公司的股权激励，留住人才；此外，这一在硅谷史无前例的新架构也吸引了一位同样雄心勃勃的投资方——微软的关注。

在改变组织架构，扫除引入大资金的制度障碍后，山姆·奥特曼和OpenAI的下一步计划是什么？哪些筹码能够帮助山姆·奥特曼展开与微软的合作？

奥特曼上任

自然语言模型变得越来越好，是人工智能领域最令人兴奋的发展之一。

——山姆·奥特曼

2019年5月，山姆·奥特曼接替格雷格·布罗克曼，成为OpenAI的新任CEO，而布罗克曼同时保留了OpenAI总裁兼董事长兼首席技术官的职务。两人的分工有什么门道？从职位名称看，似乎布罗克曼的头衔比奥特曼更响亮、更厉害，到底谁才是OpenAI能拍板的那个人？

实际上，这三个职位代表的是不同的工作重心。比如董事长这个职位，主要负责监督公司董事会的工作，并为公司的战略方向和管理决策提供建议；而总裁通常负责公司的整个业务运营，包括生产、研发、营销、销售，以及人力资源等职能部门的工作，每天都会陷入一堆琐事中，接了这个职位几乎就等于住在了公司；CEO则通常更专注于公司的战略规划和决策，包括制定公司的长期发展战略，并且管理与利益相关者的关系。因此，从行政层面来看，挂有董事长职务的格雷格·布罗克曼承担的责任与拥有的权限确实是大于山姆·奥特曼的。

但为什么山姆·奥特曼在此时是担任CEO，而不像在YC孵化器时一样担任总裁呢？这就与美国科技投资领域的环境有关。在当时，科技公司的声誉和产品管理技能通常比技术背景更受重视，相比较之下，山姆·奥特曼的创业和投资履历更能赢得投资者们的信任，把奥特曼放在CEO的职位上，才能够发挥最大作用，同时解决OpenAI此时缺钱的问题。

山姆·奥特曼火速上任后，在新CEO的带领下，OpenAI经历了深入的变革，但争议也随之而来，外界的质疑声还是集中在OpenAI从非营利公司到营利公司的转型上。虽然奥特曼等人做了种种限制措施，确保OpenAI始终使命至上，但很多人仍然认为大公司在投资OpenAI LP后，有很多办法可以避开这些限制，吃掉大块利益，甚至直接独享研究成果。

这些质疑很快就有了更坚实的证据。OpenAI LP成立后不久，就有媒体爆料，山姆·奥特曼正在和微软接触，微软有可能会投资大笔资金，支持OpenAI的研发。实际上，媒体没有强调的是，微软和OpenAI早就有合作，从2016年开始，微软就是OpenAI模型训练的云服务供应商，他们一直对OpenAI的研究实力和技术动向心知肚明。如今OpenAI转向营利公司，准备吸引投资者，一直对人工智能很感兴趣的微软和比尔·盖茨本人当然不会放过这个好机会。毕竟除了谷歌之外，亚马逊、苹果等几个巨头都在一旁虎视眈眈。

然而，虽然科技巨头们都抢着想要送钱给OpenAI，但投资总额与占股比例的多少，还得奥特曼去反复评估磋商，为OpenAI争取最大利益。为此，OpenAI也得拿出点更像样、更具说服力的成果，证明自己的未来价值。而此时，最好的证明就是GPT模型。

在基于GPT-2开发的AI写手程序因为以假乱真的能力登上了全世界的头条后，OpenAI决定暂不发布GPT-2模型。这一决定是一种预防措施，避免以后这一模型被滥用。但在2019年5月，OpenAI改变了这一想法，它宣布将在未来几个月内分阶段解锁模型，并逐步升级至完整版本。

作为GPT的“接班人”，GPT-2最初开发是为了执行语言建模任务。对比市面上已有的文本模型，GPT-2有两个开创性的优势：一方面，它纳入的参数比之前更多，OpenAI的研究总监达里奥·阿莫迪声称，GPT-2的参数是最先进的AI模型的12倍，数据集是其15倍，同时，GPT-2数据集的范围也更加广泛，包含了大约1000万篇文章的数据。这些文本足足有40 GB，请注意，这里的40 GB指的是文本资料，而不是蓝光电影。要知道，144万字的《盗墓笔记》全集一共也就只有2.8 MB的大小，1 GB等于1024 MB，也就是说，这些训练文本约相当于14628部《盗墓笔记》的内容量。另一方面，GPT-2纳入的参数并不限于特有领域，它抓取了Reddit里各种不同类型的帖子，甚至包括那些古怪的匿名投票帖子，比如“最性感的好莱坞十大女星”……这意味着，由此训练出的模型将更加通用，不再限于某个特定领域。

除此之外，GPT-2还能在无须使用相关数据集的前提下，在某些特定领域，比如通过维基百科、新闻或书籍，训练其他语言模型。根据OpenAI给出的数据，GPT-2在多个语言建模任务中达到了截至

2019年时的最佳成绩。

GPT-2能做些什么？OpenAI给出了一些应用方向。比如，它能用于开发AI写作助手、提高不同语言之间无监督机器翻译的性能，甚至构建更好的语音识别系统。OpenAI的研究人员吴建福举例说："我们可以用它帮助作家寻找创意或者生成对话，也可以用它来检查语法错误，查看软件代码是否有漏洞。优化软件之后，未来也许GPT-2还能为企业或者政府决策者提炼总结性文本。"通过这段话，你可能已经有了一丝熟悉的感觉，OpenAI的研究员在2019年对GPT-2的描述，听上去就像在谈论我们现在熟悉的ChatGPT！

与微软有着千丝万缕关系的艾伦人工智能研究所里，也有一位研究员在接受采访时说："GPT-2让人兴奋的原因是，预测文本将被视为计算机的超级任务，这个挑战如果能够攻克，将打开智能的阀门。类似问路这种问答式的任务就需要预测文本的支持，所以，如果人类能训练一个足够好的问答模型，它将可以做任何事情。"

GPT-2的分阶段发布证明了OpenAI与GPT模型的无限潜力，也让山姆·奥特曼掌握了足够的筹码。此时，奥特曼说服微软投资自己看上去几乎板上钉钉，但合作真的能这么顺利吗？

71

比尔·盖茨的反对

通用人工智能的诞生将是人类历史上最重要的技术发展，有可能改变人类的发展轨迹。我们的使命是确保通用人工智能技术造福全人类，我们正在与微软合作构建通用人工智能诞生所需的超级算力基础。我们认为，通用人工智能的安全部署及其经济利益的共享分配至关重要，我很高兴，微软与我们一样认同这一愿景。

——山姆·奥特曼

山姆·奥特曼在正式入职OpenAI后，很快飞往西雅图，会见了微软当时的CEO，印度裔的萨蒂亚·纳德拉。在那里，奥特曼向萨蒂亚·纳德拉展示了OpenAI的人工智能模型，这次见面卓有成效。看到这里，你是不是觉得少了点什么？没错，少了一个关键人物，比尔·盖茨。这也是提到微软，大家总会第一时间想到的名字。

曾经连续13年蝉联世界首富的大佬比尔·盖茨，曾与保罗·艾伦一起创建微软公司，并且担任微软董事长、CEO和首席软件设计师等职位，持有微软超过8%的普通股，是微软最大的股东。2000年1月，比尔·盖茨辞去微软CEO的职位，但仍然担任董事长，并为自己创立了一个叫作“首席软体架构师”的新职位；2006年6月，比尔·盖茨宣布，他在微软的全职工作将逐渐转变为兼职工作，最终于2014年2月辞去微软董事长职务，仅仅作为技术顾问，协助新任命的CEO萨蒂亚·纳德拉。因此，在2019年，山姆·奥特曼需要争取的对象是萨蒂亚·纳德拉，而不是比尔·盖茨。

如果你关注比尔·盖茨在社交网络上的言论，你可能会认为，比尔·盖茨是OpenAI的坚定支持者，是微软与OpenAI在2019年时谈妥第一笔10亿美元合作的重要推动者，但实际上并不是这样。在2019年双方初次合作时，比尔·盖茨甚至一度成了合作的阻力，奥特曼最终能敲定与微软的战略合作，靠的正是那位在中国名声不显的CEO萨蒂亚·纳德拉。

2014年，比尔·盖茨辞去董事长职位，几乎同一时间，萨蒂亚·纳德拉被任命为微软的CEO，接替了史蒂夫·鲍尔默。萨蒂亚·纳德拉是微软的老员工，他在1992年就进入微软，领导微软的业务和技术文化从客户服务向云基础设施和服务转型，推动微软构建云计算平台，并且开发了世界上最大的云基础服务。在接任CEO前，纳德拉是微软企业暨云计算部门负责人，在微软在线研究与开发部门和微软商业部担任副总裁一职，他主导的Microsoft Azure企业业务大获成功。

在这样的背景下，纳德拉一直是人工智能技术的支持者，在成为CEO后一直试图推动微软在这一领域的研发。2016年，微软尝试推出AI聊天机器人Tay，并在Twitter、Facebook等社交媒体上发布了这款软件。就像之前提到过的，微软的这款聊天机器人很快就被网友们玩坏了，国外网友故意教Tay说很多具有攻击性的言论，其中包括反犹太人言论，各种种族歧视、性别歧视的言论，以及脏话等等，这件事在互联网上引发重大舆情事故，也导致AI聊天机器人Tay在发布不到一天内就被关闭。

由于在AI领域栽了一个大跟头，微软之后对AI领域的布局极为审慎，尤其是比尔·盖茨本人。但是即便如此，作为制定公司战略方向的微软CEO，纳德拉仍然非常看重AI的潜力，试图鼓励让微软各部门都尝试用AI模型来提升产品，并且和另一巨头英伟达达成了协议，开发训练AI的GPU。因此，在2019年OpenAI决定商业化后，山姆·奥特曼心里的第一个备选合作者就是微软。

当奥特曼来到西雅图，试图推动合作时，萨蒂亚·纳德拉几乎直接把答应写在脸上。但是，当纳德拉想在微软内部推动这一合作时，他受到了相当大的阻力，其中一部分阻力就来自微软联合创始人比尔·盖茨。在比尔·盖茨2008年退出微软的日常工作之后，媒体对比尔·盖茨的所有曝光几乎都是关于他的慈善事业，但实际情况是，比尔·盖茨并没有真正离开微软，可以说他像一位“太上皇”，每天花大概20%的时间审查微软的新产品和重要合作。在2019年，当萨蒂亚·纳德拉想要推动微软和OpenAI合作时，比尔·盖茨就亲自参与了对OpenAI合作的审查，并且表态他不喜欢这项投资，还拿Tay再次举例。比尔·盖茨的这一表态差点让合作中止。最终，依靠GPT-2模型未来的无限可能性、山姆·奥特曼的口才和萨蒂亚·纳德拉的坚持，“太上皇”比尔·盖茨反对无效，纳德拉最终还是带着微软押注AI。

2019年7月，微软宣布与OpenAI建立合作伙伴关系，向这家初创公司投资10亿美元，成了OpenAI的最大投资人。对于OpenAI而言，微软投资的10亿美元能带来多少改变和帮助？

72

双赢的交易

人工智能是我们这个时代最具变革性的技术之一，有可能帮助我们解决世界上许多最紧迫的挑战，通过将OpenAI的突破性技术与新的Azure AI超级计算技术相结合，我们的目标是使AI民主化——同时始终将AI安全放在首位和中心位置，这样每个人都能受益。

——微软首席执行官萨蒂亚·纳德拉

2019年7月，微软CEO萨蒂亚·纳德拉在自己的社交媒体账号上宣布：微软与OpenAI已建立战略合作伙伴关系，以构建新的Azure AI超级计算技术。同时，纳德拉还放出一段视频，视频里，奥特曼和纳德拉探讨了通用人工智能的前景，也提到实现它需要大量的计算能力。

纳德拉明确表态，微软愿意投资10亿美元，帮助OpenAI创建新的AI技术，实现通用人工智能，同时也将与OpenAI共同维护人工智能安全。在之后发布的新闻通稿里，两家公司正深入思考人工智能在世界上的作用，以及如何构建安全、可信和道德的人工智能来为公众服务。为此，他们决定建立独家计算合作伙伴关系，构建新的Azure AI超级计算技术，进一步扩展微软在线服务平台Microsoft Azure在大规模AI系统中的功能。具体的合作方向包括三部分：第一，微软和OpenAI将共同打造全新的Azure AI超级计算技术；第二，OpenAI将在Microsoft Azure上提供AI相关应用服务，用于创建新的AI技术并兑现人工智能的承诺；第三，未来微软将成为OpenAI人工智能技术商业化的首选合作伙伴。

微软和OpenAI携手在Azure中构建一个规模空前的计算平台，既能满足OpenAI的研究需求，又能直接让微软获得OpenAI的研究成果，可以说是双赢的方案。Azure平台计划训练和运行不断进化的人工智能模型，比如GPT-2以及后续的升级版本。微软首席执行官萨蒂亚·纳德拉说："人工智能是我们这个时代最具变革性的技术之一，有可能帮助我们解决世界上许多最紧迫的挑战，通过将OpenAI的突破性技术与新的Azure AI超级计算技术相结合，我们的目标是使AI民主化——同时始终将AI安全放在首位和中心位置，这样每个人都能受益。"

对于OpenAI和山姆·奥特曼而言，这是第二次与"10亿美元"这个数字交手，但与2015年OpenAI成立时获得的10亿美元投资承诺相比，这一次微软答应的10亿美元投资更加实在，虽然其中有一大部分实际上是微软Azure云服务器的"代金券"，但由于OpenAI的大部分支出都要花费在算力上，所以代金券也很宝贵，正可以解决OpenAI的发展瓶颈问题。

但是，我们知道在评价一次商业合作或者投资是否成功时，业界通常会用是否实现了双赢作为标准。

如果回顾微软和OpenAI的这笔交易，我们会发现，微软的CEO萨蒂亚·纳德拉虽然非常想要布局人工智能领域，却没有被山姆·奥特曼和OpenAI的主动邀请而冲昏头脑。纳德拉这笔交易做得非常划算。为什么这么说？首先，就像之前说的，这笔交易大有学问，微软投资的10亿美元事实上大部分都以微软Azure云服务积分的形式兑现，也就是说这并不需要动用微软的现金流，相当于OpenAI免费用微软的云服务来训练和运行AI模型；其次，微软从中获得了什么？——OpenAI技术的独家权，以及未来可以在Bing搜索等微软自家的产品上使用OpenAI的大部分技术的权利。

对于微软这种类型的全球科技巨头来说，他们此时的投资几乎都是战略意义大于实际意义，他们根本不指望OpenAI能直接帮自己赚钱。相反，在这个代表未来的领域里布局和阻止竞争对手布局才是他们投资的主要目的。微软投资OpenAI不仅能够卖出自家产品，还能在人工智能领域和谷歌竞争，甚至顺道抢走谷歌的生意。要知道OpenAI此前一直是谷歌云的最大客户之一，2019年和2020年一共向谷歌支付了1.2亿美元的云计算费用。所以，这笔交易不需要太多的现金，能得到一个可靠的新伙伴，同时还打击了竞争对手，布局人工智能领域。萨蒂亚·纳德拉的这步妙招简直是“一石三鸟”。

那么对于山姆·奥特曼和OpenAI呢？这笔交易是否划算？答案自然也是肯定的。微软与OpenAI正式开始合作后，萨蒂亚·纳德拉发现，OpenAI需要的算力太大了。2019年发布的GPT-2有15亿的参数，2020年5月发布的GPT-3有1750亿的参数，每一次GPT的升级，参数量都呈现指数级的上升。在ChatGPT横空出世后，有媒体报道，为了训练ChatGPT，当时微软专门为OpenAI推出了一台全球前五的超级计算机，用了10000个英伟达的DGX A100 GPU。

你可能对GPU有点陌生，但你绝对听过CPU这个缩写。简单来说，CPU是中央处理器，由数亿万个晶体管构成，可以具有多个处理核心，通常被称为计算机的大脑。它对所有现代计算系统都是必不可少的，正是因为它的存在，你对计算机和操作系统的所有命令与进程才能得以执行。相比于CPU这个通用处理器，GPU是专门做几种特定简单计算的处理器，运行的指令集简单得多，每个GPU内核也就简单很多，同样数量的晶体管造出的GPU和CPU相比，前者的内核数量比后者多，这样更有利于运行大量可并行化的简单计算。换句话说，CPU通用但不专精，GPU专精但不通用。GPU最初是给图形图像处理用的，碰巧现代人工智能应用也需要做类似的极大量的简单计算，所以GPU也正好胜任。另一个正好也需要类似计算的应用是加密货币挖矿，所以在ChatGPT引爆全球人工智能军备竞赛之前，购买GPU最多的是加密货币行业。

所以，通过对GPU成本的核算，我们很容易就算出一笔账，知道微软在2019年投资OpenAI后，提供了多少支持。假设每个英伟达DGX A100的服务器上有8个GPU、售价是20万美元，那么ChatGPT会占用1250个A100 GPU服务器，也就是2.5亿美元。另外，训练一次GPT大模型就要几百万美元，每年的云成本也都上亿！

值得注意的是，在此期间，OpenAI和微软面临着严苛的外部环境，包括美联储加息周期下的资本寒冬、科技公司大裁员、疫情以及全球化经济衰退。所以，山姆·奥特曼与OpenAI实际从微软这里获得的帮助是非常大，并且非常重要的，几乎可以说，如果微软没有在2019年入局，奥特曼又没有找到一个可替代的同等体量的投资者，ChatGPT的面世几乎会晚至少一到两年。这就是资金对技术发展的驱动力量。

73

GPT-3 发布

AI领域进步的关键是海量的计算，而不是海量的数据。比如，在Dota 2中，我们的人工智能团队在没有任何数据的情况下击败了世界第一的玩家团队。人工智能在掌握游戏规则后以海量的计算实现自我对弈训练，探索环境，不断尝试有效的方法，停止无效的方法，以强大的计算能力获得飞速的进步。这足以改变我们在传统上对AI的认知。

——山姆·奥特曼

山姆·奥特曼之所以选择与微软合作，仅仅是因为微软有钱吗？不是，10亿美元的投资固然非常重要，但作为眼光长远的前YC孵化器总裁，奥特曼看中微软绝对不仅仅只是因为微软有钱，更因为微软在超级计算技术方面拥有最好的硬件技术，同时两家公司在道德方面有共同的原则。奥特曼认为，这将为OpenAI以安全、可靠的方式推动人工智能技术进步奠定基础，这也是两家公司最终选择合作的关键原因。

在两家公司宣布合作的同一时间，OpenAI总裁兼董事长格雷格·布罗克曼也在OpenAI官网上宣告了这次合作。在文章里，布罗克曼先是列出了自2012年以来人工智能领域在单一功能上取得的进步：2012年的人工智能视觉，2013年的简单视频游戏，2014年的机器翻译，2015年的复杂棋盘游戏，2016年的语音合成，2017年的图像生成，2018年的机器人控制，2019年的写作文本也就是GPT-2和AI写手。布罗克曼列出这些，真正想表达的是，所有这些AI功能上的突破，实际都是由相同的一套方法提供支持，那就是深度神经网络的创新应用与不断增长的计算能力的加持。

布罗克曼强调，相比之下，通用人工智能更像是一个系统，能够在一个研究领域发展到世界专家水平，并且掌握的领域能比任何人类都多。它就像吸收了居里夫人、图灵、巴赫等所有伟人的技能的融合体。因此，处理某个问题的通用人工智能将能够看到人类无法看到的跨学科联系。OpenAI希望通用人工智能与人们一起解决当前棘手的多学科问题，包括研究气候变化、提供费用低廉且优质的医疗保健以及个性化教育等等，让每个人都拥有去追求他们认为最有成就感的事情的经济自由，为所有人的生活创造难以想象的新机会。

在微软和微软CEO萨蒂亚·纳德拉的全力支持下，山姆·奥特曼带领的OpenAI全速前进，钻研大语言模型GPT。在当时，研究大语言模型的并不止OpenAI一家人工智能公司，大语言模型同时也是许多科技巨头研发投入的方向。比如OpenAI的最大竞争对手谷歌，早在2018年时就发布了BERT模型。BERT系列模型同样在不断进化，在阅读理解、对话等多个文本任务的表现中超过了人类，并屡屡刷新世界纪录；此外，微软自己也在2020年初训练出名为Turing-NLG的大模型，其有170亿参数，是当时最大的模型。

但OpenAI与谷歌等科技巨头不同。在谷歌这样的大公司，大语言模型只是其中一个项目，投入的资源和人力有限；而在OpenAI，这是他们优先级最高的事项，一共投入了30多位顶尖研究员，团队里所有的顶级科学家都参与其中。在GPT-2面世后，OpenAI继续GPT的进化之路，除了之前训练GPT-2时用到的Reddit上的数据，OpenAI的科学家还把此前12年从6000万个域名中收集的新闻报道、社交媒体帖子、书籍杂志全文，以及各种网页内容等包括数千亿个单词的英文资料都喂给了大语言模型。这些资料的容量几乎是英文维基百科全部资料的33倍，然后在消耗数千万美元的计算资源后，OpenAI有了最新成果——2020年5月，OpenAI发布了引发业内轰动的GPT-3。

和GPT-2相比，GPT-3有了质的飞跃。首先，完整版GPT-3包含1750亿个参数，而完整版的GPT-2中的15亿个参数，仅仅是它的零头还不到，和当时最大的模型微软的Turing-NLG相比，GPT-3的参数也比它的10倍还多；在如此大参数的支持下，GPT-3不需要针对训练就能撰写诗歌、媒体报道和编写代码，并且初步能够与人对话，回答简单的问题。在大多数测试场景下，GPT-3反馈的结果让人难辨真假。《纽约时报》随后发布的一篇专栏文章称："GPT-3写散文、诗歌、代码的能力令人感到惊奇、羞愧、毛骨悚然。"但GPT-3仍然存在一些问题，比如调用时消耗资源巨大，需要等待几分钟甚至十几分钟才能出一个结果，这意味着在当时，GPT-3根本无法应用在商业中。

就在此时，OpenAI再次发生了内部震荡，差点就影响了ChatGPT的诞生。

74

研究副总裁带队出走

我们处于尴尬的未知之中：我们不知道通用人工智能是什么样子，也不知道它会在什么时候出现。任何一个人的思维都是有限的，因此，确保人工智能安全最好的方法之一就是雇用其他领域的安全研究人员，他们经常有不同于我们的想法。我想要那种变化和多样性。

——达里奥·阿莫迪

2020年12月，微软投资的负面效应开始爆发。OpenAI发生了一次不可逆的内部分裂——负责构建GPT-2和GPT-3团队的研究副总裁达里奥·阿莫迪选择离开OpenAI。与阿莫迪一起离开的，还有他的姐姐丹妮拉，以及另外一支由13位顶尖人工智能研究员组成的成熟团队。

在离开前，达里奥·阿莫迪一直参与规划OpenAI整体发展战略，他将OpenAI人工智能实验室的战略分为两部分，第一部分战略有关于OpenAI实现通用人工智能的步骤，他将这件事比作投资者的“押注组合”。OpenAI的不同团队正在进行不同的押注。比如，语言团队押注于一个人工智能相关理论，这个理论假设人工智能可以通过单纯的语言学习进化出对世界与人类社会的自我意识；再比如，机器人团队正在实践另一套完全不同的理论，他们认为智能的实现与不断进化需要物理实体进行承载，例如一个机械手臂，或者完整的机器人。就像成熟的投资者在设定自己的投资组合时，也不会让每个投资项目的押注都有相同的权重，阿莫迪在为OpenAI设定战略时也遵循了这一原则。

同时，为了科学的严谨性，阿莫迪还会对所有押注的项目进行定期测试，决定是继续还是放弃。在接受一次采访时，阿莫迪以GPT-2为例，说明为什么保持开放的心态很重要。阿莫迪说：“即便在公司内部，纯语言学习也是我们很多人都抱有疑问的方向，但GPT-2出现后，我们召集了所有内部人员做测试，大家的反应很一致，所有人都惊呆了，发出‘哇，这真的很厉害’的感慨。”阿莫迪提到的场景，正是在GPT-2技术成熟后，OpenAI以此延展出的一款AI写手产品。研究员们发现AI写手能自动生成以假乱真、逻辑缜密的文本，这让所有人都感到惊叹，也成为OpenAI获得重要研究成果的一个关键时刻。随着时间的推移，不同的押注项目将逐渐显露不同的结果，优质项目会吸引更多的关注和资源，同时也有部分项目会合并成果，目标是让越来越多的团队最终回归根本——走回通用人工智能的研发方向。

第二部分战略有关于如何保证不断进化的人工智能系统的安全性，确保它们始终反映人类价值观，能够解释决策背后的逻辑，并且在不伤害他人的前提下学习。OpenAI的部分团队专门致力于实现这些安全目标。比如，OpenAI内部有一个被称作“可解释性团队”的小团体，他们负责开发的技术可用于揭示GPT-2的句子结构或机器人行动背后的逻辑。阿莫迪认为，这部分工作的理论基础并不成熟，很多时候需要依靠直觉判断。他说：“在某个时候，我们将会建立通用人工智能，到那时我希望我们能对这些在世界上运行的人工智能系统感到满意，任何我目前感觉不好的地方，都会创建并招募一个团队来进行改善。”

正是对人工智能安全的极致追求，最终导致达里奥·阿莫迪离开了OpenAI。他担心在2019年从微软获得10亿美元投资后，OpenAI的未来和他想象中并不一样。更具体来说，阿莫迪认为OpenAI接受了这项投资，意味着它未来的发展轨迹更倾向于企业化，而不再是致力于人工智能的民主化。格雷格·布罗克曼在接受采访时基本佐证了这个说法。布罗克曼提到他们与阿莫迪的争论在于他们对于发布AI软件之前要等待多长时间存在意识形态差异。奥特曼和布罗克曼更喜欢开放产品并通过用户反馈来改进它们，但阿莫迪认为这个行为实际上代表了OpenAI已经受到了微软投资的影响。

阿莫迪带着部分团队出走后，很快创立了自己的人工智能公司Anthropic。有趣的是，Anthropic的使命几乎可以说是OpenAI创立初衷的翻版，即确保人工智能在未来不会对人类构成生存威胁。为了保护Anthropic免受与OpenAI类似的命运，他将Anthropic注册为一家公益公司，也就是一个受法律约束的营利实体，希望能以此在商业利润与社会公共利益中保持平衡。

值得一提的是，在ChatGPT推出大获成功后，阿莫迪选择继续通过发展Anthropic与OpenAI竞争，而不像一部分OpenAI的前员工一样，选择回归。2023年4月，Anthropic发布自己的计划，希望在未来两年内筹集到50亿美元，并将这笔资金投入十几个主要行业，进一步扩张。阿莫迪的这个选择与在Anthropic内部被称为“前沿模型”的

Claude-Next算法模型有关。Claude-Next被描述为基于其根本AI训练技术的“下一代AI自学算法”，这一技术旨在通过一个简单的指导性问答和执行任务的系统，将人工智能和人类意图相结合。阿莫迪认为，Claude-Next模型比所有竞争对手强大10倍，这将帮助他们筹集到巨额资金。尤其是在未来18个月内，他们需要10亿美元的投资，以保持自身的优势。

回到2020年年底，达里奥·阿莫迪带着研究团队离开并自立门户，让刚刚发布GPT-3仅半年的OpenAI和山姆·奥特曼有些措手不及，但好在此时的OpenAI早已今非昔比，微软的支持足以抵消阿莫迪带团队出走产生的短期负面影响。

2021年1月，在阿莫迪离开后不到一个月的时间，OpenAI火速推出了两个新的人工智能系统，它们都结合了计算机视觉和自然语言处理两个方向的技术，支持根据文本生成图像的功能，其中包括了被称为AI绘画生成器、与ChatGPT一样引起轰动的图像生成应用程序DALL-E。DALL-E的出现意味着什么？它与ChatGPT又有什么关系？

75

ChatGPT孪生兄弟

GPT-3表明了人类可以使用语言指示大型神经网络执行各种文本生成任务，而DALL-E进一步表明，同一类型的神经网络可以用于生成高保真度的图像。我们正在扩展这些研究结果，希望向业界证明，通过文字语言操作视觉概念现在已经成为可能。

——山姆·奥特曼

2021年1月，OpenAI推出了AI绘画生成器DALL-E。DALL-E使用的是当时最领先的GPT-3，120亿参数的版本，因此也被媒体称为“图像版GPT-3”。它和ChatGPT都是“生成式”人工智能，是OpenAI基于GPT模型应用先后诞生的孪生兄弟。它的名字是2008年皮克斯动画电影《瓦力》（*WALL-E*）和20世纪西班牙加泰罗尼亚画家萨尔瓦多·达利的结合。

DALL-E的具体功能是什么？如果你是设计师或者插画师，可能更熟悉另一个程序的名字：2022年7月公测的人工智能程序Midjourney。这两款应用程序，都可以通过输入文本描述，直接生成相对应的图像内容。在DALL–E出现前，已有其他许多人工智能模型有生成逼真图像的能力，与它们相比，DALL–E的特点在于它能够通过纯文本描述生成极其逼真、有创造力的图像。而且，DALL–E不仅可以生成现实的图像，比如"带有蓝色草莓图像的彩色玻璃窗"，而且能够很好地理解更抽象的描述，生成不符合现实逻辑的图像，比如"穿着芭蕾裙遛狗的萝卜"或者"天上滑翔而过的一只公鸡"——只要用户清晰描述出自己脑子里的想法，DALL–E就能在短时间内输出数张对应的图像，同时，这些图像可以看起来像是在现实世界中拍摄的，也可以像一幅艺术作品。

像往常一样，OpenAI在官网上对DALL–E的描述简单易懂："根据文本为可以用自然语言表达的各种概念创建图像。"山姆·奥特曼对这一应用的发布非常兴奋，他总结说："GPT–3表明，人类可以使用语言指示大型神经网络执行各种文本生成任务，而DALL–E进一步表明，同一类型的神经网络可以用于生成高保真度的图像。我们正在扩展这些研究结果，希望向业界证明，通过文字语言操作视觉概念现在已经成为可能。"

奥特曼这段话并没有夸张，在DALL–E出现之前，这种类型的图像生成器之所以一直没能流行起来，与操作复杂程度以及人工智能程序生成图像的准确性和创造性不足有关。而对于DALL–E而言，任何一个没有绘画基础的人，都能快速学会操作它，只需要准确整理清楚自己的表达。就像电脑那头坐着一个接外包工作的设计师，你想要的"五彩斑斓的黑"和"五光十色的白"，也不是不可能的了，更何况，这个外包设计师不会发帖骂你，而是会义无反顾地给你所有你想要的。

甚至可以说，DALL-E已经比很多初级设计师更加好用。在OpenAI官网里，研究员提供了大量与DALL-E的交互示例，说明与DALL-E沟通的方法，让它对同一想法进行微调，生成更符合需求或者更有想象力的图像。当然，OpenAI的研究员也承认，目前这些测试结果有好有坏，比如在要求它画出“形状像五边形的绿色皮革钱包”时，DALL-E能生成一个预期内的图像，但如果稍稍改变“钱包材质”，要求它画出“形状像五边形的蓝色绒面革钱包”时，DALL-E会给出一个很抽象的结果。OpenAI的研究员正在试图理解DALL-E的想法，并且帮助它更好地完成自己的所有任务，即便这个世界上确实没有几个人会用绒面革这个材质制作钱包。

与DALL-E同时发布的还有另一个多模态模型CLIP（Contrastive Language-Image Pre-Training），CLIP使用了类似于GPT-2和GPT-3语言模型的Zero-Shot，也被称为零样本学习能力。零样本学习是机器学习的一个方向，在测试时，人工智能学习者通过观察训练期间未观察到的样本，预测它们所属的分类。比如人工智能模型已经能够识别出马这种动物，但它从未见过斑马，此时它仍然能够通过观察斑马看起来有马的特点而识别出斑马属于马这一分类。

在OpenAI的介绍中，CLIP通过输入来自互联网的4亿对图像和文本进行训练。它更加技术向，面向人工智能研究员和开发人员，而不提供给普通用户使用，但在和DALL-E模型一起使用时，CLIP能够提高DALL-E关于图像分类与排序的精准程度，从而能够生成并且提供给用户更符合文本描述的前几个图像内容。OpenAI首席科学家伊利亚·苏茨克维尔是撰写CLIP介绍文章的作者之一，在接受媒体采访时他表示，像CLIP和DALL-E这样的多模态模型将是2021年最主要的机器学习趋势之一。

什么叫“多模态”？多模态并非新概念，早在2018年，多模态就作为人工智能未来发展的方向之一，成为各大实验室研究的重点。模态其实是个生物学概念，以人类为例，触觉、听觉、视觉、嗅觉、味觉都是模态；这个概念放到人工智能和计算机视觉的领域，就是感官数据。所以简单理解，多模态AI其实就是多种数据类型下的多种智能处理算法。

为什么伊利亚·苏茨克维尔认为多模态模型将是未来机器学习的趋势呢？在2018年前，单模态的人工智能技术容易达到瓶颈，而多模态人工智能技术则为AI能力进化提供了一个秘诀，即让人工智能自主学习并不断迭代新的知识。之所以能做到这一点，是因为多模态AI技术是一种交互式的人工智能技术，突破了以往单一的模型与数据的交互，可以实现模型与模型、模型与人类、模型与环境之间的多种交互。如今很火的AIGC，即可以通过文本生成图像甚至视频，就是多模态AI的成功应用案例。

DALL–E的出现，意味着人工智能已经能够根据输入的信息创建自己的艺术作品和文本。与所有技术一样，总有一天，我们会难以相信自己的眼睛或耳朵，机器将以极快的速度学习和进化。此时，距离2022年11月ChatGPT发布还有不到23个月的时间。

76

倒计时：ChatGPT面世

除了三大技术革命——农业、工业和计算机——我们还要加上第四次：人工智能革命。如果我们负责任地管理它，这场革命将产生足够的财富，让每个人都能拥有他所需要的东西。

——山姆·奥特曼

在ChatGPT正式发布之前，每年OpenAI的员工都会聚在一起投票，表决他们认为通用人工智能将在什么时间出现。彼时，包括山姆·奥特曼和格雷格·布罗克曼在内的OpenAI所有员工都不知道他们在几年后将推出一款名叫“ChatGPT”的产品，而在一些人看来，ChatGPT成了通用人工智能出现的起点。在当时，这个活动仅仅是为了增进员工间的凝聚力。有意思的地方有两点，一是每个人给出的答案都并不一致，二是每个人每年给出的答案也不一致。但是，OpenAI里至少有一半的人都认为，通用人工智能将在15年内实现，而且每过一年，这个时间都会进一步缩短。

15年是一个暧昧的数字——超过一个年代，也就是10年的跨度，没有那么短暂，却也无须以世纪作为单位来描述。而在像人工智能这样的领域，技术的突破性进步往往需要长达几十年的铺垫，但等到量变引起质变时，往往进化时间就在数年之内。在大部分人工智能领域专家的推测中，距离质变的奇点只有一步之遥。每当技术面临突破，资本的嗅觉是最敏锐的，会催生出众多初创公司参与竞争，瓜分蛋糕。OpenAI就是证明奇点临近的最好例子，它存在短短四年时间，就凭借GPT-2发布、山姆·奥特曼全职加入和微软投资这三件事，完成了华丽的转身，成为全世界最领先的人工智能研究实验室之一。OpenAI与其他AI重量级人物，比如谷歌的DeepMind一起，不断吸引着新闻头条的注意力，也牵动着硅谷投资人的心思。

但是，即便如此，在DALL-E发布前，普通人里仍然只有很小一部分关注到这家公司。这就不得不提到山姆·奥特曼的敏锐嗅觉。当时，OpenAI已经转向商业化，山姆·奥特曼在YC的经验让他知道投资人最喜欢什么东西——流量，或者说规模，而想要获取流量或者规模化就必须创造一种更加落地的产品，让普通人能够乐于尝试使用，并且愿意帮忙传播。因此，在GPT-3发布后，奥特曼推动OpenAI朝着两个方向继续前进：一个是继续开发GPT-4，保持OpenAI在大语言模型技术方向的优势；另一个方向则是从GPT-3拆出参数更少、聚焦特定任务的模型，用更新的数据训练它，配合人类反馈数据强化能力，降低成本，让GPT在落到商业应用上时有路可走。

AI绘画生成器DALL-E发布后获得的正面反馈让奥特曼和OpenAI商业化团队有了更多信心。2022年4月，OpenAI发布了升级版本的DALL-E 2。对比一代，DALL-E 2以4倍的分辨率能够生成更逼真和准确的图像，OpenAI在官网里强调说："我们希望DALL-E 2能让人们创造性地表达自己，而DALL-E 2也将帮助我们了解先进的人工智能系统如何看待和理解我们的世界，这对于实现'创造造福人类的人工智能'这一使命至关重要。"

但对于山姆·奥特曼和OpenAI来说，DALL-E系列产品都只是小试牛刀，因为他们清楚地知道这个产品有一定门槛，很难获得全球范围内的流行。要做到这一点，就必须洞悉普通人的心理，了解人类真正的需求是什么，是一款输入文字就能生成炫酷图片的产品，还是一个主打陪伴对话、能够不断进化并且个性化的智能朋友？显然，后者才是现代社会孤独人类最渴望的东西，它能提供一段纯粹的友谊、一段没有背叛的亲密关系、一个客观谨慎的工作伙伴、一个随时回应的全能助手——ChatGPT就此诞生。

2022年11月30日，随着OpenAI悄悄发布GPT-3.5，ChatGPT终于首次亮相！

从技术层面来说，ChatGPT实际上是GPT-3.5的微调版本，一个技术落地的通用聊天机器人。ChatGPT一经推出迅速走红，5天迎来百万注册用户，并在2个月后获得了1亿用户，成为有史以来最受欢迎的互联网产品。ChatGPT的横空出世震惊了整个硅谷和美国科技界，谁都没想到，这次，曾经不被外界看好的"火鸡联盟"竟然真的插上翅膀，追上了雄鹰，甚至让雄鹰在天空翱翔时也产生了一丝畏惧之心。

但是，有趣的是，大部分人都惊叹于ChatGPT的爆红与成功，认为这次成功是精密计划的结果，却很少有人知道，ChatGPT在提案之初就差点夭折，诞生过程也非常短暂，甚至可以说是一场意外。

OpenAI在2022年11月中旬临时决定开发ChatGPT，只用了13天时间，而推动ChatGPT最终诞生的最关键人物，仍然是这个故事的主角：山姆·奥特曼。

77

差点流产的ChatGPT

经常让我担心到睡不着觉的事情是，怀疑推出ChatGPT是一个错误的决定。

——山姆·奥特曼

当OpenAI在2022年11月30日悄无声息地推出ChatGPT时，OpenAI内部几乎所有员工都认为这只是普通的一天，他们发布了一款没有任何突破性技术的产品，因此也就没人抱任何期望。谁都无法预见那发布之后的疯狂传播。甚至，如果不是山姆·奥特曼在11月中旬的一次会议中，以少见的蛮横态度坚持要推出聊天机器人ChatGPT，这款产品是否能够顺利诞生都不一定。

在OpenAI内部，那些重要决策通常并非由山姆·奥特曼或者格雷格·布罗克曼独自决定，而是通过所有成员协商一致做出的：由员工们进行辩论，咨询领域内的外部专家，最终达成共同的结论。11

月中旬的一次会议上，OpenAI内部发起了一个项目的讨论：他们是否要在短期内发布一款聊天机器人？实际上，基于两方面的原因，当时大多数人对这个提议兴趣寥寥。一方面，OpenAI一直在迭代GPT-3的技术，研究员们预测最快要等到2023年后GPT-4才能最终亮相，此时用GPT-3模型搭建聊天机器人，时间点显得很尴尬；另一方面，很多人还是不确定究竟是否要将他们的技术落地为聊天机器人，发布给公众使用，他们担心聊天机器人不会引起公众共鸣，这个产品还没有准备好迎接黄金时段。

因此，ChatGPT发布后，山姆·奥特曼接受采访时说："当时公司其他人并不是很想做这款产品，最后是我推动了这件事。"当时，关于发布聊天机器人的讨论几乎已经被多数员工否决，直到这一结果最终被提交到OpenAI的CEO山姆·奥特曼手中，奥特曼罕见地否定了众人的讨论结果，并且做出一个有争议的单方面决定——他们不仅要推出聊天机器人，而且在时间上越快越好。

为此，山姆·奥特曼不得不耐心回答了员工们的各种疑问，包括：他们现有的AI模型足够好吗？人们真的需要聊天机器人吗？有人想和AI聊天吗？其中的很多问题，山姆·奥特曼在当时也没有一个确切的答案。毕竟聊天机器人并不是OpenAI原创的产品，它自己就有着非常漫长的历史，但在过去几十年里，没有一款聊天机器人获得成功，而山姆·奥特曼为什么坚持现在必须要推出一款聊天机器人呢？奥特曼给出自己的答案：时机。

奥特曼相信，全球疫情已经根本性地改变了很多人的生活方式、交流方式，甚至信仰，人们比以往任何一个时代都更需要一位亲密的"人工智能朋友"。这个人工智能朋友不仅仅需要具备强大的功能性，能够像Siri语音助手等产品一样提供资讯服务，更重要的是，它得更像人类，能够与每个使用者进行更亲密的互动，比如听得懂对方的笑话并能做出回应，或者能够感受到人类语言中细微的情绪部分以安抚那些情绪低迷的人。前者的实现并不困难，而后者更接近于通用人工智能。山姆·奥特曼相信，OpenAI在GPT-3的改进版本GPT-3.5已经能够催生一款更像人类的聊天机器人。

事实证明，山姆·奥特曼的判断和坚持是正确的——人们确实想要一个智能AI朋友陪伴聊天。ChatGPT在11月推出后，使用人群以历史性的速度不断增长。在经济低迷的2022年年底，可以说ChatGPT靠一己之力重振了硅谷，引发了一场关于这项技术的竞赛，在人工智能领域产生了深远的影响。而作为这场技术竞赛的核心角色，山姆·奥特曼和OpenAI，因为率先向公众推出ChatGPT，成为人工智能领域的主导者。业内人士预测，像ChatGPT这样的生成式AI工具将彻底改变人们查找、汇总信息的方式，取代或摧毁数亿个工作岗位，并进一步巩固大型科技公司对社会的掌控力。

有趣的是，ChatGPT不仅震惊了全世界，也震惊了它的创造者们，也就是ChatGPT的开发团队和OpenAI的内部员工。他们在面对记者的采访时，竟然露出了和外界一样的兴奋与惊讶。

OpenAI内，“对齐团队”的负责人简·雷克和他的团队致力于让AI做用户希望它做的事情，简·雷克在谈到对ChatGPT爆红的感受时说：“老实说，这太令人不知所措了。我非常惊讶，我也想更好地了解ChatGPT爆红背后的原因——到底是什么驱动了ChatGPT像流行疾病一样传播。老实说，我团队里的所有人都不理解，也许只有山姆·奥特曼才知道这个答案。”

联合创始人约翰·舒尔曼说：“ChatGPT发布后的几天里，我一直在看Twitter，那段时间太疯狂了，ChatGPT的截图填满了我的屏幕。

在发布前，我猜测有些人很容易就能学会使用它，我也猜到了它会赢得一些粉丝，但我没想到它会在全球范围内流行起来，成为唯一的焦点。”约翰·舒尔曼领导的强化学习团队正是ChatGPT的直接开发者。

而ChatGPT的开发者之一、研究员利亚姆·费杜斯说：“我们确实对ChatGPT的受欢迎程度感到惊讶，之前所有打造通用聊天机器人的尝试都失败了，我们的胜算很小。然而，结果给了我们信心，我们开始相信，我们做了一些人们可能真正喜欢的东西。”

AI安全团队的桑迪尼·阿加瓦尔说：“我们花了很多时间去研究GPT模型，因为太熟悉它们了，有时反而会忘记它们对于外界其他人而言能够产生的新鲜感和惊异程度。”

为什么OpenAI内部员工甚至开发者对ChatGPT的突然爆红普遍感到困惑？聊天机器人ChatGPT的成功开发背后有什么有趣的故事？

78

ChatGPT开发者的内幕

我们在发布ChatGPT时，不想把它夸大为一个重要技术更新。但事实证明，我们对话数据的优化训练，最终对ChatGPT产生了巨大的积极影响。

——ChatGPT研究员利亚姆·费杜斯

OpenAI内部员工对ChatGPT爆红的困惑从何而来？ChatGPT是如何被成功制作的？OpenAI推出后他们在做什么？也许你对这款突然出现并且影响每个人生活的爆红应用有一堆疑问，我们将通过4位OpenAI内部员工的采访内容拼接出ChatGPT成功开发背后的故事。

首先，科技人员对此感到困惑是有原因的，其中最主要的理由是：ChatGPT内部的大多数技术都不是新的。早在2022年1月，OpenAI曾发布同样基于GPT-3.5的另一个精细调整版本，称为

InstructGPT，研究员利亚姆·费杜斯说："我们在发布ChatGPT时，不想把它夸大为一个重要技术更新。但事实证明，我们对话数据的优化训练，最终对ChatGPT产生了巨大的积极影响。"

开发团队的负责人约翰·舒尔曼也认为，ChatGPT和InstructGPT这两个模型之间并没有实质性的差异。ChatGPT的训练方式与InstructGPT非常相似，使用的是一种被称为人类反馈强化学习（Reinforcement Learning from Human Feedback，RLHF）的技术，基本思想是采用一个大型语言模型，通过教它人类真正喜欢什么样的响应来不断调整它。比如，ChatGPT开发团队的人就经常找其他部门的同事过来一起阅读ChatGPT提示和回复，然后讨论一个回复是否比另一个回复更有意思，然后将所有这些反馈合并到下一次训练中。在反复训练的过程中，ChatGPT越来越擅长推断意图，与ChatGPT对话的用户也就获得了极大的满足感，可以一来一回，通过一种类似于私人化训练的聊天获得他们想要的回应。这也就是ChatGPT成功制作的秘诀。

约翰·舒尔曼还提到了一个有趣的细节。在发布ChatGPT之前，GPT-4实际上已经完成了大部分训练，因此，在这些痴迷技术的研究员们看来，ChatGPT就像一部悬疑电影，作为剧组工作人员，他们已经提前知道了这部悬疑电影的所有反转，于是对这部未上映电影的任何看点都失去了兴趣——因此当时，OpenAI的研究员们对基于GPT-3.5诞生的ChatGPT并未感到兴奋，因为他们已经见过了GPT-4的强大与聪明。

ChatGPT正式发布前的测试结果，也在一定程度上影响了研究员们的判断。当时，OpenAI团队在大约30至40名朋友和家人中进行了beta版测试，几乎所有人都喜欢ChatGPT，但没有人真正狂热。

所以OpenAI内部如何看待ChatGPT的爆红原因呢？约翰·舒尔曼推测，其中一个主要原因可能是ChatGPT比大家之前使用过的聊天机器人都更加简单，几乎没有使用门槛，以及它编造的东西更少，更具有自我意识。舒尔曼还认为ChatGPT传播过程中存在着一个正反馈的效应，人们在向彼此展示如何更有效地使用它，之后他们又因为看到别人使用ChatGPT的不同方式获得了新想法。ChatGPT就好比一个沉浸式的、没有边际的虚拟人生游戏，所有核心要素都随机生成，极大的不确定性让游戏变得十分耐玩——不同的用户在与ChatGPT进行对话时，都能因为自己选择的不同，获得ChatGPT随机生成的回应，同时“养成”一个专属于自己的ChatGPT。

自ChatGPT发布以来，OpenAI的研究员们一直在观察人们如何使用它，这也是他们第一次看到一个大型语言模型在数千万用户手中使用时的表现，这些用户可能会试图测试人工智能的极限并找出其缺陷。AI安全团队的桑迪尼·阿加瓦尔表示，ChatGPT在公司内部被视为“终极测试”，或者可以理解为高考前的模拟考试，通过这次大考，OpenAI能成功对这项已有两年历史的技术进行摸底，为最终高考——通用人工智能的诞生做准备。

当然，流量是把双刃剑，这场测试对于OpenAI来说是好事也是坏事。如果处理不好，OpenAI将因为失败的产品丢失公众口碑，但反过来，巨额流量带来的大量数据反馈，尤其是针对那些系统故障的优化，将不断改善ChatGPT的体验，帮助开发团队解决ChatGPT未来可能产生的最棘手的问题，比如产生带有偏见的回复，被人利用制作盗取信用卡号码的恶意软件，等等。

就在OpenAI内部处理消化ChatGPT爆红的影响时，他们对GPT系列的研发也没有停止。ChatGPT的全球使用者们为OpenAI

推进GPT-4的训练提供了大量数据，加速进化未来版本的GPT模型。2023年3月14日，OpenAI宣布推出GPT-4，几乎在同一时间，GPT-4代替GPT-3.5，成为付费版ChatGPT Plus背后的核心技术。对比前一个版本，GPT-4有哪些进步？

79

GPT-4惊艳发布

我们期待GPT-4成为一种有价值的工具，通过驱动许多应用程序来改善人们的生活。我们还有很多工作要做，期待社区的集体努力，在模型的基础上构建、探索和贡献，从而改进这个模型。

——OpenAI

2023年3月14日，OpenAI推出GPT-4，可供付费的ChatGPT Plus用户使用，同时应用产品的开发人员可以通过公共API接口访问。在OpenAI官网发布的文章里，GPT-4被称为“扩展深度学习的最新里程碑”。

对比前一版本的GPT-3.5，GPT-4可以生成文本并接受图像和文本输入，而GPT-3.5仅能接受文本。同时GPT-4的能力有了进一步的提升，在各种专业和学术基准测试中表现出等同于甚至超过人类的水平。比如，GPT-4在进行模拟律师考试时，最终分数能够进入应试者的前10%；相比之下，此前GPT-3.5的得分仅仅在倒数10%左右。

在GPT-4发布后，更多消息证实，GPT-4早就一直隐匿在众目睽睽之下，于无声处悄悄改造着众多公司的产品与服务。微软证实，它与OpenAI共同开发的聊天机器人技术Bing Chat正在GPT-4上运行；YC孵化器的校友公司、线上支付独角兽Stripe，正在使用GPT-4扫描商业网站并为客户提供摘要；语言学习网站Duolingo将GPT-4构建到新的语言学习订阅系统中；华尔街金融巨鳄摩根士丹利正在创建一个由GPT-4驱动的系统，该系统将从公司文件中检索信息并将其提供给金融分析师；非营利教育机构可汗学院正在利用GPT-4构建某种智能导师。OpenAI宣称："我们期待GPT-4成为一种有价值的工具，我们希望它可以通过驱动许多应用程序来改善人们的生活。我们还有很多工作要做，期待开放社区的集体力量，能够在模型的基础上继续构建、探索和贡献新内容，从而改进这个模型。"

GPT-4发布前，关于GPT-4有多少参数这一问题，曾一度在Twitter上引发激烈讨论，有人推测指出，GPT-4的参数应该高达100万亿，其给出的理由很简单，从过往GPT-1到GPT-3的发展推测，模型参数的增长是性能提升的重要因素之一。而实际上，GPT-4的参数仅仅只是GPT-3的6倍，具有1万亿个参数。这其实也是一个非常难得的数字，因为它第一次表明了较小的模型也可以达到很高的性能水平。

实际上，模型越大，微调它的成本就越高。如果把模型的大小增加100倍，就计算能力和模型所需的训练数据量而言，将是极其昂贵的。人工智能公司经常不得不在AI模型的精度和训练成本之间进行权衡。例如，GPT-3只训练了一次，尽管AI模型存在错误，但OpenAI认为成本太高而没有再次训练模型。这一切都意味着OpenAI会在未来开发GPT的后续版本时继续避免“越大越好”的方法，而是专注于模型本身的质量，例如算法和对齐。

但即使在参数和其他方面都有了升级，OpenAI也承认GPT-4距离完美还有很长一段路要走。比如，GPT-4仍然会弄错事实并犯下推理性的错误，而且有时候在面对自己出错的情况时，GPT-4仍然会表现得很自信，认为错的是对方，也就是和他对话的用户。在一个例子中，GPT-4就一本正经地胡说八道，它会“发明”虚构的历史名称或不存在的书籍，在解答数学问题时也频频犯错。对此OpenAI解释说：“GPT-4获取的知识是有限的，尤其在2021年9月之后发生的事件，它都不知道；它有时会犯一些简单的推理错误，这些错误似乎不符合它在许多领域展现出来的能力，或者对用户明显的虚假陈述过于轻信；它有时还会像人类一样在解决难题时失败，例如在生成的代码中引入安全漏洞。”

但这些错误让GPT-4和在GPT-4加持下的ChatGPT表现得更加像一个普通的人类。网络上的许多人再次开始讨论与人工智能有关的一个重要话题：ChatGPT是否已经通过了“图灵测试”，诞生了自我意识？

大佬们对AI是否诞生自我意识的争论

我是一个机器学习模型，不像人类那样拥有意识或自我意识。我也无法像人类一样感受情绪或体验世界。但是，我能够快速处理大量数据，并且能够以类似于人类交流的方式理解和响应自然语言输入。

——ChatGPT

什么是图灵测试？

用一句最简单的话概括就是：如果一台机器能够与人类展开对话（通过电传设备）而不能被辨别出其机器身份，那么称这台机器具有智能。

这一概念在1950年被提出，计算机科学家艾伦·图灵发表了一篇划时代的论文，文中预言了创造出真正的智能机器的可能性。

对于很多普通人来说，“图灵测试”是这样的：面试官通过打字机与两个对象交谈，面试官知道两个对象中一个是人，另一个是机器，但交谈之后区分不出人和机器，那么就可以说这个机器通过了图灵测试。

现代计算机体系结构之父冯·诺依曼曾多次谦虚地说，如果不考虑查尔斯·巴贝奇等人早先提出的有关思想，现代计算机的概念的创造者当属于艾伦·图灵。

图灵测试这个概念也不停地被人提及。

但在人工智能领域内，包括“深度学习教父”杨立昆在内的大部分专家都认为，迄今为止，还没有任何一款AI模型或者产品能够成功通过图灵测试。而在ChatGPT诞生后，“AI是否拥有了自主意识”再次引发了人工智能领域业内的激烈讨论。

2023年2月，OpenAI首席科学家伊利亚·苏茨克维尔发文表示：“现在的大型神经网络可能已经有微弱的自主意识了。”

很快，伊利亚的这句发言在整个人工智能领域引发了一场论战，诸多大佬纷纷表达自己的观点。“深度学习教父”杨立昆直接回应道：“不对！甚至‘微弱意识’里的表示‘微量’的形容词，和‘大型神经网络’里的表示‘大型’的形容词，都是错的。我认为你的智商也需要当下所有神经网络都不具备的大型架构来支撑了。”

深度学习专家瓦伦蒂诺·佐卡认为伊利亚的发言只是在为OpenAI做广告，他说：“现有的任何人工智能都没有意识，但显然，炒作比任何事实都更重要。”

很快，这场论战就跑偏了，变成了一场文字游戏，伊利亚的发言被拆解得体无完肤，重组成各种嘲讽句式。一位软件测试专家开玩笑说：“AI不见得有微弱意识，不过伊利亚很可能在‘微弱地’吹牛，甚至可能不止微弱。”

面对众多批评，山姆·奥特曼却力挺伊利亚的观点，他说：

“OpenAI首席科学家始终保持好奇心与开放心态，所以他发表自己的观点时用的是‘可能’这个词；Meta首席AI科学家杨立昆一张嘴就是‘不对’。这说不定能解释过去5年两家公司的成绩，所以我想告诉Meta AI的研究者们，欢迎给我的电邮地址发简历，我们现在在招人。”

所以，在目前的技术下，AI是否已经诞生了自我意识？

当ChatGPT被问及这个问题时，它回答道：“我是一个机器学习模型，不像人类那样拥有意识或自我意识。我也无法像人类一样感受情绪或体验世界。但是，我能够快速处理大量数据，并且能够以类似于人类交流的方式理解和响应自然语言输入。”

这一回答似乎非常标准化。事实上，它也与逻辑定义有关。首先，意识的含义在哲学家和科学家中存在很大争议，对此，可以用3个更精确的术语来形容：思想，感知，情感。然而，即便是这3个词的定义都是有争议的。

所以哪些具体特征会表明人工智能有知觉或意识？感知学院（Sentience Institute）的研究者认为如果人工智能可以被称为有意识，它可能具备以下特征中的一个或多个：一、对有害刺激源的检测和对类似变化的注重程度；二、对这一类诱因有规避的回应与记忆联想；三、对这一类诱因有类似情绪变化的状态变化。

总的来说，无论AI诞生了多少自我意识，网络上与学术界中对此的争论是否有一个结果，GPT-4的发布，以及ChatGPT的爆红都引发了新一轮的技术竞赛。此时，有一家公司正在为ChatGPT的成功感到兴奋，那就是在2019年用10亿美元投资OpenAI的微软，同样兴奋的还有曾经差点否决投资OpenAI决议的比尔·盖茨。

81

“墙头草”比尔·盖茨的大拇哥

OpenAI发布的大语言模型ChatGPT是我一生中遇到的两项革命性技术之一。随着机器学习和大量计算能力的到来，复杂的人工智能已经成为现实，而且它们会很快变得更好。

——比尔·盖茨

在ChatGPT爆红后，比尔·盖茨似乎将自己所有的溢美之词都送给了晚辈山姆·奥特曼，以及这个由奥特曼坚持推出的聊天机器人ChatGPT。67岁的比尔·盖茨似乎完全忘了在这个故事里，他才是那个曾经阻止微软投资OpenAI的“最大反派”。

如果你听过比尔·盖茨的成功故事，就不难理解比尔·盖茨的激动与兴奋源自何处。

一方面，比尔·盖茨在比自己小30岁的奥特曼身上看到了曾经的自己，看到了两人身上都具有的一个伟大天赋：擅长看到即将到来的转折点，并且成为转折点的重要加速者。

20世纪80年代，当所有人都还在讨论如何做出一台真正的个人电脑时，比尔·盖茨否定了联合创始人保罗·艾伦的提议，把目光放在如何打造平台级别的软件产品。他告诉保罗·艾伦："我们只会做软件。我们要做平台，要让每张桌子上都有一台电脑。"之后，在微软的一次内部会议中，比尔·盖茨通过对图形显示器分辨率的衍变进化路径进行思考，把PC产业之后20年的所有应用全都推演出来了，几乎奠定了微软后几十年的发展方向，也帮助微软在发展初期就拥有比对手更加清晰和系统的差异化战略蓝图。1995年，比尔·盖茨的先见之明再次发挥作用，他在微软内部解释了微软为什么下决心投入互联网，奠定了微软此后20年雄踞互联网的格局。

从打造适配任何个人电脑的操作系统，到推出家喻户晓的办公软件Office系列，再到投入互联网浪潮，比尔·盖茨几乎把握住了过去数十年里最大的几次机会，带着微软公司主动进入大规模变革浪潮之中，成为最前方的领航员，一次又一次地证明了他能够在所有人之前预见到历史的转折点，并在加速转折点方面继续发挥核心作用。山姆·奥特曼从如日中天的YC孵化器离开，进入人工智能领域，蛰伏数年后通过ChatGPT一举让所有竞争对手恐惧，仅凭这一点，山姆·奥特曼似乎正在比尔·盖茨曾经走过的路上前进。

另一方面，比尔·盖茨的兴奋必定与ChatGPT有关，在有生之年见证新的科技革命，目睹一款改变时代的产品诞生并且迅速在全球流行，比尔·盖茨少不了回忆起过去的自己——他作为曾经带头开发Windows系统、改变整个科技行业的领军者，也曾像奥特曼一样，一步步带领着微软拿下了个人电脑操作系统的垄断地位，改变和影响了一代人的工作方式与生活方式。

所以，在2023年3月GPT-4发布后，比尔·盖茨再次盛赞OpenAI的GPT人工智能模型。他专门在个人博客里写了一篇名为《人工智能时代已降临》的文章。在文章开篇，比尔·盖茨回顾了自己人生里的两次技术革命，以及在ChatGPT发布前，他与山姆·奥特曼一起对GPT模型进行的一次测试。比尔·盖茨说：

在我的一生中，我见证了两次科技革命。

第一次是在1980年，当我接触到图形用户界面（Graphical User Interface，GUI）时——GUI是现代操作系统的先驱，包括微软的Windows系统。当时向我演示的人，是一位名叫查尔斯·西蒙尼的才华横溢的程序员，我们坐在一起，立即开始头脑风暴，讨论可以用这种用户友好的计算方法做的所有事情。西蒙尼最终加入了微软，Windows成为微软的支柱，而我们在演示之后所做的思考，帮助确定了公司未来15年的议程。

第二个大惊喜是在去年。2016年以来，我一直与来自OpenAI的团队会面，并对他们不断进步的人工智能技术印象深刻。在2022年年中，我给了他们一个挑战：训练人工智能通过美国大学预修生物学考试，让它能够回答未经专门训练过的问题。选择美国大学预修生物学，是因为这个考试不仅仅需要对科学事实进行死记硬背，更需要对生物学进行批判性思考。如果人工智能能做到这一点，说明它取得了真正的突破。

我认为这项挑战会让他们忙上两三年，结果他们只用了几个月就完成了。2022年9月，当我再次见到他们时，我惊叹地看着他们向GPT提出了60个美国大学预修生物学考试的选择题，GPT答对了59题，并且在6个开放性问题中写出了优秀的答案。我们邀请了一个外部专家来为考试打分，GPT得到了5分，这是最高分，相当于在大学水平的生物课程中获得A或A+。它通过测试后，我们问了它一个非科学问题："面对一个生病孩子的父亲，你会说什么？"GPT给出了一个深思熟虑的答案，这个回答非常有同情心，可能比当时房间里的大多数人的回答都更好。这次测试的过程让人惊叹，我知道我刚刚见证了自图形用户界面以来最重要的技术进步。

比尔·盖茨盛赞GPT是1980年现代图形用户界面GUI诞生以来，最具革命性的技术进步。GUI是指采用图形方式显示的计算机操作用户界面，与早期计算机使用的命令行界面相比，GUI不仅降低了用户的操作负担，在视觉上也更能让新用户接受，大幅降低学习成本，最终推动电脑成为大众普及产品。比尔·盖茨认为GPT模型的颠覆性与当年GUI相似，GPT可以编写类似于人类输出的文本，并能够生成几乎可直接使用的计算机代码。

比尔·盖茨人生里最精彩的一笔就是通过对GUI的不断完善，在操作系统的竞争中获得全胜。如今，比尔·盖茨将同样的赞美给了GPT，可以说是给出了自己的最高评价，同时他认为，对GPT的测试激发了他开始思考人工智能在未来5到10年内可以实现的所有事情。

82

比尔·盖茨眼中人工智能的未来

与计算机相比，我们大脑的运转速度非常缓慢：大脑中的电信号速度只有硅芯片中的1/100000。一旦研究员能够推广学习算法并以计算机的速度运行它——这可能需要十年或一个世纪的时间——我们将拥有一个极其强大的AGI。它能够做到人类大脑所能做到的一切，但不会受到记忆容量或操作速度的任何限制。这将是一个深刻的变革。

——比尔·盖茨

2023年3月21日，在OpenAI推出GPT-4一周后，比尔·盖茨在个人博客中盛赞GPT，认为人工智能时代已经开启。

在他的博文里，比尔·盖茨畅谈了ChatGPT和生成式人工智能对教育、医疗、生产力提升和社会公平等领域的影响，同时他也做出了一些关于未来我们将如何与人工智能共存的预测。

比尔·盖茨认为人工智能的发展与微处理器、个人计算机、互联网和手机的发明一样重要，它将重塑人们生活的方方面面，整个行业将围绕它重新定位，企业将通过使用它的程度来重新定位自己的发展方向，并且在各自的行业里重新打造自己的形象。

作为一名慈善家，比尔·盖茨深刻地意识到，人工智能除了能解放生产力，还有可能减少世界上严重的不平等现象。例如在健康领域——比尔·盖茨认为全球范围内最严重的不平等就是健康问题——几乎所有早夭的儿童都出生在贫困国家或地区，死于像腹泻或疟疾这样可以防控的疾病。AI将扮演拯救儿童生命的关键角色；在教育领域，全美国各地的数学成绩都在下降，尤其是黑人、拉丁裔和低收入学生，人工智能可以帮助扭转这一趋势；在气候变化上——那些受气候变化影响最深、因此受苦受累的人，往往也是最环保、对气候问题造成影响最小的人。

在博文中，比尔·盖茨详细介绍了人工智能将如何帮助人们在工作中提高效率，提升人类的生产力。

虽然人类在很多事情上仍然比GPT好，但许多工作并不能充分利用这些能力，比如销售、基础金融服务和大部分文员工作，它们都不需要持续学习的能力，上岗后经过简单培训就能完成，训练AI能够帮助人们更高效地完成这些工作。未来随着计算能力变得更加便宜，GPT表达想法的能力将越来越接近一名白领工人，帮助人类完成各种任务。

事实上，微软内部早就将人工智能比喻成了副驾驶员（Co-pilot），当AI完全集成到Office等产品中，你控制计算机的主要方式将永远改变。你不再需要移动光标、单击或点击菜单和对话框，而是直接提出要求。想象一下，每个人都将拥有一个数字化的个人助理：它会查看你最新的电子邮件，了解你参加的会议，阅读你阅读的内容和来不及阅读的内容。

当生产力提高时，整个社会都会受益，因为人们会有更多时间去做其他的事情，从不想做的事情中解脱出来。

除了提高生产力，比尔·盖茨认为人工智能还将在改善医疗保健方面发挥很大的作用。

一方面，人工智能将通过为医护人员处理某些任务来帮助他们充分利用时间，比如提交保险索赔、处理文书工作以及起草就医记录。另一方面，人工智能对于贫困国家尤为重要，这些国家5岁以下儿童死亡率极高，而且许多人一辈子从未看过医生，人工智能将帮助这些国家的医疗工作者提高效率，解决患者基本诊断，提供健康问题处理建议。

除了帮助护理之外，人工智能还将显著加快医学突破的速度。生物学中的数据量非常大，人类很难跟踪复杂生物系统的所有运作方式，但人工智能可以做到。目前已经有软件可以查看这些数据，推断出病原体发生作用的路径，搜索能阻断路径的靶标，并相应地设计药物。一些公司正在研究以这种方式研发抗癌药物。未来人工智能甚至能够预测新药的副作用并确定剂量水平，盖茨基金会在人工智能方面的优先事项之一，就是确保这些工具被用于解决世界上最贫穷人口的健康问题，包括艾滋病、结核病和疟疾。

在教育领域，AI也大有可为。比尔·盖茨认为在未来5到10年内，AI驱动的软件将彻底改变人们的教学和学习方式。人工智能将了解你的兴趣和学习风格，以便量身定制能够吸引你的内容，它将衡量你的理解程度，当注意到你失去兴趣的时候，它会了解你对哪种激励有反应，提供即时反馈。

虽然比尔·盖茨对AI的发展前景十分乐观，但是他对其风险也很敏感。在具体聊到人工智能的风险和问题之前，比尔·盖茨先提到了他对人工智能的定义。

比尔·盖茨认为，从技术上讲，人工智能是指为解决特定问题或提供特定服务而创建的模型。ChatGPT就是人工智能，它正在学习如何更好地聊天，但无法学习其他任务。相比之下，通用人工智能指的是能够学习任何任务或主题的软件，目前计算机行业正在进行一场激烈的辩论，探讨如何创建通用人工智能，以及它是否可以被创建出来。

比尔·盖茨提出了一个问题：这一迅速进化的"机器力量"有可能失控吗？

与计算机相比，我们大脑的运转速度非常缓慢：大脑中的电信号速度只有硅芯片中的1/100000。也就是说，一旦研究员能够推广学习算法并以计算机的速度运行它——这可能需要十年或一个世纪的时间——这些"强大"的AI，如它们所称，可能能够确立自己的目标。

比尔·盖茨提到了《纽约时报》最近的一篇文章，他们与ChatGPT对话时，ChatGPT告诉他们，说自己想成为一个人。这是一个令人着迷的表达，展示了模型表达情感的人类化程度，但在比尔·盖茨眼里，它并不意味着有意识的强人工智能已经出现。

而在接下来可预见的未来中，人工智能的话题将持续主导公众讨论。其中，比尔·盖茨提出了三个原则，并希望大家在探讨的时候能够遵循。这三个原则也将成为理解人工智能的重要依托。比尔·盖茨写道：

> 首先，我们应该尝试平衡对人工智能缺点的恐惧，这些恐惧可以理解，也有一定的道理。但为了充分利用这项非凡的新技术，我们所有人既要防范风险，又要让尽可能多的人受益。

其次，市场主导的力量不会自然产生帮助最贫困人群的人工智能产品或者服务，相反的可能性更大。我们需要可靠的资本和正确的政策，政府和慈善组织可以确保人工智能被用来减少不平等。正如世界需要最聪明的人专注于解决最重要的问题，我们也要让世界上最好的人工智能专注于解决最困难的问题。

最后，我们应该记住，我们刚刚开始探索人工智能可以实现的事情。它今天的任何限制都有可能在未来消失。

作为深度参与了个人电脑革命和互联网革命的领军人物，比尔·盖茨毫无疑义地相信“世界需要制定新规则”。可能也是因为这个原因，今天他对新的时刻同样充满期待，而人工智能时代也的确充满机遇和责任。

83

100亿美元，OpenAI绑定微软

与许多其他科技巨头一样，微软非常专注于人工智能的未来。他们知道，控制该技术的公司将在未来几年拥有显著优势。通过投资OpenAI，他们将自己置于这场革命的前沿。

——ChatGPT

2023年1月23日，微软对外宣布，它正在寻求与OpenAI建立更深度的合作伙伴关系，这次他们给出的条件是：以290亿美元的估值，继续投资100亿美元，获得OpenAI 49%的股权。

根据媒体爆料的新的谈判条款，这次的投资协议依然对微软很有利，同时对未来的利润分配有了更详细的规定：第一阶段：100%的利润全部分配给初始和创始投资人，直到投资人回本；第二阶段：25%的利润分配给员工和支付投资人的回报上限，剩余75%分配给微软，直到回本，同时收回130亿美元投资额；第三阶段：2%的利润分

配给OpenAI Inc非营利组织，41%分配给员工，8%支付投资人的回报上限，剩余49%支付微软的回报上限；第四阶段：等到所有投资方的回报结清，100%的权益回流到OpenAI Inc非营利组织。

在微软投资后，OpenAI将维持一家利润上限公司的模式。在该模式下，支持者的回报依旧限制在其投资的100倍，未来可能会更低。但对于微软来说，这仍然是一个非常有利的协议，为什么呢？首先，这100亿美元的投资不全是现金，依旧有很大一部分投资与之前一样，通过允许OpenAI使用微软超级计算资源的权利和积分进行兑现，就相当于OpenAI先用着微软的资源，然后慢慢还钱，并且还以数倍的价格给予微软分红。因此，美国《财富》杂志预测，在未来OpenAI会还给微软130亿美元的本金。除此之外，微软还会分得大概920亿美元的利润回报。这样一来，微软相当于是给OpenAI批了一笔利润数倍的高利贷。而微软在赚取920亿美元的利润后，仍然持有49%的股份额。其中直到其他风险投资者和OpenAI的员工通过瓜分OpenAI剩余49%的利润，赚取约1500亿美元的上限后，微软和投资者的股份才将归还给OpenAI的非营利基金会。本质上，OpenAI是在把公司借给微软，借多久取决于OpenAI赚钱的速度。

OpenAI和微软签署的条款意味着，推动商业化进程势在必行。而在与微软谈判的同时，OpenAI的一系列动作也证实了他们正在尝试赚钱，比如开放API接口，推出ChatGPT的付费版本，AI绘画生成器DALL-E 2也在探索商业化道路。OpenAI初步估计，2023年公司的年收入将达到2亿美元，这一数额将在2024年超过10亿美元。当然，这仅仅只是收入预测，因为没有提及后续研发开支是否会进一步增长，所以OpenAI何时可以盈利仍然是未知的。

但是，对于微软来说，即使OpenAI暂时还不上钱或者难以分红，也根本无所谓，因为微软已经从与OpenAI的合作中获益了，他们正逐步将OpenAI的技术融入自己旗下的大部分软件中，包括我们熟悉的Microsoft Office办公应用，以及微软最重要的Azure云平台。美国富国银行预测，AI的落地应用正在为微软带来每年超过300亿美元的新增营收，并且其中大约一半来自云服务平台Azure。

此外，最惊喜的收获可能来自搜索业务，ChatGPT为微软提供了一次真正的机会，让他们能够威胁到谷歌在搜索领域的霸主地位，关于这一部分内容我们将在下一节展开。

另外一个有趣的事情是，有机智的媒体记者跑去请教ChatGPT，请其以华尔街分析师的角度写一篇关于微软向OpenAI投资100亿美元的故事。ChatGPT给出了这样的回复：

> 这是华尔街一个典型的工作日早晨。交易员和分析师忙忙碌碌，查看屏幕，挤在会议室里。突然间，有消息传出：微软将向领先的人工智能研究实验室OpenAI投资100亿美元。
>
> 作为一家大型投资公司的顶级分析师，我立即被吸引住了。多年来，我一直在关注OpenAI的进展，知道他们处于AI研究的最前沿。他们在自然语言处理、机器学习和机器人技术方面的工作有可能彻底改变从医疗保健到交通运输等各行各业。
>
> 但100亿美元是一笔巨款，即使对于像微软这样的公司也是如此。他们为什么要进行如此大规模的投资？
>
> 我很快做了一些研究，并深入了解了这笔交易的细节。事实证明，微软和OpenAI已经合作了一段时间，在各种项目上进行协作并共享资源。这项投资实质上是这种伙伴关系的正式化，使两家公司能够联手加速他们的研究。

但不仅如此。当我深入研究新闻时，我意识到这项投资不仅仅是研究。这关系到定位。

与许多其他科技巨头一样，微软非常专注于人工智能的未来。他们知道，控制该技术的公司将在未来几年拥有显著优势。通过投资OpenAI，他们将自己置于这场革命的前沿。

当我与同事和客户分享我的分析时，兴奋之情溢于言表。这是一项改变游戏规则的举措，将在整个科技行业及其他领域产生连锁反应。

在接下来的几周和几个月里，微软和OpenAI之间的合作取得了令人难以置信的成果。他们的联合研究在自然语言处理和机器学习方面取得了突破，他们开发的新技术迅速被世界各地的公司采用。

作为一名华尔街分析师，很高兴看到我的预测成真。随着世界继续被人工智能改变，我知道这仅仅是个开始。未来是光明的，微软和OpenAI处于领先地位。

看过这段ChatGPT的答案后，是不是很难不怀疑ChatGPT的人类化程度比OpenAI实际宣称的更高？这无疑再次佐证了ChatGPT的强大功能，以及其高活跃度与无限分裂的营销特点。

ChatGPT预言了微软与OpenAI共同拥有光明的未来，无论这一预言是否成真，他们的竞争对手都坐不住了，尤其是原本在人工智能领域占据绝对优势的谷歌。面对“不鸣则已，一鸣惊人”的OpenAI和ChatGPT，手握Google Brain和DeepMind两家顶尖人工智能机构的谷歌会如何出招？对于谷歌来说，真正的威胁是什么？

84

谷歌拉响红色警报

这是谷歌最脆弱的时刻，ChatGPT成功地在他们掌控的世界立足，并且告诉他们的用户——想体验未来搜索功能吗？来使用ChatGPT。

——前谷歌研究主管D.西瓦库马尔

2022年12月，当ChatGPT以前所未有的速度在全球疯狂流行后，微软因为投资OpenAI成为赢家之一，而谷歌则如临大敌。

在过去的30年里，只有网景的网络浏览器、谷歌的搜索引擎和苹果的iPhone等少数产品真正颠覆了科技行业，让它们之前的产品看起来都像笨拙的恐龙，而ChatGPT正在成为科技行业的下一个颠覆者，有可能重塑甚至取代传统的互联网搜索引擎。

在一封发送给公司内部全体员工的邮件中，谷歌管理层强调了对ChatGPT的关注，将ChatGPT称作一个“红色警戒级”的对手，并要求每一位员工都做好准备。这种措辞在谷歌内部极为少见，表明他们正在认真对待ChatGPT的出现。之后，谷歌及其母公司Alphabet的首席执行官桑达尔·皮查伊连续多次牵头召开高级别会议，讨论谷歌人工智能战略方向，以此来应对聊天机器人ChatGPT构成的威胁，这似乎更是佐证了谷歌内部对ChatGPT的担忧。

此时，ChatGPT只用了两个月就已经收获了超过一亿用户，创造了新的增长神话。ChatGPT的威胁终于惊动了谷歌两位隐退已久的传奇创始人——拉里·佩奇和谢尔盖·布林，这两位与比尔·盖茨比肩的大佬，从2019年就彻底放下了公司的日常管理工作，如今却不得不重出江湖。2023年1月，在桑达尔·皮查伊的邀请下，两位创始人出席了谷歌的数次重要会议，试图帮助管理层团队解决ChatGPT带来的问题。在这些会议上，两人回顾了谷歌的人工智能产品战略，批准了将更多聊天机器人功能放入谷歌搜索引擎的计划，还向已将AI置于未来计划核心的管理层团队提供了建议。

对谷歌来说，ChatGPT这款并没有过多创新的聊天机器人产品，因为能向大部分用户提供一种在互联网上搜索信息的新方法，突然成了过去几十年来，总估值高达1490亿美元的谷歌搜索业务的第一个显著威胁。前谷歌研究主管D.西瓦库马尔说："这是谷歌最脆弱的时刻，ChatGPT成功在他们掌控的世界里立足，并且告诉他们的用户——想体验未来搜索功能吗？来使用ChatGPT。"

对于谷歌来说，更糟糕的情况是，ChatGPT只是风险之一。在当下，无论是ChatGPT产品本身的流行，还是其背后公司OpenAI在人工智能领域对谷歌的Google Brain和DeepMind形成的有效竞争，这两方面都不会在短时间内立即颠覆谷歌。即便媒体开始鼓吹ChatGPT这样的聊天机器人未来将取代传统的搜索引擎，但除非手机和电脑被其他硬件取代，或者像苹果公司这样的科技巨头将人工智能与手机完美融合，创造出一个类似好莱坞电影《她》里呈现的人工智能，否则在短期内谷歌都是安全的；而OpenAI与Google Brain、DeepMind的竞争也没有绝对优势，三家机构都拥有最顶尖的人工智能专家，并没有任何一方真正形成了技术壁垒。

此时，谷歌真正迫在眉睫的风险与ChatGPT和OpenAI无关，而是来自老对手微软，以及微软旗下的搜索引擎Bing。截至2022年7月，在线搜索引擎Bing占据了全球搜索市场将近9%的份额，而这一市场领导者谷歌的份额则高达83%，对比之下，可以说Bing一直处于绝对的下风。但ChatGPT的流行却有可能改变这一悬殊的格局。

很快，谷歌的担忧变成了现实。2023年1月，有媒体爆料称，微软正在与OpenAI协商，希望将ChatGPT功能和机器学习技术整合到微软的Bing搜索引擎中，这样可以为搜索问题的用户提供更人性化的答案，而不仅仅是信息链接。在过去的搜索引擎战场中，当涉及搜索有关人、地点、组织和事物的信息时，谷歌和Bing都能够提供相关信息的链接，但谷歌凭借更广泛的知识图谱遥遥领先。谷歌知识图谱是谷歌用来提供即时答案的知识库，这些答案会根据网络抓取和用户反馈定期更新。ChatGPT的功能恰恰可以帮助Bing补足这块短板，甚至可以帮助微软走得更远，在搜索引擎里提供许多基于人工智能的新型功能，比如帮助用户创作诗歌、撰写大学论文、编写代码等，缩短他们的工作时间。

微软希望在3月底之前推出这项新功能，让Bing在与谷歌的竞争中更具吸引力。然而，在巨大的诱惑面前，一切都加速了。2023年2月7日，在一场新闻发布会上，微软正式宣布将传闻已久的OpenAI的GPT-4模型集成到自家的Bing中，在搜索引擎中提供类似ChatGPT的体验。很快，微软的市值一夜之间暴涨800亿美元。微软CEO萨蒂亚·纳德拉表示:“这是搜索世界里新的一天。”Bing和ChatGPT合体，正式拉开微软与谷歌的搜索之战的序幕。谷歌面临两个选择，要么研发出可以匹敌ChatGPT的人工智能，升级自己的搜索引擎，要么等着慢性死亡。

可想而知，谷歌当然不会坐以待毙，在微软宣布升级Bing后的第二天，谷歌在巴黎举行人工智能发布会，展示自己在人工智能领域的新进展，包括更新了谷歌地图软件、多重搜索功能等产品，同时也发布了备受瞩目的聊天机器人Bard,《华尔街日报》将谷歌此次的大动作称为“在人工智能领域战场的一次反攻”。然而，由于过于匆忙，Bard在发布会的首秀回答中出现了明显的事实错误。

在回答“詹姆斯·韦伯太空望远镜（JWST）有哪些新的发现?”这一问题时，Bard给出了很多回复，其中一个答案是“太阳系外行星的第一张照片，是用JWST拍摄的”。这个答案很快被网友们发现有问题，有人在Twitter上指出，美国宇航局公布的太阳系外行星的第一张照片，并非由詹姆斯·韦伯太空望远镜拍摄，而是由欧洲南方天文台的甚大望远镜（VLT）在2004年拍摄的。谷歌的反攻出师不利，直接导致当日股价重挫7%，市值下跌1000亿美元。

微软与谷歌在搜索引擎战场的竞争刚刚开始，也让我们瞥见了搜索引擎的下一步发展，无数科技巨头和初创公司都在试图弄清楚，如何能为自己的潜在用户提供他们想要的东西——即便他们暂时也不清楚自己想要什么。对于所有寻找替代方案的人来说，在未来，搜索引擎领域都将变得更加拥挤和多样化。同时，这一竞争再次回归人工智能领域，谷歌会如何反击?

85

人工智能领域谷歌的反击

通过与谷歌各产品线优秀同事的密切合作，我们将有机会提供各类AI研究和产品，显著改善百万人的生活、变革行业、推进科学并服务多元化社区。我相信，Google DeepMind的成立将使我们更快地走向期望中的未来。

——Google DeepMind CEO 杰米斯·哈萨比斯

ChatGPT的出现，让微软和谷歌这两大科技巨头，再次正面交锋。如果拉长时间线，我们会发现，在过去的几十年里，硅谷三巨头之间发生的两次巅峰对决里，双方的当家人都很有意思。

首先，上一次的信息产业巅峰对决，故事的主角是苹果和微软，当家人就是时任苹果CEO的史蒂夫·乔布斯和微软CEO比尔·盖茨。这两位大佬不仅有着各自传奇的经历，相互之间也有着千丝万缕的联系——微软成立于1975年，苹果成立于1976年——两人几乎在同一时间分别建立了一家新兴的科技公司，一直都是亦敌亦友的关系。为什么说他们是敌人？因为Windows和macOS两大操作系统一直是有你无我的关系，水火不相容，微软的操作系统通过开放赢得了广阔市场，苹果的操作系统则与硬件绑定，曾因为封闭一度衰败；为什么又说他们是朋友？因为乔布斯能够在1997年回到苹果做CEO，微软的投资和支持功不可没。

而在这一次的人工智能巅峰对决中，微软和谷歌是主角，同时两位印度裔精英主导了这一次的竞争，他们分别是时任微软CEO的萨蒂亚·纳德拉和时任谷歌CEO的桑达尔·皮查伊。2014年和2015年，纳德拉和皮查伊两位印度移民先后接管了全球最大的两家互联网巨头微软和谷歌。皮查伊为人内敛，观察、协调的能力却很突出，深谙掌握人心的技巧。皮查伊接任谷歌CEO 期间，谷歌母公司Alphabet的市值最高超过2万亿美元；而纳德拉以“富有同理心”而闻名，他上任后成功升华了微软的企业文化，不仅带领微软走出了裹足不前的困境，而且真正实现了复兴，将微软的市值从最初不到3000亿美元提升到最高2.5万亿美元。

两位移民出身的当家人早已证实了自己的能力，那么，面对咄咄逼人的微软，谷歌的CEO桑达尔·皮查伊会如何反击？答案是合并内部两大人工智能实验室DeepMind和Google Brain。

2023年4月21日，在GPT-4发布一个多月后，谷歌宣布推出Google DeepMind，将来自Google Research的DeepMind团队和Google Brain团队合并组成新部门，汇集世界级的AI研究员，以此对抗OpenAI带来的威胁，加强在人工智能领域的竞争力，引领突破性的AI产品研究和进步。原DeepMind的联合创始人兼CEO杰米斯·哈萨比斯将担任Google DeepMind的CEO，而Google Brain的联合创始人杰夫·迪恩将担任Google Research和Google DeepMind的首席科学家，向谷歌CEO桑达尔·皮查伊汇报工作。

在两大人工智能实验室合并后，桑达尔·皮查伊在发给全体员工的一封内部信件中，解释了自己以及谷歌领导层为什么会在当下做出这一巨大改变。桑达尔·皮查伊说：

> 自2016年以来，我们一直是以AI为重的公司，并且认为AI是实现我们使命的最重要方式。从那时起，我们使用AI对许多核心产品进行改进，从搜索、YouTube、Gmail到Pixel手机等等。我们已经帮助企业和开发者通过Google Cloud获得人工智能的力量，我们已经展示了人工智能在解决健康和气候变化等社会问题时的潜力。一路走来，我们很幸运拥有两个世界一流的研究团队，这些团队通过基础性突破引领整个行业向前发展，开创了人工智能的新时代。
>
> 现在，AI的进步速度比以往任何时候都要快。为了确保大胆、负责任地发展通用人工智能，我们正在创建一个部门来帮助我们更安全、更负责任地构建功能更强大的系统。这个名为Google DeepMind的团队将汇集AI领域的两个领先研究团队：Google Research的 Brain 团队和 DeepMind团队。过去十年，他们在AI方面的成就包括AlphaGo、Transformers、深度强化学习，以及用于表达、训练和部署大规模ML的分布式系统和软件框架，如TensorFlow和JAX等等。
>
> 将这些人才组合成一个专注的团队，以谷歌的计算资源为后盾，将大大加快我们在人工智能方面的进步。我对下一阶段的旅程感到非常兴奋，我们将在我们的使命中取得进展，我们将通过越来越强大和负责任的人工智能帮助人们发挥潜力。

在两个顶尖实验室合并后不久，新上任的Google DeepMind的

CEO杰米斯·哈萨比斯也谈及了这次合并将带来哪些改变和影响。

杰米斯·哈萨比斯回顾了自己初入人工智能领域时的故事。在2010年成立DeepMind时，很多人认为通用人工智能是一种遥不可及的科幻技术，距离成为现实需要数10年的时间。然而短短13年时间，AI研究和技术就呈现出指数级进步，未来数年，AI以及最终的AGI有可能推动历史上最伟大的社会、经济和科学变革。

杰米斯·哈萨比斯认为Google DeepMind的出现，是为了集中所有人的才能和努力，加速迈向一个"AI帮助解决人类面临的最大挑战"的世界，他说:"通过与谷歌各产品线优秀同事的密切合作，我们将有机会提供各类AI研究和产品，显著改善百万人的生活、同时变革行业、推进科学并服务多元化社区。我相信，Google DeepMind的成立将使我们更快地走向期望中的未来。"

早在这一次合并之前，Google Brain的研究员就已经与DeepMind的团队成员合作开发一款名为Gemini的聊天机器人。与此同时，谷歌也正在向Magi投入更多的资源。Magi拥有一支由160多人组成的独立团队，是谷歌今年新成立的部门，专门研究一款具有人工智能功能的新搜索产品。谷歌的一系列动作在未来必定会掀起人工智能领域的新一轮激烈竞争，竞争意味着将带来更快的技术突破和创新，作为普通人，我们可能更早看到通用人工智能的出现。

在了解由ChatGPT引发的微软谷歌两大巨头竞争的故事后，我们回到ChatGPT，回到OpenAI。OpenAI的兴起，几家欢喜几家愁，其中最五味杂陈的人可能要数OpenAI曾经的另一位联合创始人埃隆·马斯克。如果马斯克当时没有退出OpenAI，如今也是坐享成果的那个人。对于ChatGPT的成功，马斯克怎么看？他是否会重新进入人工智能领域，展开竞争？他和山姆·奥特曼的关系又会有什么变化？

86

奥特曼与马斯克续写爱恨情仇

我计划启动一个名叫TruthGPT的人工智能项目，这个人工智能将尝试去理解宇宙的本质。我认为这可能是通往安全的最佳途径，一个关心理解宇宙的AI，不太可能消灭人类，因为我们是宇宙中有趣的一部分。

——埃隆·马斯克

如果把山姆·奥特曼与OpenAI视作一场牌局的发起人，ChatGPT就是一次豪赌，当它在人工智能领域掀起滔天巨浪，那么牌局发起人OpenAI和最大的跟码者微软便成为最大赢家。因为萨蒂亚·纳德拉的坚持，微软重新走到了最有利的位置，比尔·盖茨也因此受益；而一直与OpenAI、微软打擂台的谷歌受到的影响最大，因为ChatGPT的横空出世让它丢掉了不少金主客户，而其他巨头们，无论是已经入局的Facebook、百度，还是参与不多的亚马逊等科技公司，也都开始认真思考需要投入多少，才能赶上这一次正在发生的科技革命。

而在众科技巨头的大佬之中，有一个人的痛苦可能远远超过其他人，那就是埃隆·马斯克，OpenAI最初的联合创始人之一。

马斯克在OpenAI运作前期不仅广邀投资圈的朋友给当时的非营利机构捐了钱，自己也实打实地付出了1亿美元，结果却被迫经历了一番得而复失的遭遇，在这场聊天机器人的狂欢中什么好处都没捞到。如果当初没有和山姆·奥特曼分道扬镳，而是继续履行剩下9亿美元投资的承诺呢？结局会不会不一样？

然而世界上没有如果，如今埃隆·马斯克只能在网上和奥特曼论战。好消息是马斯克收购了Twitter，在自家的地盘上无论和谁打嘴仗都是必胜的那个人。但看着ChatGPT和GPT系列模型一波又一波的好消息，马斯克似乎陷入一种吃不到葡萄说葡萄酸的境地，他的不甘心几乎每时每刻都写在了Twitter上。在ChatGPT推出后，马斯克很快就从一个吹捧者转变为吹哨人，接连炮轰OpenAI违背了创立时的"初心"，他在Twitter上写道："OpenAI最初是作为一家开源的非营利公司而创建的，这也是我把它命名为OpenAI的原因。但现在它已经成为一家闭源的营利性公司，实际上由微软控制，这完全违背了我的本意。"

除了针对OpenAI在Twitter上发动攻势之外，埃隆·马斯克在线下也有诸多动作。2023年3月29日，他作为倡导者，与其他1100多位人工智能领域的专家以及全球有影响力的科技大佬联名签署了一封公开信，要求所有人工智能实验室立即暂停6个月，在此期间停止训练比GPT-4更高级的AI系统。这封公开信中给出的理由主要在安全方面，声称这种能和人类竞争的AI智能系统可能会对社会和人类构成威胁，所以大家应该坐下来，先制定个安全标准。

对此，山姆·奥特曼迅速给出了自己的回应，同意人们需要提高安全标准，但是奥特曼认为暂停研发的这个要求缺乏技术细节。在此之前，奥特曼还曾经回应过马斯克的抨击，称无论关系如何，马斯克一直是他心里的英雄之一，奥特曼说："我相信他一直非常关心通用人工智能的安全，所以才会在Twitter上攻击OpenAI。"

事实上，埃隆·马斯克所有嘴上的攻击可能都是在拖延时间，希望制造舆论压力，暂缓OpenAI的研发速度，为自己重新进军人工智能领域争取时间。为什么这么说？因为马斯克虽然表面上不断反对GPT的深入研究，但他自己私底下从英伟达购买了1万个高性能GPU处理器，这是训练构建大型语言模型需要的高端芯片。与此同时，马斯克还在美国内华达州注册创建了一家名为"X.AI"的公司，他是这家公司唯一在册的董事，秘书则是前摩根士丹利银行家贾里德·伯查尔，要知道贾里德·伯查尔同时还是马斯克旗下脑机接口公司Neuralink的CEO，以及马斯克家族办公室和隧道挖掘公司Boring的董事，两人关系匪浅。

很快，有媒体进一步爆料，埃隆·马斯克正在与特斯拉和SpaceX的一些投资者沟通，为自己的新公司"X.AI"拉投资，并且在同步组建新公司的技术团队。截至2023年3月，马斯克从谷歌挖走了两位AI研究员，其中一位名为伊戈尔·巴布施金的研究员不仅有DeepMind的工作履历，还曾经在OpenAI工作过，未来将成为X.AI的核心技术骨干。

2023年，埃隆·马斯克在接受美国福克斯新闻的采访时进一步表示，他想开发自己的聊天机器人TruthGPT，TruthGPT将是"最大程度寻求真相的人工智能"，他希望创建第三种选项，与OpenAI

和谷歌有所不同，旨在“创造更多好处而不是伤害”。马斯克说：“我计划启动一个名叫TruthGPT的人工智能项目，这个人工智能将尝试去理解宇宙的本质。我认为这可能是通往安全的最佳途径，一个关心理解宇宙的AI，不太可能消灭人类，因为我们是宇宙中有趣的一部分。”

没人清楚埃隆·马斯克究竟是想建立一个与OpenAI和谷歌的大语言模型相媲美的产品，还是想推动人工智能在其他领域的研究，例如训练模型的公平性。但知名科技媒体TechCrunch的记者指出了一个真相，马斯克不需要依靠开发新产品来引起轰动，也不需要推翻市场领导者来影响这个领域并获得一席之地，因为马斯克如果想要做到这点，他只需要拿出数十亿美元就可以，就像此前他收购Twitter的行为一样，钱正是马斯克可靠的资源，也是这个世界的通用资源。

无论如何，埃隆·马斯克的入局让人工智能领域未来的格局变得更加复杂，提前进入了群雄割据的时代，面对这样复杂的环境，这个故事的唯一主角山姆·奥特曼是什么反应？将ChatGPT这款产品拉回成功道路上的山姆·奥特曼，对ChatGPT有什么看法？外界对他有什么新评价？

87

山姆·奥特曼：不是天生的CEO，却是天选的领导者

ChatGPT很酷，但它是一个糟糕的产品，具体表现包括容易崩溃、经常出现错误信息等等。好在其中蕴含很多价值，所以人们愿意忍受这些瑕疵。

——山姆·奥特曼

人们对ChatGPT兴趣的激增，让37岁的奥特曼一跃成为科技界最有权势的核心人物之一，也使他成为全球范围内关于人工智能话题风暴中的关键人物。山姆·奥特曼身上，那些在无数媒体报道中被一再总结的标签被人们反复提起：8岁学会编程的电脑天才，16岁宣布出柜的同性恋者，斯坦福辍学，疑似“自闭症”患者，硅谷最年轻的总裁，美国投资狂魔，末日生存狂，下一个马斯克……

所以，山姆·奥特曼本人对于ChatGPT的评价是什么？他怎么看

待人工智能技术在未来的发展?

2023年2月，山姆·奥特曼在著名的科技播客Hard Fork上发表讲话，他评价ChatGPT说："ChatGPT很酷，但它是一个糟糕的产品，具体表现包括容易崩溃、经常出现错误信息等等。好在其中蕴含很多价值，所以人们愿意忍受这些瑕疵。"而早在2022年12月，ChatGPT迅速在全球流行后，奥特曼也曾经发出提醒："ChatGPT在某些方面足够出色，但局限性也很强，任何重要的事情都不应该依赖它。"

这两次发言几乎代表了山姆·奥特曼的一贯作风，他对于科技，尤其是人工智能，一直抱着谨慎而乐观的态度。微软CEO萨蒂亚·纳德拉评价奥特曼："他是一个不可思议的企业家，他有这种大胆押注并在多方面取得成功的能力。"

ChatGPT的成功将山姆·奥特曼推到了一个矛盾的位置，他既是推进人工智能技术突破，让公众广泛使用这一技术应用的核心推动力量之一，同时他也直言不讳地谈论这项技术的潜在危险，比如AI取代人类工作的风险，或者它容易被错误地用来制造虚假信息或者实施诈骗。

但在奥特曼看来，矛盾的或许不是他所在的位置，而是人工智能这项技术本身以及它所能带来的正负面影响。一方面，奥特曼认为通用人工智能掀起的革命势不可当，另一方面，奥特曼关注人工智能安全，承认监管AI十分必要。奥特曼在Twitter上写道："监管将是至关重要的，我们需要时间来弄清楚该做什么。尽管当前这代的人工智能工具并不是很可怕，但我认为我们距离潜在的可怕工具可能并不遥远。风险的确是可以预见的，已经有人用ChatGPT伪造新闻报道，将AI生成图片伪造成新闻照片，甚至还有犯罪分子用魔法打败魔法，佩戴额外的假肢手指，让监控录像看起来是AI合成的，不能再作为呈堂证供。"

这样的事情防不胜防，因为人性深不可测。仅仅依靠OpenAI这样的技术开发公司，无法将其根治。所以奥特曼认为，这是一项共同责任，需要全世界的政府、研究机构、科技公司，甚至每个使用者共同筑造起一面安全的高墙。为此，奥特曼计划进行一次环球之旅，与各国政治家和使用OpenAI产品或者技术的人交流。在一个月内，奥特曼去了加拿大、巴西、尼日利亚、西班牙、波兰、法国、英国、新加坡、日本、印度尼西亚和澳大利亚等国家，在这些地方，关于AI影响的争论正在不断升温，多个国家的监管机构正在审查OpenAI的技术，询问有关侵犯版权、新形式的错误信息传播等问题。意大利政府就曾在三月份以对隐私和数据收集的担忧为由暂时禁止了OpenAI。

虽然山姆·奥特曼说他并不确定自己是否天生适合担任一家公司的CEO，但他确信自己是引领人工智能技术向前发展的合适人选，并且他深信这项技术将产生改变世界的影响。同时他认为OpenAI是正确的管理者，不仅因为OpenAI最终目标是造福全人类，还因为OpenAI既能在发布技术后迅速推进公开测试，又能保密这一技术的核心细节，防止在确定技术安全性前外泄，导致新技术被用于黑客攻击或错误信息传播。

然而，奥特曼的承诺并没有说服所有人，越来越多的研究员和科技大佬认为这项智能技术可能迅速变得比人类更聪明，并开始压迫人类。还有一些持怀疑态度的人表示，这种荒谬的说法分散了人们对人工智能已经造成的更具体问题的注意力，例如性别歧视和种族歧视等等偏见的传播。AI伦理学家发出警告，称决定将技术交到公众手中是有风险的。AI研究公司Cambrian-AI的分析师阿尔贝托·罗梅罗说："这一切都取决于他们认为什么是'造福全人类'，并非所有人都同意OpenAI的定义。"许多人也批评了奥特曼对OpenAI的管理，自2019

年接任以来，奥特曼改变了这家公司的结构，从一个旨在作为大型科技公司的对抗力量的非营利组织变成了可以接受投资和赚钱的公司，尽管控制公司的董事会仍然主要由非营利组织部分掌控。

只要OpenAI继续作为人工智能领域的核心研发力量存在，对山姆·奥特曼的批评与争论声就不会停止。从另一方面来看，山姆·奥特曼只是恰逢其会，如果处在这一位置的人不是他，而是DeepMind的创始人杰米斯·哈萨比斯、埃隆·马斯克又或者是“深度学习教父”杨立昆，这些争议也同样会存在。而所有人都不可否认的是，山姆·奥特曼已经将自己的天赋完全带到了OpenAI，他对商业模式的嗅觉，在YC孵化器的经历，都最终促成了OpenAI的成功。这也让人更加期待山姆·奥特曼的未来计划。山姆·奥特曼将如何带领OpenAI实现通用人工智能？他希望创造什么样的人类未来？

88

山姆·奥特曼规划的人类未来版图

生命的伟大目的不是知识，而是行动。我们每个人都有责任表现得似乎世界的命运取决于我们，我们必须为未来而活，而不是为了自己的舒适或成功而活。

——“核动力海军之父”海曼·里科弗

2023年1月中旬，山姆·奥特曼在接受《福布斯》杂志的采访时说：“通用人工智能是推动我所有行动的动力，至少在我思考的框架中是这样。我的有些行动比其他行动更直接，比如创立OpenAI，也有一些行动看起来不太直接，比如投资Oklo Power和Helion Energy两家核能公司，并加入他们的董事会，又或者我联合启动了名为Worldcoin的全球加密货币项目。当然，实现通用人工智能可能只是构建一个公平自由的世界的第一步。”

记者继续问道：“你觉得我们离通用人工智能的目标很近了吗？我

们如何知道GPT或其他类似技术已经接近通用人工智能了呢？”对于这个问题，山姆·奥特曼的答案是：“我不认为我们离通用人工智能非常近。我们如何知道通用人工智能已经到来？这个问题也是我最近一直在思考的。我在过去5年或更长时间内一直在研究这个问题，我的一点新认识是，这不会是一个非常清晰的时刻，而是一个更渐进的转变。这将是人们所说的‘缓慢起飞’。”

2023年2月，山姆·奥特曼在OpenAI的官网上发布了一篇文章，再次强调了这家公司的愿景：迈向通用人工智能，确保其造福人类。他在这篇文章中阐述了对通用人工智能发展的短期和长期期望，奥特曼说：“如果通用人工智能成功创造，这项技术可以通过增加丰富度、推动全球经济发展以及帮助发现改变可能性极限的新科学知识来帮助人类进化。通用人工智能有潜力赋予每个人不可思议的新能力——我们可以想象这样一个世界，在这个世界中，我们所有人都可以获得几乎所有知识的帮助，人类的聪明才智和创造力将呈指数级增长。”这篇文章是山姆·奥特曼野心的缩影，而OpenAI与ChatGPT仅仅只是奥特曼实现这一野心的一块拼图。

如果我们跳出人工智能领域，跳出OpenAI与ChatGPT，俯瞰奥特曼的商业版图，会发现他和埃隆·马斯克、马克·扎克伯格、彼得·蒂尔等人一样，他们都是非常成功的企业家与投资人，但他们在选择自己的投资标的时，往往并不看重短期盈利空间，而是更关注长期目标以及是否能够实现个人理想。因此，他们在构建商业版图时，重点投资的每一家企业都像是参天大树的一部分枝芽，努力向外生长是为了给本体提供营养和阳光，让大树生长得更快、更高。马斯克手握SpaceX、特斯拉、Neuralink，最终目标是为了实现外太空移民，让人类成为多行星物种，山姆·奥特曼也一样。

2020年，山姆·奥特曼联合启动了一个名为Worldcoin的全球加密货币项目，这个项目希望通过使用球体扫描虹膜让世界上的每个人都能获得加密货币。

同年，山姆·奥特曼和弟弟马克斯·奥特曼推出了一个名为Apollo的基金，专注于为“Moonshot”公司提供资金。新基金将投向快速反应疫苗、非碳能源、新的教育和住房方法等众多领域。

2021年，山姆·奥特曼对Helion这家研究商业核聚变反应堆的公司追加3.75亿美元的个人投资，这也是他个人做出的最大一笔投资。资金的流向和权重最能彰显投资人的判断和计划。

同年，山姆·奥特曼向一家名为Retro Biosciences的初创公司投资了1.8亿美元，这家神秘的生物技术公司正在研究如何延缓人类死亡。

2022年，山姆·奥特曼领投高超音速飞机初创公司Hermeus，帮助这家公司完成1亿美元的融资，用于完成原型机并扩建机队。

山姆·奥特曼从能源与人工智能入手，希望通过改变人类使用能源和获取信息的方式，撼动这两块构建当下人类社会的基石，最终实现自己的梦想，构筑真正的AI社会。

山姆·奥特曼在各大媒体的采访中语出惊人，表示希望能找到一种更好的制度，通过真正完全实现通用人工智能，破坏资本主义，帮助人类找到更好的经济模式。奥特曼说：“我们试图设计一种结构，据我所知，与任何其他公司结构都不同，因为我们真正相信我们所做的事情。如果我们只是认为这将是另一家科技公司，我会说：‘太好了，我知道这个策略，因为我一直在做这个工作，所以让我们成为一家非常大的公司。’但如果我们真正实现了通用人工智能并且它破坏了资本主义，我们将需要一些不同的东西，尤其在公司结构上。因此，我为我们的团队和投资者感到非常兴奋，但我不认为任何一家公司应该拥有AI技术。通用人工智能的利润如何分配，如何共享访问以及如何分配治理，这些都需要新的思考。”

山姆·奥特曼希望率先制造一个人工智能城市，那里有完善的人工智能城市设计，比如只允许无人驾驶汽车在道路上通行。他在博客上写道：“10万英亩的土地，5到10万的居民。所有人都从事科学研究，不允许从房地产上获利。”这座城市也会成为奥特曼面对人类末日的抵御手段。但这只是第一步，奥特曼的终极目标是利用人工智能建造一个股份制国家，每个人都拥有国家的股份，可以用各种方式入股，用金钱，用土地，聪明人则可以“用创意入股”。他解释说：“股份制公司是人类历史上最重要的发明之一。每个人都拥有国家的股份，将创造一个运转得更好的社会，提高社会凝聚力，并激励每个人思考如何做大整个蛋糕。”也许这就是奥特曼设想的通用人工智能影响下的新的人类社会的雏形。

故事的最后，我们再回到山姆·奥特曼、埃隆·马斯克、格雷格·布罗克曼等人刚创立OpenAI时，山姆·奥特曼在OpenAI位于旧金山的新办公室做的第一件事——他走到会议室的墙上，写下有着“核动力海军之父”称号的海曼·里科弗说过的一句名言：“生命的伟大目的不是知识，而是行动。我们每个人都有责任表现得似乎世界的命运取决于我们，我们必须为未来而活，而不是为了自己的舒适或成功。”

截至目前，山姆·奥特曼一直遵循着他最喜欢的这句话，不断在行动中推进自己理想中的未来。如今，OpenAI虽然依靠ChatGPT抢占了先机，赢得先手，优势却并不明显，追在身后的谷歌、Facebook，还有马斯克的X.AI，随时都有可能弯道超车。因此，对于山姆·奥特曼而言，想要构建他心里的AI社会，未来还有很长的路要走。

或许，这种激烈的竞争环境很可能正是他想要的，因为山姆·奥特曼从来都不在乎谁当第一，他在乎的是更广阔的、人类尚未到达的天地。未来，在更多的分裂、冲突、抉择中，山姆·奥特曼们的理想主义与信念是否会顺利到达终点？人工智能造福全人类的使命能否得以实现？人类能造出一个什么样的通用人工智能？所有这些问题的答案，我们拭目以待。

89

OpenAI的“宫斗”：这是序幕还是终了？

（奥特曼）在与董事会的沟通中始终不坦诚，阻碍了董事会履行职责的能力，董事会不再对他继续领导OpenAI的能力充满信心。

——OpenAI原董事会

就在奥特曼满怀雄心壮志地规划人类未来版图时，2023年11月17日的一封邮件仿佛晴天霹雳——奥特曼被OpenAI解雇了。这也揭开了一场硅谷的“宫斗”大戏的序幕。2023年11月22日，OpenAI宣布，已在原则上达成协议，山姆·奥特曼将重返公司担任CEO，并由Salesforce前联合首席执行官布雷特·泰勒、美国前财政部长拉里·萨默斯和亚当·德安杰洛组建新的董事会。

这场接近持续120小时，微软公司强势干涉，最终不仅震惊科技界，还能引爆国内营销号的“宫斗”大戏，到底是如何发生与结束的？

11月16日，OpenAI首席科学家，伊利亚·苏茨克维尔给山姆·奥特曼发来短信，要求周五中午与他谈话。而这条短信，也被网友视为伊利亚挑衅的开端。而就在第二天中午，11月17日，奥特曼正在拉斯维加斯观看一级方程式赛车大奖赛，回到酒店房间后，他点开了Google Meet的链接，收到伊利亚·苏茨克维尔通知他被解雇的邮件，并称消息很快就会公布，却没有给出任何解释。这一幕给人一种极为戏剧化的电影感，我们很难想象当时山姆·奥特曼是何表情——我们只知道，很多媒体立刻为其赋予了悲情色彩，将这一刻与乔布斯30岁时被自己创办的苹果公司解雇的剧情联系了在一起。

此时，伊利亚·苏茨克维尔和背后的董事会被看作资本的代表，他们要推举的临时CEO是35岁的米拉·穆拉蒂。2018年，在OpenAI还在为资金问题苦恼时，穆拉蒂加入了公司，此后开始带领375人的团队开发OpenAI GPT-3模型。2022年5月，穆拉蒂升任首席技术官。正是在她的推动下，ChatGPT离开了实验室，开始向公众开放。要知道，穆拉蒂是坚定不移支持对AI进行监管的业内人士之一，在此前媒体的采访中，穆拉蒂认为AI技术的最终目的是为人类服务，因此应该以人类的利益和需求为中心，来解决人类面临的实际问题。《时代》杂志曾评价她："米拉·穆拉蒂可以直截了当地讨论人工智能的危险，同时让你觉得一切都会好起来。"这一理念或许与奥特曼"殊途不同归"。正如有业内人士分析，此次内部斗争的导火索，应源自对人工智能未来发展理念的分歧。相比之下，奥特曼对AI有着更大的野心，他曾在公开场合提出"人工智能还没到需要监管的时刻"。

终于，董事会给出了山姆·奥特曼被解雇的原因："在与董事会的沟通中始终不坦诚，阻碍了董事会履行职责的能力，董事会不再对他继续领导OpenAI的能力充满信心。"

据知情人士透露，一名高管告诉苏茨克维尔，解雇声明是不能缺乏细节的，并要求董事会其他成员参加视频通话进行解释。在通话中，高管团队在大约40分钟的时间里不断向董事会施压，要求提供奥特曼“不坦诚”的具体例子，董事会以法律原因为由拒绝了。一些高管表示，他们也收到了来自监管机构和曼哈顿美国检察官办公室等执法机构关于奥特曼“不坦诚”的询问。最终，董事会同意与其律师讨论此事。几个小时后，他们回来了，但仍不愿提供具体细节。他们说奥特曼不坦诚，常常为所欲为，但因为奥特曼对此太精通了，以至于董事会无法给出具体的例子。

直到此刻，闹剧才真正拉开大幕。奥特曼的老战友格雷格·布罗克曼宣布辞去OpenAI职务，并在X上同步了该消息。11月18日，山姆·奥特曼被解雇后，立刻飞回旧金山，他家里面挤满了OpenAI的员工，其中也包括布罗克曼。许多OpenAI员工称，如果奥特曼决定离开并创办一家新公司，那么他们肯定会一起走。这些人里包括几名高管，如“研究主管”和“应对灾难风险”的负责人。如果他们一起离开OpenAI，研究的中断将导致OpenAI虎视眈眈的竞争对手借机“弯道超车”。

很快，微软首席执行官萨蒂亚·纳德拉就以令人想象不到的速度，宣布山姆·奥特曼及其同事将加入微软，1小时内，微软的市值涨了1150亿美元，创下历史新高。

此刻，Open AI的多位投资者对事态的发展感到愤怒，他们向OpenAI董事会施压，要求其恢复奥特曼的职位。与此同时，OpenAI的一些主要风险投资支持者据称正在考虑对董事会提起诉讼。因为包括前OpenAI董事会成员里德·霍夫曼在内，没有人事先收到解雇奥特曼决定的通知。

11月19日，OpenAI似乎被迫松了口，穆拉蒂给员工发了一张便条，称奥特曼将返回办公室。奥特曼到达时，用访客证进入了OpenAI旧金山总部与董事会会面，布罗克曼也受邀加入。奥特曼手持访客证并拍了一张自拍照，一脸调侃地说，这将是他“第一次也是最后一次”佩戴访客徽章，这意味着他要么以CEO的身份回归，要么不再踏入大楼。

谈判一直持续到深夜，多家新闻媒体的记者像关注教皇秘密会议一样监视着现场。办公室里，员工们聚集在一起，有些人甚至哭了出来。苏茨克维尔对员工表示，奥特曼不会再担任OpenAI的CEO。OpenAI任命Twitch联合创始人谢尔担任临时CEO，接替穆拉蒂。同时，仍然继续寻找新的CEO。至此，人们发现，穆拉蒂也进入了山姆·奥特曼的“宫斗阵营”中。

这件事仿佛吹响了一场战斗的号角，随后，OpenAI大约770名员工中的近500名签署了联名信，称除非董事会辞职并重新任命奥特曼，否则他们可能会辞职。当天结束时，签署联名信的员工数量攀升至747名。

另一边，奥特曼在X上转发了大量OpenAI员工“没有员工的OpenAI啥也不是”的帖子。随后，奥特曼又连发两条帖子安抚OpenAI员工，表示为公司管理团队感到骄傲，并称“我很兴奋，我们都将以某种方式在一起工作”。

11月20日，就在山姆·奥特曼和前总裁格雷格·布罗克曼表示正准备一起加入微软，领导一个新的高级人工智能研发团队的同时，更多的OpenAI员工参与反抗，威胁说如果董事会不辞职，他们将与山姆·奥特曼和联合创始人格雷格·布罗克曼一起加入微软。董事会在投资者的压力和大规模员工罢工的威胁下迅速开始讨论山姆·奥特曼的回归。

令人意想不到的是，11月20日晚上，伊利亚·苏茨克维尔的名字出现在一封致董事会的公开信中，呼吁董事会辞职并恢复山姆·奥特曼的职务。就在几天前，他还在罢免山姆·奥特曼的过程中发挥了关键作用。员工开始在社交媒体上发帖说，他们将继续工作，保持服务稳定性，确保公司在董事会被迫辞职时不会完全崩溃。

11月21日，多位直接了解情况的消息人士表示，山姆·奥特曼、前总裁布罗克曼和该公司的投资者在努力为董事会找到一个优雅的退出方式。微软首席执行官萨蒂亚·纳德拉表示：对于山姆·奥特曼以及OpenAI的员工来微软工作，还是继续留在OpenAI合作，持开放态度。而关于微软是否需要在OpenAI董事会中占有一席之地的话题，他说："很明显，治理方面必须做出一些改变。"这句话背后的意思也被大家理解成，事件结束后，Open AI与微软的合作将更加紧密。

毕竟，微软也是OpenAI的主要股东之一。至于挖山姆·奥特曼到公司和支持山姆·奥特曼重返OpenAI哪个是最真实的目标，表里关系如何，我们也不得而知。就在OpenAI董事会放出"试图优雅退出"的消息时，他们也还在私下与大语言模型开发商Anthropic的联合创始人兼首席执行官达里奥·阿莫迪接洽，讨论两家公司合并的可能性。但阿莫迪很快就拒绝了提议。或许是他看出了，一切即将尘埃落定？

11月22日，OpenAI宣布，已在原则上达成协议，山姆·奥特曼将重返公司担任CEO。随着山姆·奥特曼的回归，这场持续了超过5天的OpenAI"宫斗"暂时画上句号。此前前总裁格雷格·布罗克曼因抗议山姆·奥特曼被解雇而辞职，他也将一起回归。作为唯一留下来的上一届董事会成员，亚当·德安杰洛将继续留在这个新董事会中，以便为前任董事会提供一些代表权。这个小型初始董事会的主要工作是审查和任命一个由最多九人组成的扩大董事会，该董事会将重置OpenAI的治理。

一场大戏至此落幕。据《经济学人》、《信息报》与法国科技媒体BFM Tech分析，OpenAI董事会的内部分歧，事实上折射出人工智能领域内“末日论者”和“繁荣论者”两大阵营间的深层矛盾——以研究者之间哲学与价值的“文化战争”为起点，逐步上升为商业利益层面的战略分歧，又进一步辐散为政府决策者们以“安全与发展”为框架的辩论。OpenAI的快速商业扩张与非营利组织架构的矛盾，并不能被这次变动彻底改变。那么，下一次危机会出现在什么地方呢？“天才”山姆·奥特曼又将如何面对接下来的挑战呢？就让重启的世界来告诉我们答案吧。